国家社科基金
后期资助项目
GUOJIA SHEKE JIJIN HOUQI ZIZHU XIANGMU

中国金融监管现代化研究

以全球化为视角的分析

A Study of the Modernization of
China's Financial Regulation

田宏杰 著

中国人民大学出版社
·北京·

国家社科基金后期资助项目
出版说明

后期资助项目是国家社科基金设立的一类重要项目，旨在鼓励广大社科研究者潜心治学，支持基础研究多出优秀成果。它是经过严格评审，从接近完成的科研成果中遴选立项的。为扩大后期资助项目的影响，更好地推动学术发展，促进成果转化，全国哲学社会科学工作办公室按照"统一设计、统一标识、统一版式、形成系列"的总体要求，组织出版国家社科基金后期资助项目成果。

全国哲学社会科学工作办公室

图表目录

目　录

第 1 章　导　论

1.1　研究意义

　　金融全球化是一个涉及广阔经济思想背景和社会治理背景的话题，尽管金融全球化作为一个研究领域还非常年轻，但在金融全球化势不可挡的发展趋势下[①]，如何确保本国能够抵御内外冲击，保持金融制度的稳定和金融体系的正常运行与发展，在即使受到冲击时也能保持本国金融及经济不受重大损害，以在有效保障本国金融安全的同时，切实提升本国金融业的竞争力，却已成为国际社会与各国政府高度关注的焦点。而各国金融危机产生的根源以及各国所采取的反危机措施及其实际运行无不充分揭示出，政府干预作为一种制度安排在金融体系中具有不可替代的重要作用，政府干预和市场运作非此即彼绝对替代的观念必须被抛弃。[②] 虽然金融自

[①] 对于金融全球化势不可挡的发展趋势，世贸组织前总干事鲁杰罗曾一针见血地指出，阻挡全球化无异于想阻挡地球自转一样。曾筱清. 金融全球化与金融监管立法研究. 北京：北京大学出版社，2005：9；贺小勇. 金融全球化趋势下金融监管的法律问题. 北京：法律出版社，2002：2.

[②] T. F. Cargill (1998). "Korea and Japan: End of the Japanese Financial Regime", in G. Kaufman (eds.). *Bank Crisis, Cause Analysis and Prevention*, Stanford, CT: JAI Press; T. F. Cargill (1998), *Financial Crisis, Reform and Prospects for South Korea, Financial Regulator*, June, pp. 36−40; Dick Beason and Jason James (1999). *The Political Economy of Japanese Financial Markets: Myths versus Reality*, MacMilian Press Ltd.; T. F. Cargill, M. M. Hutchison & Takatoshi Ito (2000). *Financial Policy and Central Banking in Japan*, the MIT Press//王曙光. 金融自由化与经济发展. 北京：北京大学出版社，2004：223−224.

由化理论和实践已经证实，金融体系市场化和自由化程度较高的国家具有较高的金融效率和经济增长水平，而金融体系内政府干预和政府监管较为强烈的经济中金融效率和经济增长速度受到抑制；但迄今为止，并没有任何理论可以证明，金融体系不需要任何政府介入，金融效率和经济增长可以建立在完全排斥政府干预的自由放任基础之上。在现实经济中，在实现金融自由化程度较高且金融体系较为稳健的经济中，其金融市场中也存在着大量政府介入和政府监管；而金融危机频繁的经济也并非仅仅由于政府干预过多所造成，问题的根源在于政府对金融体系干预和介入的方式与途径。政府干预和监管的正确设计可以提高政府行为的质量，弥补金融市场中的市场失败，降低金融体系系统性风险的概率。因此，问题的关键在于设计合宜的政府干预的制度安排，以保证政府对金融市场进行有限却有效的干预。

所以，完美的市场和完美的政府都是不存在的，现实经济中，既存在着大量的政府失败，也存在着大量的市场失败；市场和政府在经济运行中承担各自的制度功能，完全彻底的国家干预和完全彻底的自由市场在现实经济中都是难以运作的。由此决定，全球化进程中的金融监管权体制的科学设计及其监管机制的有效运行，既需要金融市场的自主调节，也离不开政府的适度干预，更需要政府与市场、金融监管机构与社会公众的共建共治与通力合作。正是基于此，在大陆法系国家进行"以私法完成公法任务"的制度变革的同时，在英美法系国家兴起的公共管理主义理论已成为现代公共行政改革的理论基础。公共管理主义强调的是公共行政主体的多元化，强调行政权配置的公私合作[1]，表现在金融监管领域中，就是新巴塞尔协议所倡导的政府与市场合作监管的审慎监管原则的确立。[2]

在我国，金融改革进程虽然基本上按照完善市场竞争结构和产权结构两条主线展开，但是，在经济转轨过程中，金融监管体制改革与其他公共部门改革表现出明显的不对称性和不平衡性。金融监管体制改革滞后于其

---

[1]　杨寅. 公私法的汇合与行政法的演进. 中国法学，2004（2）；石佑启. 论行政法与公共行政关系的演进. 中国法学，2003（3）.

[2]　巴塞尔银行监管委员会. 巴塞尔银行监管委员会文献汇编. 北京：中国金融出版社，2003；巴曙松. 巴塞尔新资本协议研究. 北京：中国金融出版社，2003；巴曙松，陈华良. 2004年全球金融监管：综述与趋势展望. 世界经济，2005（3）.

他部门改革的根本原因在于"制度变迁成本分担假说"①，金融部门的稳定性和高额国民储蓄是支撑我国渐进式转轨的基本力量，然而其背后的决定因素却是国家控制力和国家信誉，这种强大的国家控制能力在我国金融全球化进程中既发挥了积极作用，也产生了一定的消极后果——金融结构性矛盾突出。② 金融结构性矛盾的存在，使得金融部门，尤其是银行业，在维持体制内产出的稳定性，从而避免大规模经济衰退和社会动荡的同时，承担了一些本应由金融市场承担的风险，不仅削弱了金融体系的资源配置功能，降低了资源配置的效率，而且使金融部门的产权结构和市场结

---

① "制度变迁的成本分担"（cost share in institutional transition）是包括中国在内的转轨经济国家实施金融抑制的内在根源。转轨经济国家面临着巨大的制度变迁成本，其中对制度变迁过程影响最大的是国有企业的改革，因为国有企业改革涉及整个经济的市场化转型，国有企业改革的顺利推进，对于计划经济国家成功实现经济转轨至关重要。但是，国有企业改革的制度变迁成本是非常高昂的：首先，国有企业的迅猛改革导致国有企业在整个经济中的控制力和竞争力下降，而私人企业的控制力和竞争力迅速上升，国有企业在原有计划经济下的稳定性和垄断地位受到威胁和削弱，增大了破产和倒闭的风险概率；其次，国有企业破产概率增大和竞争力下降必然导致大量失业人员的出现，而在转轨经济国家尚未健全和完善市场化福利制度的情况下，国家难以动用财政力量维持失业者的基本福利水平；再次，在执行渐进式制度变迁模式的转轨国家，国有企业改革不是通过大规模私有化推进的，而是采取渐进的增量改革的方式，转轨经济国家仍然要维持某些国有企业的资本金水平和市场竞争能力，并保证国有企业中就业的基本稳定性，这就必然需要大量的补贴，而对于已经实现由"国家财政主导型"向"银行体系主导型"融资模式转型的转轨经济，不可能再通过国家财政力量对国有企业渐进式改革进行大规模补贴。所有这些情形都表明，国有企业部门的制度变迁确实伴随着巨大的制度变迁成本，而这些巨额制度变迁成本又是国家财政力量和国有企业自身经济力量所难以承担的。在这样的情形下，金融体系就必然成为转轨经济国家大规模制度变迁成本的承担者，也就是说，金融体系（尤其是国有银行体系）代替国家财政力量而对国有企业制度变迁提供巨额补贴，以降低国有企业改革的成本，维持国有企业在一定阶段中在市场竞争和就业上的稳定性，避免国有企业大规模破产和由此引起的大规模失业带来的经济和社会动荡。参见周业安. 金融抑制对中国企业融资能力影响的实证研究. 经济研究，1999（2）.

② 根据中国人民银行于 2006 年 10 月发行的《中国金融稳定报告（2006）》，我国金融结构性矛盾主要表现为：直接融资发展较慢且结构不合理，主要直接融资工具中股票发行萎缩，企业债发行规模小。直接融资与间接融资比例失调，间接融资比重过高，企业融资高度依赖于银行，企业高负债运营。此外，保险业规模过小和保险覆盖面不宽也使金融结构性矛盾加剧。这种金融结构性矛盾的存在，以及金融机构、金融市场本身的不完善，使得各地区仍然面临着一些共同的风险点和脆弱性，主要有：部分行业产能过剩，工业企业效益下滑；房地产价格高位运行，房地产开发和投资过度依赖银行信贷；货币市场投资收益率偏低，票据市场过度竞争导致不规范操作增加；银行业不良贷款反弹压力增加，信贷集中风险持续暴露，地方中小法人金融机构抗风险能力有待加强；证券公司逐步分化，业务与产品创新方面竞争日趋激烈，经营风险有待进一步化解；保险业诚信建设有待加强，行业形象和公信力亟待提升；寿险公司退保额快速增长和产险公司收益下滑使得保险公司的经营压力进一步增大，等等。中国人民银行金融稳定分析小组. 中国金融稳定报告（2006）. 北京：中国金融出版社，2006：6，139.

构长期处于扭曲的状态。可见，金融监管体制改革的滞后以及金融监管权限配置运行的失衡，才是导致我国金融监管机制运行不畅，监管效率低下和金融安全脆弱性增大的根本症结所在。

因此，面对金融全球化尤其是后疫情时代全球经济衰退风险的挑战，中国金融监管体系的建构及其作用的有效发挥，最为关键的核心问题在于，转变政府在金融监管中的职能，合理配置金融监管权，通过金融监管法律这个"栅栏"和市场自律机制的有效运行，构建政府掌舵（专司公共政策的制定及监督执行）——市场约束——社会共治——公民自律的新型金融监管体系，以在制约金融监管行政主体与相对人双方滥用权力（利）的同时，激发各方的主动性和创造性，促进各方在相互信任与真诚合作中实现公益与私益双赢的预期目标。由此决定，全球化视野下的金融监管法既不是单纯的管理法，也不是消极的控权法，而是应当在促成政府与公民、市场之间的合作、互动与平衡上发挥更大作用的经济行政合作法，这不仅是建构和谐社会的必然要求，而且是实现中国金融监管现代化，维护金融市场及其运行的公正、有序和能动高效的核心和灵魂。

由此决定，以"中国金融监管现代化研究——以全球化为视角的分析"为研究课题，通过对世界各国以及国际社会金融监管体制的建构及其机制运行的比较考察，分析研究金融全球化趋势下中国金融监管机制运行不畅的症结所在，探寻中国金融监管权配置的价值取向和目标定位，分别从宏观和微观层面上提出建构现代化的中国金融监管体制的基本构想和具体制度设计，以努力推动中国金融监管水平符合中国金融开放和融入金融全球化进程的步伐，在有效防范金融风险的同时，充分确保金融自由与效率，不仅是中国金融全球化进程中亟待解决的一项重大理论课题，而且对于金融监管现代化的实现乃至于共建共治共享的国家治理体系和治理能力现代化建设，均有着重要而深远的现实意义。

1.2　研究背景

国外有关金融全球化趋势下的金融监管及其运行机制建构的理论，不仅研究成果丰富、翔实，而且可操作性较强。但是这些理论研究，无不是立足于本国金融监管实践的需要，囿于各国金融体制、金融市场的运行以及在对待行政权力与公民权利、行政法与私法的基本态度乃至于历史文化传统的差异，对于我国金融监管配置机制的建构及其实际运行，在具有重要借鉴意义的同时，又存在着针对性不强的缺憾。[①]

至于我国，自 2001 年加入 WTO 以来，学界对金融监管体系的重构以及金融监管制度改革问题虽然进行了热烈的理论探讨，并取得了长足的进步，但在国家权力本位理念的支配下，与传统经济体制、政治体制和社会体制相匹配的金融监管权配置，不仅制度安排的正当性不足，而且运行机制缺乏实效。尤其需要指出的是，我国迄今为止的经济转轨过程因为其制度变迁路径选择的特殊性和世人瞩目的经济增长绩效，在受到世界重视的同时，也掩盖了这样一个不安的事实：作为我国渐进式制度变迁的合乎逻辑的代价，金融体制改革在承担维持体制内产出的稳定性，从而保障经济增长和社会稳定的同时，一定程度上削弱了金融市场的资源配置功能，使得金融监管的权力配置和制度结构以及市场经济长期处于扭曲的状态，而这正是导致我国金融监管运行效率低下，阻碍我国有效应对金融全球化挑战的根源所在。[②] 而我国还没有全面融入金融全球化的进程，对金融全球化的研究更多地集中在金融全球化的条件、实施方式与步骤等问题的研究上。受此影响，全球化趋势下的中国金融监管研究不仅整体理论水平不高，对金融监管实践活动的针对性和指导性不强，而且少有对金融监管权配置结构与制度运行机制等深层次问题研究的论著面世，从而在很大程度上妨碍了金融监管实践的良性运行和健康发展。从目前金融监管的配置及

---

① 有关这方面的文献，可参见哈威尔·E. 杰克逊、小爱德华·L. 西蒙斯. 金融监管. 吴志攀，等译. 北京：中国政法大学出版社，2003；Goodhart, C. A. E. *Financial Regulation: Why, How and Where Now?*, Bank of England, 1997；Ross P. S., *Money and Capital Markets: Financial Institutions and Instruments in a Global Marketplace*, 6th Ed., McGraw-Hill Companies, New York, 1997；Nakajima, Chizu. *Conflicts of Interest and Duty: A Comparative Analysis in Anglo-Japanese Law*, Kluwer Law International Ltd., 1999；Davies, H. (1999). *Financial Regulation: Why bother? Society of Business Economists Lecture*, January 1999, London, Financial Services Authority, Mimeo；Shim, Young. *Korean Bank Regulation and Supervision: Crisis and Reform*, Kluwer Law International Ltd., 2000；The Technical Committee of IOSCO (2002). *Objective and Principles of Securities Regulation*, Feb.；白钦先，郭翠荣. 各国金融体制比较. 北京：中国金融出版社，2002；张庆麟. 欧元法律问题研究. 中国—欧盟高等教育合作项目，武汉：武汉大学出版社，2002；郑振龙，张雯. 各国衍生金融市场监管比较研究. 北京：中国金融出版社，2003；张荔，等. 发达国家金融监管比较研究. 北京，中国金融出版社，2003 (4)；朱孟楠. 金融监管的国际协调与合作. 北京. 中国金融出版社，2003；吴志攀，白建军. 金融法路径. 北京：北京大学出版社，2004 (12)；等等。

② 张杰. 渐进改革中的金融支持. 经济研究，1998 (10)；王进诚等. 中国金融业反洗钱机制选择. 北京：当代中国出版社，2002；王曙光. 金融自由化与经济发展. 北京：北京大学出版社，2004；张荔. 金融自由化效应分析. 北京：中国金融出版社，2003.

其运行实践来看，这种理论研讨至少存在着以下三个方面的缺陷。

第一，研究视野较为狭窄。前已述及，金融监管是一项全方位、多层次的社会综合系统工程，其所涉及的问题极其广泛，但究其实质，金融监管不外是经济行政权在金融领域中的特殊表现形式。而我国目前金融监管问题研究，却未能注意到金融监管集金融运行性与行政管理性于一身的特殊性质，或者立足于单纯的金融学领域，或者仅仅从反洗钱的刑事法学角度展开，且均存在着不够深入、流于肤浅的缺陷。至于从管理学、经济学、行政法学等学科相结合的角度，对全球化进程中的金融监管权配置，金融监管有效运行的基本原理，全球化进程中的金融监管价值取向、机能定位、政策设计、路径选择与动力来源，以及相应的金融监管制度安排、金融监管体制改革的推进等金融监管研究所不能忽视的重大基础理论问题进行研究的著述，则甚为鲜见。①

第二，研究方法较为单一。金融监管的配置及其运行机制问题研究是一项实践性和应用性很强的研究课题，而我国现行研究却过分注重定性分析、逻辑推理等方法的运用，对于全球化趋势下的金融监管配置运行状况、中国金融安全状况以及现代金融监管体制的建构及其运行的实证考察和分析评估则较为匮乏，致使现行的金融监管理论研究成果不仅滞后于现代社会治理以及金融监管实践的发展，而且对于经济行政法与金融监管以及社会治理关系的科学定位与有效调整，难以提供有效的理论供给和规范指引。

第三，研究内容简单雷同，研究的系统性和深入性尚有不足。囿于各种原因与条件的限制，我国大多数学者对国外金融监管体制的研究大多限于简单的介绍，至于全球化视野下的金融监管配置运行机理、金融监管的动力来源，以及国外金融监管制度设计运行机理、金融监管体制的改革发

---

① 在行政法学领域中，金融监管问题研究被视为经济行政法学研究的一个分支。尽管中国行政法学界素来强调应重视经济行政法的研究，并呼吁引进经济学研究方法，但研究现状很难令人满意。较国外经济行政法的研究现状而言，中国行政法学界开展经济行政法的研究起步太晚，研究力度不够、研究方法单一、研究资源稀缺、系统性研究严重不足、研究深度明显不够。一个不争的事实是，在中国行政法学界近 30 年的直接或间接的经济行政法研究讨论中，行政法学者几乎普遍地没有在更新研究方法、拓宽研究视野等方面作出明显的努力。作为结果，这些研究很难说已经真正触及经济行政法的核心问题——产权/经济行政权的配置格局；也很难说想到过要将经济行政法的功能定位为预防与惩治行政机会主义及市场机会主义，通过改善合约条件来提高交易效率，并进而推进劳动分工与专业化。关于这一问题，参见宋功德. 论经济行政法的制度结构——交易费用的视角. 北京：北京大学出版社，2003；"导论"。

展走向的最新理论研究成果和实务运行状况则了解不够充分①，这种局面使我国金融监管权配置与金融监管体制改革的价值目标局限于传统的控权思维模式，至于金融监管国际发展潮流中日益强调和重视的激励机制研究，则未能引起应有的关注，从而在一定程度上影响了我国金融监管法律体系以及相关制度建设、理论研究和实务探索的深入。

1.3 研究创新

本研究成果努力实现的创新或者突破，主要如下。

1.3.1 拓展金融监管的研究视野

鉴于金融监管问题研究是一项全方位、多层次的系统工程，本选题研究力图打破单纯从金融学或者法学角度进行思考的传统研究模式领域过窄、视角单一的局限，倡导跨学科的研究，在整合、运用管理学、金融学和行政法学以及社会治理前沿理论成果的基础上，努力建立起一个研究金融监管问题的新的分析范式和研究框架。这种跨学科的研究范式，不仅有利于管理学、金融学、社会学和行政法学的有机融合，而且对于中国金融监管实践的发展，尤其是中国金融监管体制改革的深入进行和金融监管现代化的实现，均具有重要的理论意义和实践价值。

1.3.2 变革金融监管的研究方法

鉴于金融监管权的配置机制及其实际运行是一个牵涉面广、内容庞杂且处于不断发展变化的复杂系统，本选题研究力争对传统研究方法进行变革，除逻辑推演法、比较研究法、历史分析法外，注重实证分析、系统分析、经济分析等研究方法的运用，以期在为金融监管权的科学配置和有效运行提供新的研究视角的基础上，克服现行研究微观关注有余、宏观把握

---

① 过去二十多年在比较法理论中，三大理论贡献可被发觉：斯莱辛格（Schlesinger）的共同核心研究论，沃森（Watson）的法律移植论，以及萨科（Sacco）的法律共振峰论。现在绝大多数比较法作品缺乏理论雄心，结果成为对外国法叙述的沿袭或者是对不同制度解决办法的平行说明。这种现象不仅存在于金融监管研究领域之中，而且在整个法学理论研究领域也并不鲜见。有关这一问题的精到论述，see R. B. Schlesinger, H. Baade, M. Damaska & P. Herzog. *Comparative Law: Cases, Text, Materials* 39ff. (5th ed. 1988); N. K. Komesar. *Imperfect Alternatives: Choosing Institutions in Law, Economics, and Public Policy* (1994); Eskridge Frickey. "The Making of the Legal Process", 107 *Harvard Law Review* 2031 (1994).

不足的缺陷，努力增强研究的科学性。

1.3.3　深化金融监管的研究理论

随着公私法交汇以及公私合作在公共行政管理领域中的发展趋势的日益凸显，现代政府的角色已悄然发生转变：政府不仅是执法者与管理者，也是一种货物与服务的提供者，它既非万能的强者，也非绝对地代表理性。为了防范公共行政的任意性和行政权的非理性膨胀，必须借助法律这个"栅栏"，通过法的合理性来制约行政的随意性，使公共行政朝着维护公益、保障民权的方向发展？这是各国依法行政理论与实践的共同点，也是金融监管中的行政权配置运行机制走向现代化的必然要求。本选题在立足于我国金融监管权配置及其运行机制的建构和运行基础上，注意各国金融监管制度体系发展演变以及金融体制改革和金融监管机制运行的最新发展动态，重视以国际性的眼光来看待金融监管权配置以及金融失范行为的防治问题，力争使研究成果既能充分吸纳世界各国关于金融监管权配置运行机制的理论研究及其实际运行的最新发展动态的合理内容，又能增进我国金融机构与世界各国乃至国际社会在金融监管方面的有效合作，通过金融监管权配置结构的调整及其相应制度安排，在金融监管主体与金融监管相对人之间建立起理性的对话平台，促进双方协商与合作，在推动金融监管由消极控权的单一机能逐步向着控权与激励双重机能并重的方向转化的基础上，推动我国金融监管权配置运行理论研究内容的进一步深化，以保障金融市场的健康有序发展。

1.3.4　推动金融监管的制度创新

奥裔美籍著名经济学家熊彼特在其 1912 年出版的《经济发展理论》一书中提出，制度创新是推动社会经济不断向前发展的动力，金融领域也不例外。① 可以说，世界各国金融监管发展演变的历史，就是一部金融监

---

① 在《经济发展理论》一书中，熊彼特提出，创新就是建立一种新的函数，即把一种从来没有过的生产要素和生产条件的组合引入生产体系。他把这种组合归结为五种情况：(1) 引进新产品或提供一种产品的新的质量；(2) 引进一种新技术或新的生产方法；(3) 获得原材料或半成品的新的供应来源；(4) 开辟一个新的市场；(5) 实行新的企业组织形式。熊彼特认为，创新是一个经济概念而非技术概念。可以通过模仿和推广创新来促进经济的发展。当一个企业通过创新而获利后，其他企业会进行模仿，继而在整个行业掀起一股创新浪潮，而一个行业的发展又会带动其他行业乃至整个社会经济的发展。社会经济的发展又会导致银行信用和生产资料需求的扩大。当创新带来的利润趋于消失，银行信用和生产资料的需求又会收缩……如此循环往复，社会经济便会不断向前发展。这是一种"纯模式"。熊彼特的创新理论为金融创新和制度创新理论的发展奠定了基础。尹龙. 金融创新理论的发展与金融监管体制演进. 金融研究，2005（3）.

管与金融创新相互博弈交互作用的历史。① 基于此，本选题的研究内容既有对中国金融监管权配置体系的宏观架构，又有对银行业、证券业风险监管运行机制的微观具体考察（鉴于近年发生的金融危机很少源于保险市场，本选题基本不涉及保险领域中的相关问题研究），在此基础上，本书就中国金融监管权配置运行机制的制度创新提出了初步设想。具体说来，主要有：

1. 关于金融监管权的法律定位。由立法体制、权力来源和权力主体所决定，集准立法权、准司法权和金融执法权于一体的超级金融监管权，非但没有从根本上改变其行政权的性质，相反，只是再一次有力地印证了，包括金融监管权在内的行政职能的扩张是当今各国的共同现象这一观点。

2. 关于良好金融监管原则的确立。虽然各国的政府监管体制与监管改革内容各有千秋，但各国对于良好监管的理解基本上还是趋于一致的，那就是：良好的政府监管乃是真正实现经济效益与社会公正价值的高质量监管。因而本书提出，全球化视野下的金融监管权的配置及其运行，或者良好金融监管的施行，应当坚持必要、有效、有限、透明、诚信、责任六项原则。

3. 关于中国金融监管权配置的新型模式的提出。本书在"管理论"、"控权论"和"平衡论"之外，就金融监管权的配置及其运行模式提出"合作论"这一新的思考方向。② 其理论基点是：金融监管法与金融监管权应该成为朋友而不是敌人，那种认为发达的金融监管法体系必定对高效的金融监管起反作用的观点是错误的。③ 一方面，金融监管法对金融监管权的配置及其运行不仅具有制约功能，而且应当具有激励功能；另一方面，金融监管也可以反作用于金融监管法，但不是为了摆脱金融监管法的控制，而是在守法与自律的基础上，充分发挥监管能动作用，推动金融监管法律体制现代化的实现。为此，本书指出中国未来金融监管法律体系将更多地在强调中国特色的基础上注重国际共性，政府监管、行业自律、市

---

① 盛学军. 冲击与响应：全球化中的金融监管法律制度. 法学评论，2005（3）；曾筱清. 金融全球化与金融监管立法研究. 北京：北京大学出版社，2005：81—95；丁宁. 德国金融行业发展与监管的历史——自由与监督的组合//吴志攀，白建军主编. 金融法路径. 北京：北京大学出版社，2004：503—511.

② 杨寅. 公私法的汇合与行政法的演进. 中国法学，2004（2）；罗豪才，宋功德. 和谐社会下的公法构建. 中国法学，2004（6）.

③ 余凌云. 行政契约论. 北京：中国人民大学出版社，2000：198；应松年，袁曙宏主编. 走向法治政府——依法行政理论研究与实证调查. 北京：法律出版社，2001，225.

场约束三大支柱并重的新型金融监管模式在我国推行是必然的，以实现由传统的行政管制向依法监管的转变，由强调市场准入的审批式监管向重视全程监管转变，由合规性监管为主向风险性监管为主转变，由单纯的外部性监管向强化合规内控、重视行业自律转变。①

4. 关于现代金融监管理念的重塑。本书主张，金融竞争力提升的前提在于金融稳定，而金融稳定的最终目的则是提高金融机构的竞争力，竞争力不强其实也是一种风险。面对全球金融业的激烈竞争和金融全球化的不可逆转趋势，只有秉承以竞争力为核心，以稳定为基石的新型监管理念，我国的金融监管才能在保持金融秩序安全稳定的基础上，提高金融业在国际市场上的整体竞争力，实现金融监管的现代化。②

5. 关于金融监管机能的重新定位。本书认为，片面地注重激励抑或单纯地强调控权，实际上都不利于金融监管资源的有效配置。全球化视野下的金融监管权配置及其运行，应当立足控权、兼重激励，通过有效的制度设计和机制运行，促进金融监管制度与市场约束机制的良性互动，在防范金融监管行政主体与相对人即金融机构滥用权力（利）的基础上，激发双方的主动性和创造性，从而激励双方作出理性的行为选择，实现公益与私益双赢，即立足安全、效率优先的监管目标与金融机构经营利润最大化的商业目标双赢的预期目标。③

6. 关于开放式保护主义金融监管战略的确立。本书认为，立足于开放主义的立场，同时采之以保护主义的主张，实行开放式保护主义政策，是中国金融监管现代化战略的理性选择。详言之，就是在创造金融市场总体开放乃至扩大开放的前提下，根据国家经济利益的要求，以技术性要求作为国内法的实体内容，用程序性规范加以保障，用维护投资者、存款人以及其他金融消费者的合法权益这样一些包含公益性、社会性动机的正当诉求来设置制度化的市场障碍，正当合规地封阻外国竞争者进入金融业某

① 中国金融监管制度脱胎于计划经济中对金融业实施的严格、封闭式的管理制度。如何由一个对金融市场生活的全面干预者转变为金融系统的有限监管者，这不仅是中国步入金融全球化进程的外部要求，也是中国自身内部因素驱动的结果。因为全球化的外因事实上在一定程度上与内部的要求存在契合的基础，全球化的根本是经济市场化。一旦不能准确把握这种角色的转换，难免走上僵化管制的老路，或者一味松弛监管，甚至采取对金融市场放任自流的消极做法。而上述两种做法，无疑均会导致我国金融风险的不断累积，进而加大我国金融体系的不安定因素，增加我国经济增长的脆弱性。郑泽华. 风险演进、理念转换与中国监管体制改革. 广东金融学院学报，2005（1）.

② 郑志. 效率优先　兼顾安全. 经济参考报，2006-04-09，理论版.

③ 郑志. 激励与控权：全球化背景下中国金融监管法律制度的机能定位. 中国冶金报，2006-03-28，理论版.

一特定领域的道路，以对中国金融业进行有效的局部性保护，实现开放与保护之间的利益平衡，促进我国经济与金融的健康发展。其核心在于，合理运用市场准入的相关国际法准则，缩小其在国内法层面的适用，低调处理对本国金融业的局部保护措施，淡化保护措施的法律色彩，尽可能减少乃至避免国际法与国内法的正面冲突。

7. 关于中国金融监管制度变迁的动力来源。本书指出，自上而下的政府推进与自下而上的全民参与相结合，是中国实现行政法治的道路选择的，当然也是作为经济行政法治现代化架构重要组成部分的中国金融监管现代化的运行模式及其动力来源的理性抉择。

8. 关于金融监管组织制度的变革。本书主张，随着我国金融业对外开放步伐的加快以及分业经营藩篱的不断剥落，分业监管的制度安排不仅直接影响监管效率的提高，而且会导致金融风险隐患的增加，因此，实施金融监管制度创新战略，统一金融监管权威，是建立现代金融监管体系的必然选择。

1.4　研究方法

本课题的研究，主要运用了以下研究方法。

第一，激励分析是现代经济学理论研究经济主体行为的一种重要分析方法，尤其适用于研究分析经济主体的预期行为。在波斯纳看来，传统的英美法学研究主要是考察已经发生的事件及案例，是一种"事后研究"（ex post approach），而激励分析主要从事的是一种"事前研究"（ex ante approach），因此，它必须注重分析随法律制度及相关因素变化所产生的预期行为刺激。"对法经济学家而言，过去只是一种'沉没了的'成本，他们将法律看成是一种影响未来行为的激励系统。"① 基于此，本书在"2.3.1 积极效应：经济增长绩效"、"4.2 症结探寻：中国金融监管低效运行的根源分析"和第 5 章"全球化视野下中国金融监管的战略设计"中，将激励分析方法引入并运用于金融全球化的积极效应考察，中国金融监管低效运行的症结分析，及金融监管的理念重塑、机能定位、战略选择、路径设计等问题的研讨，以为全球化视野下的中国金融监管体制的重构和运

---

① 〔美〕理查德·波斯纳. 法律的经济分析. 朱苏力等译. 北京：中国大百科全书出版社，1997："中文版译者序言".

行机制的变革提供科学的方法论指导。

第二，在过去的几十年中，法经济学已经由经济学和法学领域中的一个小范围的深奥研究分支发展为一场颇具影响力的庞大学术运动。这场学术运动不仅对于重新诠释法学及在将经济学研究方法拓展到对行政管理领域的一些重要含义作出经济解释方面发挥了重要的积极作用，而且对于其他相邻学科，尤其是那些本身就以法律的各个领域作为研究对象的政治学、管理学和社会学有着重要的意义。① 为此，本书"2.3 效应考察：基于法经济学的分析""2.4 结论：金融全球化的收益与成本"，以及第 4 章"考察反思：中国金融监管运行实证分析"研究中大量运用法经济学的方法，对金融全球化的两面性事实特征及其对各国经济发展所产生的成本和收益，以及中国金融监管低效运行的现状和症结等问题，进行了较为深入详尽的分析比较，以期为中国金融监管模式的理性选择与中国金融监管体制的科学重构提供令人信服的论证。

第三，广泛采用系统分析、比较研究、逻辑推演等方法②，对包括我国在内的世界各国以及国际社会金融监管体系的建立及其运行中所存在的突出问题进行研究。此外，还特别注意了规范研究方法与实证研究方法的结合运用③，前者主要在本书"4.2.6 监管规则一定滞后"和"5.4.3 体系重构：公私合作监管的倡导"中，用于研究最优的或最有效率的金融监管法律规则的制定模式；后者主要在"3.2 经验与教训：作为危机防范措施的金融监管"和"4.1 低效运行：中国金融监管运行的现状考察"中，用于研究现实中金融监管规则的实际运行效果。

---

① 〔美〕尼古拉斯·麦考罗，斯蒂文·G. 曼德姆. 经济学与法律——从波斯纳到后现代主义. 吴晓露等译. 北京：法律出版社，2005；〔美〕乌戈·马太. 比较法律经济学. 沈宗灵译. 北京：北京大学出版社，2005；Douglas G. Barid. "The Future of Law and Economics: Looking Forward", *University of Chicago Law Review*, 1997.

② 系统分析方法主要运用于本书第 2 章"概念解读：金融全球化"、第 3 章"关系审视：全球化的变迁与金融监管"以及第 5 章"全球化视野下中国金融监管的战略设计"所涉问题的研究；比较研究方法主要用于第 2 章"概念解读：金融全球化"和第 3 章"关系审视：全球化的变迁与金融监管"问题的研究；逻辑推演方法主要用于第 2 章"概念解读：金融全球化"和第 3 章"3.4 结论：全球化进程中金融监管作用的理性审视"所涉及的问题研究。

③ 规范研究和实证研究分别是经济理论中规范经济学和实证经济学的最基本的分析方法。规范经济学研究的主要问题是"为什么"，实证经济学研究的主要问题是"是什么"。有关这一问题可参见 Herbert Hovenkamp. "Law and Economics in the United States: A Brief Historical Survey", *Cambridge Journal of Economics* 1995, 19, pp. 331-352.

第 2 章　概念解读：金融全球化

世界贸易组织前总干事鲁杰罗曾一针见血地指出："阻挡全球化无异于想阻挡地球自转。"① 20 世纪 80 年代以来，随着经济全球化进程的不断加快和信息网络技术日新月异的发展，作为经济全球化的核心组成部分和主要表现形式，金融全球化浪潮以其不可阻挡的浩大声势席卷了全球。金融全球化在缓解金融压抑、给实施国家带来经济增长和金融体系效率提高的同时，也使得金融体系的不稳定性增强，金融危机爆发的概率增加。亚洲金融危机后，国际货币基金组织的一项统计报告指出，"近 30 年来除极少数国家以外，全球绝大多数国家都参与到金融自由化这一全球化的浪潮中……金融自由化促进了经济增长……"② 但是许多国家在金融自由化后又不同程度地遭受了银行业危机或者金融危机。因之，什么是金融全球化？金融全球化在世界各国的迅速推进，究竟是经济发展的福音还是灾难的前兆？有鉴于此，本章拟针对金融全球化"两面性"的特征事实（stylized

---

① 曾筱清. 金融全球化与金融监管立法研究. 北京：北京大学出版社，2005：9. 鲁杰罗的观点代表了大多数人的看法，但对此持怀疑和否定态度的也大有人在。例如，法国学者弗朗索瓦·沙奈对此激烈响应指出："我们经常可以听到议论，特别是随声附和的议论，认为金融全球化是不可逆转的，其结果是不可避免的，除了尽力与其适应，别无其他选择。诚然，我们所分析的金融、现行经济政策、生产水平、就业之间的许多联系的确具有机械性质。这是因为某些关键性机制（例如实际利率的增长率必须高于国内生产总值增长率）产生的积累效果和反应在既定前提条件下是可以预见和难以避免的。但是这种'不可逆转'和'不可避免'的用语完全可以作其他解释。如果说金融全球化形式下的金融统治是'不可逆转的'，这无异于赞成这样的观点：应该把'债权人专政'看作是天然合理的，把利用实际正利率制度转移财富、牺牲工资，甚至非金融利润，看作是永恒的存在……在某些人那里，'不可逆转'思想往往还伴随着对'现实主义'的呼吁，这些人站在为现存秩序（'事物的自然秩序'）辩护的立场上。这种思想在另一些人那里则反映了他们对经济和政治关系的无可奈何的服从，因为他们无法从这种关系中摆脱出来，他们既看不到出路，也没有明确的选择。"不仅如此，"从金融领域角度来看，'不可逆转'思想也是不正确的。我们简单回顾一下 20 世纪金融发展的历史，就可以得出令人信服的结论"。详请参见〔法〕弗朗索瓦·沙奈. 金融全球化. 北京：中央编译出版社，2001：5-6.

② 张荔. 金融自由化效应分析. 北京：中国金融出版社，2003："前言".

facts)，通过成本与收益的对比分析，探寻金融全球化的内涵、特征及其效应，以期对金融全球化的发展态势作出客观评价，为全球化视野下的金融监管研究奠定基础。

2.1　内涵厘定：全球化、经济全球化与金融全球化

全球化（globalization）是学术研究中出现频率最高的词语之一，英国著名社会学家安东尼·吉登斯就此指出："仅仅在十年以前，不论是学术著作还是通俗读物都很少使用这个术语。而现在，这一术语已经从无人使用变为无所不在；如果不提到它，任何政治学说都是不完整的，任何商业手册都是不受欢迎的。"[①] 确实如此，"近年来，全球化已经成了大多数政治讨论和经济辩论的核心问题"[②]。

但同时，全球化也是一个歧义丛生的术语。据考证，T. 莱维尔最早使用"全球化"（globalization）一词，并将其用来形容世界经济发生的巨大变化，即"商品、服务、资本和技术在世界性生产、消费和投资领域中的扩散"[③]。因此，全球化首先被定义为经济全球化，并在三个层面上被使用：一是贸易领域。贸易全球化的速度是通过贸易总量和贸易金额增长、贸易种类增加、贸易范围扩大以及贸易自由化进程的加快而表现出来的。二是生产领域。生产全球化的标志性现象就是以跨国公司为载体的外国直接投资大幅度增长，导致生产销售在全球范围内的一体化安排。三是金融领域，具体将在后文详述。[④] 总而言之，经济全球化是人类经济活动跨越民族、国家界限以及各国经济在世界范围内的相互融合的过程。它既指货物、资本、生产、技术、信息等生产要素在全球范围内的、跨国界的、广泛而自由的流动，从而实现资源有效配置的过程；也指由于这个过

---

① 〔英〕安东尼·吉登斯. 第三条道路——社会民主主义的复兴：中译本. 北京：北京大学出版社，生活·读书·新知三联书店，2000：30. 实际上，吉登斯在这本书中极力倡导的"第三条道路"也正是标榜要使人们"安然地"度过即将到来的发生重大变革的全球化时代。

② Pervenche Beres："The Social Demorratic Response"，in Rene Cuperus and Johannes Randel：*European Social Democracy*：*Transformation in Progress*，Amsterdam：Friedrich Stiftung，1998.

③ 不过，另有观点认为，经合组织前首席经济学家 S. 奥斯特雷在 1990 年最早使用了全球化的概念。

④ 盛学军. 冲击与响应：全球化中的金融监管法律制度. 法学评论，2005（3）.

程的深化，各国之间的联系和相互作用不断加强，形成各国经济的相互依赖性甚至相互制约关系。

这种将全球化等同于经济全球化，或至少主要是指经济全球化的观点，是流行的、多数的观点。不过，越来越多的学者开始对此提出质疑，同时强调全球化应当是一个全方位的概念。例如，贡德·弗兰克就认为，要建构一种真正整体论的、普遍的、全球性的世界历史和全球性社会理论，必须建立在三个维度之上，即：生态/经济/技术之维，政治/军事权力之维和社会/文化/意识形态之维。[①] 乌·贝克就资本主义全球化也认为，全球化不仅意味着（经济的）国际化、集约化、跨国交融和网络化，它也在更大程度上开辟了一种社会空间的所谓"三维的"社会图景，同时他围绕经济、政治和社会结论这三维从七个方面展开了论述。[②] 而安东尼·吉登斯、哈贝马斯、罗兰·罗伯逊、安东尼·D.金等著名学者则倾向于认为，全球化是一种"现代性"（modernity）的世界性扩张。[③] 国内学者杨雪冬在对全球化概念做阐释时，概括了国外学者认识全球化的六个有代表性的角度，即信息通信克服自然地理障碍角度、经济相互依赖角度、全球性问题角度、体制上全球资本主义扩张角度、现代性向各项制度扩张角度、文化和文明角度。[④] 这样多种角度对全球化的界定[⑤]，尽管尚有待得到相关研究文献的支持，但不容否认的是，肇始于经济领域的全球化，首先表现为经济制度的竞争和物质文明的交融，继而由此引发文化多元化和政治多极化，不仅带来了世界各文明国家在文化领域和政治领域的日益竞争、交融与合作，而且充分反映了全球化的多样性和复杂性特征。可以说，没有多样性和复杂性，也就没有真正的、普遍的全球化。

虽然学界对全球化仍有不尽相同的认识和界定，但全球经济的融合趋势已凸显无疑，全球范围内的市场经济和全球范围内的共同市场已经或正

① 陈燕谷. 建构全球主义的世界图景. 读书，2000（2）.
② 〔德〕乌·贝克，哈贝马斯等. 全球化与政治. 王学东，柴方国等译. 北京：中央编译出版社，2000：14.
③ 吴士余，梁展. 全球化话语. 上海：上海三联书店，2002；Anthony Giddens, *The Consequence of Modernity*, London, Polity Press, 1990; Ulirich Beck, *What is Globalization?*. London, Polity Press, 2000.
④ 杨雪冬. 西方全球化理论：概念、热点和使命. 国外社会科学，1999（3）.
⑤ 有关这方面的研究文献，可参见沈永林. 世界性的"全球化"大讨论. 国外社会科学前沿，1997：230-257；〔德〕赫尔穆特·施密特. 全球化与道德重建. 柴方国译. 北京：社会科学文献出版社，2001；庞中英. 全球化、反全球化与中国——理解全球化的复杂性与多样性. 上海：上海人民出版社，2002.

在形成。尽管人们对全球化的态度还有诸多分歧①，然而不可否认的是，全球化的进程是任何国家都难以置身其外的。而金融全球化（financial globalization）又是全球化进程中最令人目眩神迷的部分。如果说国际贸易是从产品交换方面体现国家间的经济联系，那么金融则是从要素配置领域体现了国际联系。因此，经合组织前首席经济学家弗郎索瓦·沙奈认为："经济全球化的本质是资本全球化，而金融领域则是资本全球化的枢纽和杠杆。"②

那么，何谓金融全球化，其突出表象和基本特征是什么呢？对此，学者们聚讼纷纭，各执一端。归纳起来，具有代表性的看法主要有以下几种。

（1）现象论。金融全球化是指因金融自由化和放松管制，各国金融市场相互依赖程度日益提高、国际金融市场日趋互动相关、国际金融活动特别是国际资本流动日益超过国际商品生产和贸易的一种现象。③

（2）趋势论。金融全球化是指金融业跨国发展，金融活动按全球同一规则运行，同质的金融资产的价格趋于等同，巨额国际资本通过金融中心在全球范围内迅速运转，从而形成全球一体化的趋势。④换言之，它是指世界各国和地区放松金融管制、开放金融市场、放开资本项目管制，使资本在全球的金融市场自由流动，最终形成全球统一金融市场、统一货币体系的趋势。⑤金融全球化是与金融自由化、金融国际化和金融一体化紧密相关的，金融自由化、金融国际化和金融一体化从不同侧面推动了金融全球化。其中，金融自由化是指一国国内金融管制的解除，包括利率自由化、银行自由化、金融市场自由化等；金融国际化包括各国银行在国外设立分支机构、发展境外金融中心与外币拆放市场、资本项目的开放；等等，反映金融国际化程度的关键是资本项目是否开放；金融一体化是指国内金融市场和国际金融市场相互贯通，并以国际金融中心为依托，通过信

① 有关这一问题的不同观点，参见李存娜．"中国：全球化与反全球化"会议综述．世界经济与政治，2003（2）；孙歌．"全球化"与"反全球化"给了我们什么．中国社会科学，2003（2）；蔡拓．全球化与二十一世纪的政治学．中国社会科学，2003（2）；〔德〕乌·贝克，哈贝马斯等．全球化与政治．王学东，柴方国等译．北京：中央编译出版社，2000；庞中英．全球化、反全球化与中国——理解全球化的复杂性与多样性．上海：上海人民出版社，2002．
② 沈永林．世界性的"全球化"大讨论．国外社会科学前沿，1997：230．
③ 王子先．论金融全球化．北京：经济科学出版社，2000：7．
④ 刘鸿儒．中国金融体制改革的新思考．金融时报，2001-01-20．
⑤ 贺小勇．金融全球化趋势下金融监管的法律问题．北京：法律出版社，2002：1-2．

息网络和金融网络形成全球统一的、不受时空限制的、无国界的全球金融市场，各市场之间的相关性由此提高，同时，金融危机的全球化也将势不可免。[①]

（3）过程论。金融全球化是因各国经济与金融的相互依存关系以及国别资本或金融服务可以迅速地、大量地和基本上不受限制地跨国界流动，而使全球金融活动和风险发生机制联系变得日益密切的动态过程。[②] 之所以对金融全球化进行这样的表述，是因为：第一，金融全球化不仅是金融活动越过民族国家藩篱的过程，也是一个风险发生机制相互联系和趋同的过程；第二，金融全球化是一个逐步削弱民族国家经济权利的过程，对此，无论是发展中国家还是发达国家，都概莫能外；第三，金融全球化是一个不断深化的过程，表现为范围上的逐渐扩展以及程度上的不断加深。金融全球化是一个自然的、历史的过程，尽管它在给全球各国带来巨大经济利益的同时也会带来极大的不安定因素，尽管它的发展历程可能存在曲折，但总体来说却是一个不可逆转的过程。[③]

（4）一体化论。金融全球化可以看作是金融一体化的最高阶段，是金融地域的消失（the end of geography），即国界的重要性日益下降。[④] 其内涵是，一国的金融活动与其他国家金融活动密切相关，各国货币体系和金融市场之间的联系日益紧密，国际金融市场日趋一体化。金融全球化作为经济全球化的需要，既是经济全球化的一部分，也是指资金在全球范围内筹集、分配、运用和流动，包括国际金融机构及各国货币的交叉使用。金融全球化的目的是统一金融市场、金融机构、金融产品和货币，是经济发展到一定阶段的产物。市场化是金融全球化的基础。从金融市场的基本要素来看，金融全球化包括金融机构国际化、金融业务国际化和货币国际化；从金融市场的结构来看，金融全球化包括货币市场国际化、资本市场国际化、外汇市场国际化以及欧洲货币市场的形成与发展。

同样，在法国学者弗朗索瓦·沙奈看来，金融全球化是指各国货币体系和金融市场之间日益紧密的联系。这种联系是金融自由化和放宽管制的结果，但并没有否认各国的金融体系，因为它们只是以"不充分"或"不完全"的形式使其一体化并形成一个整体。这个整体有三个特点：首先，

---

① 徐忠. 金融全球化与金融风险. 昆明：云南人民出版社，1999：29.
② 李若谷. 金融全球化对我国银行的挑战与我们的对策. 中国金融，2001（1）；李扬，黄金老. 金融全球化研究. 上海：上海远东出版社，1999：144.
③ 李扬，黄金老. 金融全球化研究. 上海：上海远东出版社，1999：145.
④ Roman Terrill. "What Does 'Globalization' Means?", 9 *TRNATLCP* 217 (1999).

它有明显的等级之分。美国的金融体系支配着其他国家的金融体系，这是由美元的地位以及美国债券和股票市场的规模所决定的，各国发展的不平衡以及国家之间的竞争并未消失，甚至被金融自由化和放宽管制激活了；其次，这个整体的各个监管和监督机构是力不从心和不负责任的；最后，这个整体的各个市场的统一是由金融交易者根据各市场不同程度的差别进行交易来实现的。①

（5）综合论。这种观点认为，金融全球化具有广泛的内涵，是一个综合性的概念。因此，不妨将金融全球化表述为：金融全球化是经济全球化的重要组成部分，是金融业跨国境发展而趋于全球一体化的趋势，是全球金融活动和风险发生机制日益紧密关联的一个客观历史过程。②

不难看出，人们对于金融全球化的内涵不仅没有形成普遍一致的看法，而且迄今没有确立统一的界定标准。上述研究结论虽然从不同角度对金融全球化进行了界定，但在研究方法上却无外乎两类：一类是描述性、经验性的，另一类是价值观的、规范性的。③ 但无疑，离开前一类的经验材料，后一类的结论将成为无本之木、无源之水；而离开后一类的价值规范，前一类将囿于经验事实的局限而陷于形式和烦琐。概念是事物本质特征的高度抽象和概括，因之，要全面理解金融全球化的含义，在方法论上就应兼顾两者，不可偏废。

实际上，无论是放松金融管制，还是开放资本项目或者是金融市场的一体化，它们都不过是对金融全球化外在表现形式的描述和反映。因而上述观点对于金融全球化的界定虽然具有一定的合理性，但却并未触及金融全球化的本质。在笔者看来，金融全球化其实是金融活动"市场化"的延伸和必然要求。④ 作为"市场化"的延伸，金融全球化首先意味着金融交易在全球的扩展，即在经济层面上，金融活动和金融资本突破主权国家的地域限制，在全球范围内自由流动；其次，作为金融市场化在全球延伸的当然结果，金融全球化不仅使各国金融制度和风险发生机制的联系日益紧

---

① 〔法〕弗朗索瓦·沙奈. 金融全球化：中译本. 北京：中央编译出版社，2001：2-3.
② 王元龙. 中国金融安全论. 北京：中国金融出版社，2005：35.
③ 这样的分划来自李强和张志洲论文的启发，但李强将之用于分析西方关于主权国家和全球化关系问题的理论，张志洲则重在探讨全球化的涵义与特点。李强. 全球化、主权国家与世界政治秩序. 战略与管理，1999（1）；张志洲. 对全球化涵义与特点的再认识. 庞中英主编，全球化、反全球化与中国——理解全球化的复杂性与多样性. 上海：上海人民出版社，2002：141.
④ 项卫星，王刚，李宏瑾. 金融全球化：目标、途径以及发展中国家的政策选择. 国际金融研究，2003（2）.

密，而且要求世界各国在金融运行中采用统一的全球规则。因而在法律层面上，金融全球化的过程，实际上就是"市场化"的金融制度在全球推广和采用的过程。

可见，金融全球化既是客观存在的事实，又有主观抽象的价值；既是金融运行现象的反映，又是金融发展趋势的揭示；既是金融演进过程的描述，又是金融发展结果的总结。事实与价值、现象与趋势、过程与结果的并行不悖和有机统一，不仅决定着金融全球化的发展走向，使其成为经济全球化最核心的内容和最主要的表现形式[1]，而且使金融全球化这种经济现象具有质的稳定性和不可逆性，并进而呈现出一系列的经济和法律特征。

2.2　特征分析：自由与趋同

尽管金融全球化是一个相当复杂而且不断发展变化的经济现象，但由其本质所决定，金融全球化无论在经济层面还是法律层面，均有着与其他金融现象显著不同的基本特征。

2.2.1　金融管制立法宽松化

美国著名经济学家哈里·马格多夫（Harry Magdoff）指出："资本主义越是依赖金融，对资本的限制就会越来越放松。"[2] 金融全球化在各国迅速推进和不断深化的发展历程，为哈里的论断提供了有力的注解。

在 20 世纪 70 年代初，以美元为基轴的布雷顿森林体系崩溃，英国于1971 年取消存款利率限制，发动了放松管制立法的"第一次金融革命"；1979 年制定《银行法》，创设存款保险制度，取消外汇管制。

在 20 世纪 80 年代，随着全球经济一体化趋势的加剧，以金融立法放松管制（de-regulation）为特征的金融自由化改革在主要发达国家不断深

---

[1]　有学者提出，由于金融是现代经济的核心，因此，经济全球化就是经济金融化，即金融关系在经济关系中不断地扩散和渗透，金融作为经济资源在经济发展中的重要性日益提高，金融政策逐步成为经济政策核心的一种趋势和过程。经济金融化表现在以下几个方面：（1）社会财富日益金融资产化；（2）经济关系日益金融关系化；（3）金融作为经济资源对经济增长和发展的作用日益突出；（4）金融政策日益成为经济政策的核心。详请参见杨涤．经济发展中的"经济金融化"趋势．国际金融报，2001-07-21.

[2]　Harry Magdoff, "A Note on the Communist Manifesto", *Monthly Review*, May 1998, pp. 11-13.

化，并带动拉美和亚洲等新兴发展中国家先后走上方式不尽相同的金融自由化之路。20 世纪 90 年代金融自由化的显著标志就是金融业的混业经营。1999 年 11 月 12 日，美国总统克林顿签署了《金融服务现代化法案》。该法案的立法宗旨在于，准许银行、证券、保险公司和其他金融服务提供者之间的混业经营，推倒阻隔它们相互联系的"防火墙"，为商业银行、证券公司和保险公司的联合经营提供机构、人员保证，并在修改《1956年银行控股公司法》的基础上，该法案规定凡是金融业务或附属于这些金融业务的活动，符合条件的控股公司都可以依法经营，从而加强了金融服务业的竞争。由于该法案正式废除了 66 年来一直束缚着美国金融界手脚的《格拉斯—斯蒂格尔法》，被美国金融界誉为"划时代的突破"。

国际社会公认的、以金融业相对稳健著称的加拿大，在不断加强的金融全球化趋势下，为了加强本国金融机构的国际竞争力，也不断地对金融管理体制及其相关法规进行调整。1992 年，加拿大对《银行法》等金融法规进行了一次大的修订，允许银行不仅可以从事传统的银行业务，而且可以通过设立金融控股公司的形式建立附属机构从事信托、证券和保险业务。同时，其他金融机构也可以向银行业务渗透，从而使加拿大金融业由此进入了合法的混业经营时期。1996 年加拿大联邦政府成立了一个特别行动小组，专门研究未来金融业的发展方向。1998 年 9 月，特别行动小组提交了一份包括 4 大项 124 小项的最终研究报告。次年 6 月，加拿大财政部基于此报告颁布了名为《改革加拿大的金融服务业——未来的框架》的文件。与这份文件相适应，2001 年加拿大国会通过了一项新的法案即 C—8 法案。这项新法案对《银行法》等金融法规做了明显的修改，如改变了过去"四大支柱"（银行、信托、保险和证券）分立的金融格局，允许建立银行控股公司、保险控股公司，从而加强了"金融集团"的建设步伐；改变了过去的银行分类方法，确立了以股本为依据的新的银行分类法；改变了过去在所有权关系上 10% 的限定，重新规定了新的所有权关系：对于大型银行（股本在 50 亿元以上），单个股东所持有的有投票权的股票份额最高可达到总股本的 20%，无投票权的股票份额最高可达到30%；对于中型银行（股本在 10 亿元～50 亿元），只要求有 35% 的有投票权的股票必须公开流通以外，其他方面没有要求；对于小型银行（股本在 10 亿元以下），在所有权关系上则没有任何具体要求。①

而在英国，20 世纪 80 年代以来，以新型化、多样化、电子化为特征

① 刘锋，王敬伟. 加拿大金融监管框架及对我国金融监管的启示. 金融研究，2004（1）.

的金融创新，改变了英国传统的金融运作模式。发生在银行业、保险业、证券投资业之间的业务彼此渗透，使英国金融业多元化混业经营的趋势得以加强。特别是 20 世纪 90 年代以后一浪高过一浪的金融业并购浪潮，银行、保险、证券、信托实现了跨行业的强强联合、优势互补，银行与非银行金融机构间的业务界限愈来愈模糊不清。越来越多的非金融机构也开始经营金融产品和业务，如英国的房屋建筑业协会通过开展住房信贷业务日益银行化，事实上已经成为金融业的有机组成部分。[1] 混业经营的日益发展，使英国迅速成为全球金融业混业经营程度最高的国家之一，同时也使英国金融业的风险急剧上升。[2] 在这种情形下，加快金融体制尤其是金融监管体制改革，成为金融业混业经营发展的紧迫要求。为此，2000 年 6 月，英国女王正式批准了《2000 年金融服务和市场法》(Financial Service and Markets Act 2000)。这是一部英国历史上议院对提案修改达 2 000 余次，创下修改次数最多纪录的立法，也是英国建国以来最重要的一部关于金融服务的法律。它使得此前制定的一系列用于监管金融业的法律、法规，如 1979 年信用协会法 (the Credit Unions Act 1979)、1982 年保险公司法 (the Insurance Companies Act 1982)、1986 年金融服务法 (the Financials Services Act 1986)、1986 年建筑协会法 (the Building Societies Act 1986)、1987 年银行法 (the Banking Act 1987)、1992 年友好协会法 (the Friendly Societies Act 1992) 等，都为其所取代，从而成为英国规范金融业的一部 "基本法"，为英国适应新世界金融业的发展和监管，提供了一个空前崭新的改革框架。[3] 这一改革，不仅方便了英国的金融机构及其全球客户，而且提高了英国金融服务业的国际竞争力，强化了伦敦的国际金融中心地位。实践表明，英国放松金融管制、推动金融业混业经营的

---

① 乔海曙. 金融监管体制改革：英国的实践与评价. 欧洲研究，2003 (2).

② 英国金融风险上升的标志性事件之一就是 1995 年英国老牌银行巴林银行的破产。因为新加坡分行投资业务失控，巴林银行出现数亿英镑的损失而宣告破产，最终被荷兰一家银行收购。事件发生后，英国舆论哗然，纷纷指责监管机构监管不力。英格兰银行作为中央银行，受到更多的指控，指控的内容包括：英格兰银行拥有货币政策与金融监管双重职能，一方面要负责货币政策的稳定，要注意商业银行的贷款规模与通货膨胀指数；另一方面又要注意商业银行的证券交易风险，保证商业银行充足的流动性，防止商业银行陷入流动性危机。这双重职能势必使英格兰银行陷入两难选择。事实上，英格兰银行主要关注货币政策的稳定，客观上存在只注意货币政策而忽视加强监管银行金融业务的可能，尤其是当货币政策与银行的流动性需求之间产生目标冲突时更为突出。有关这一问题的相关分析，参见谢伏瞻. 金融监管与金融改革. 北京：中国发展出版社，2002：143.

③ 乔海曙. 金融监管体制改革：英国的实践与评价. 欧洲研究，2003 (2).

改革是成功的，伦敦已成为世界同行公认的、具有杰出监管机制的全球金融中心。

　　在德国，受金融全球化浪潮的影响，在 20 世纪 90 年代开始了以金融自由化为核心的金融改革。德国金融自由化改革的主要目标是使其大型全能银行成为具有全球竞争力的多元化金融集团。[①] 1997 年，德国政府提出了《第三次振兴金融法案》，对银行之外的股票市场、信托业及金融控股公司等进行"自由化"改革。当然，金融自由化并不是不要金融监管，而是对个别大型金融集团相对放松管制，以利于它们参与国际竞争。政府对整个银行体系的协调和控制，是在联邦银行业监管局和联邦银行的密切配合下进行的，它们对整个银行体系的监管和管理职责通过法律条款加以明确分工。但依据德国的法律规定，政府不能干预商业银行的具体业务。

　　受发达国家金融自由化改革的影响，拉美的智利、乌拉圭、墨西哥、巴西和阿根廷，亚洲的菲律宾、马来西亚、中国、泰国以及东欧的一些发展中国家，也纷纷采取了各自不尽相同的金融自由化改革，主要有：放松或取消利率控制，让利率由市场机制决定，使利率能反映资金的真实成本，反映资本的稀缺程度；发展金融机构，建立金融机构之间的竞争，提高融资效率；放松金融管制，包括实行具有灵活性的汇率政策，允许资本自由流动等；取消对银行贷款的限制，特别是取消各种贷款限额；大幅度降低法定存款准备金等。[②] 亚洲国家中，韩国是实施金融自由化比较典型的国家之一。1988 年 12 月，韩国政府决定，取消对于银行和非银行金融机构的贷款利率的管制，这是金融放松管制和金融自由化进程中非常关键的一个举措。但由于在放松管制之后银行利率的迅速提高，政府又取消了这个政策，而且由于 1989 年的经济下滑和劳动纠纷数量增加，大大影响了正在进行中的金融自由化进程，所以直到 1991 年 8 月，韩国政府才真正通过"四阶段计划"来实行国内金融市场利率的全面自由化。与金融自由化中的利率控制放松相配合的是金融部门之间的业务交叉，一些新的金融工具本身就是银行和证券部门业务交叉的结果，这些业务交叉提高了金融部门之间的竞争，这对于银行体系的结构重建产生了深远的影响。通过表 2-1 可以看出，韩国政府在金融自由化进程中所采取的主要举措，既有关于放松国内金融管制的政策，也有关于国内金融对外开放的举措，还

---

① 陈洁. 金融自由化背景下各国金融监管经验与教训. 济南金融，2003 (9).
② 贺小勇. 金融全球化趋势下金融监管的法律问题. 北京：法律出版社，2002：5.

包括外汇和资本项目自由化方面的举措。

表 2 - 1　1980 年以来韩国金融自由化进程的主要举措

金融自由化措施	实施时间
公司票据的引入	1981 年
全国性商业银行的私有化	1981—1983 年
取消对政策性贷款的优惠利率	1982 年
政府放松对银行内部经营的直接干预	1984 年
可议付大额可转让存单的引入	1984 年
银行贷款利率的引入	1984 年
股票市场通过韩国基金的间接开放	1984 年
短期财务公司现金管理账户的引入	1987 年
金融部门（银行、保险公司、租赁业以及投资信托）进入壁垒降低	1988 年
人身保险产业向外国公司开放	1988 年
声明分阶段放松对于存款和贷款利率的管制	1988 年 12 月
证券产业向外国公司开放	1991 年
四阶段利率自由化计划的通过	1991 年
一些短期财务公司向证券公司和银行转变	1991 年
允许外国投资者在韩国股票市场购买股票	1992 年
外汇和资本项目自由化	1999 年
汇率体系从"盯住美元"转向盯住"货币篮子"	1980 年
实施外汇远期交易	1981 年
允许进行利率掉期交易	1984 年
在外国直接投资政策方面转向"负体系"	1984 年
发行可转换债券、担保债券和存款收据	1985 年
允许进行金融期货交易	1987 年
接受国际货币基金第八条款	1988 年
转向"市场平均汇率体系"①	1990 年
转向外汇管理"负体系"②	1992 年
《外汇贸易法》下分阶段外汇自由化	1999—2001 年
分设金融监管委员会主席和金融监督院院长	2008 年

资料来源：Won-Am Park. *Financial Liberalization：The Korean Experience*. Takatoshi Ito & Anne O. Krueger（eds.，1996）. Financial Deregulation and Integration in East Asia. Chicago and London：The University of Chicago Press, p. 250；James B. Ang. *Research，technological change and financial liberalization in South Korea*. Journal of Macroeconomics 32（2010）：pp. 457-468.

① 市场平均汇率体系（Market Average Exchange Rate System），指允许汇率每天根据市场的供求状况自由波动。

② 外汇管理负体系相对于外汇管理正体系而言。其中，外汇管理正体系（positive system），是指所有外汇交易原则上都被禁止，除非特别指明；而外汇管理负体系（negative system）则正好相反，指原则上允许所有外汇交易，除非特别指明。

2.2.2　金融贸易市场一体化

同金融自由化发展密切相关的是金融贸易市场一体化。传统的国际金融市场，只是发达国家国内金融市场的延伸，是市场所在国居民和非居民之间的信贷中介场所，其金融业务一般要受到该国法律政策和市场规则的约束。而离岸市场是非居民之间的借贷中介场所，其业务一般不受东道国的法律限制，因而欧洲美元市场这种离岸市场的形成和发展，不仅是对传统意义上的国际金融市场概念的挑战，而且导致了主权政府对资本流动管制的失效。20 世纪 70 年代布雷顿森林体系崩溃后，汇率剧烈波动导致了对这部分金融产品的巨大需求①，共同直接刺激发达国家相继解除了对资本国际流动的限制：1974 年美国取消了利息平衡税（即购买欧洲债券和股票交税的规定）；1979 年英国取消了妨碍国际资本流入和流出的全部限制，1986 年 10 月又进一步实施了金融改革（即所谓的伦敦大爆炸，Big Bang），解除了伦敦证券交易所会员限制，经营英国股票、债券的证券公司由原来的 19 家一下子增加到 49 家，其中包括大批外国公司；1980 年 6 月日本修订《外汇与外贸管理法》，取消外汇管制，1997 年又进一步将其修订为《外汇及外贸法》，并在其中删除了"控制"一词，实行境内外外汇交易的全面自由化；澳大利亚在 1980—1986 年间取消外汇交易和外汇汇率限制；瑞典从 20 世纪 70 年代中期起，逐步废除资本流动限制。法国于 1986 年废除全部外汇管制措施；到 20 世纪 90 年代初期，爱尔兰、挪威等一批国家最终取消对资本项目的汇兑限制，从而在发达国家全面实现了资本流动的自由化。在 20 世纪 90 年代上半期，阿根廷等 11 个发展中国家也取消对资本流动的限制，巴西等 15 个国家则在不同程度上取消对资本流动的限制。②

资本流动限制的解除，首先必然表现为非居民对各国金融市场参与程

---

① "布雷顿森林体系"是二战之后形成的以美元为核心的可调整固定汇率体系。从某种意义上来说，"布雷顿森林体系"是以美国为核心的工业化国家之间相互合作、相互妥协和相互博弈的产物，它代表着发达国家的根本经济和金融利益，这是旧的国际金融秩序的基本特征。20 世纪 70 年代以来，随着世界多极化的不断发展和全球化的不断推进，传统的国际货币体系受到严峻的挑战，70 年代初期，"布雷顿森林体系"因为不能适应新的国际经济运行而趋于解体，国际金融体系进入了一个所谓"无体系的时代"（或称为"混合国际金融体系"，mixed international financial system），国际储备货币和国际汇率制度都出现多元化的局面。

② 国际货币基金组织. 货币可兑换和金融部门改革. 北京：中国金融出版社，1996：92-95.

度的提高。1975 年到 1998 年间，西方国家各类证券在居民和非居民之间的交易总额在国内生产总值中的比重迅速上升，美国由 4% 上升到 230%，德国由 5% 上升到 334%，意大利由 1% 上升到 640%，日本由 2% 上升到 91%。[①] 此外，资本流动限制的解除还使得资本在国际上的流动速度和规模得到极大的增长。特别是 20 世纪 90 年代以来，国际资本以前所未有的数量、惊人的速度和日新月异的形式使全球资本急剧膨胀。从国际债券市场的融资规模来看，包括银行贷款、票据融资和债券发行三项业务的融资额，1973 年为 622 亿美元，1979 年为 1 450 亿美元，年均增幅为 15%；而进入 90 年代后，国际债券融资额由 1990 年的 4 276 亿美元增加到 1996 年的 15 139 亿美元，年均增幅高达 23.5%。进入 21 世纪以来，仅全球债券融资规模一项，就从 2006 年的 3000 亿美元飙升至 2021 年的超过 6 000 亿美元。[②] 在国际证券市场上，发达国家证券资本的年平均流出入总额，在 1976—1980 年间为 476 亿美元，在 1991～1994 年间则猛增至 6 311 亿美元，而到 2020 年，仅新兴经济体证券投资的流动规模在前三季度就已达到 8 万亿美元。[③] 共同基金的融资规模增长更是惊人，美国 1970 年的共同基金数为 400 个、资产总额为 448 亿美元，1994 年增加为 5 300 个和 21 000 亿美元，而在 2021 年，受监管的开放式基金数目与资产规模则已有 131 808 个和 71 万亿美元。[④] 在全球外汇市场上，在 2005 年，每天的交易量平均约为 2 万亿美元，比十年前增加了 10 倍[⑤]，而到了 2019 年 4 月，外汇市场的日成交量已达 6.6 万亿美元。[⑥] 至于国际间资本流动与国际贸易之间的比例，早在 2005 年就已接近 70∶1[⑦]，而这一趋势至今并无中止的迹象。这意味着大量的国际资金流动已经脱离实物交易，进行着自我循环、钱生钱的游戏。

金融贸易市场一体化的另一个显著标志是金融服务业的开放。随着国际资金融通规模的日益扩大，各国金融机构和金融市场也越来越国际化，

① 鄂志寰. 国际资本流动的新格局. 金融时报，2000-02-23.
② 国际资本市场协会（International Capital Market Association-ICMA）. 亚洲国际债券市场：发展与趋势：2 版. 苏黎世：2022.
③ 陈卫东，熊启跃，赵雪情，蒋效辰. 国际资本流动最新发展态势及驱动逻辑. 国际金融，2021（8）.
④ Investment Company Institute 官方网站 https://www.icifactbook.org，[2022-07-31].
⑤ 王元龙. 中国金融安全论. 北京：中国金融出版社，2005：36.
⑥ 国际清算银行（BIS）官方报告. https://www.bis.org/statistics/rpfx19_fx.htm，[2022-08-03].
⑦ 盛学军. 冲击与响应：全球化中的金融监管法律制度. 法学评论，2005（3）.

各国立法也反映了这种开放的要求。无论是美国 1978 年《国际银行法》、1991 年《外国银行监管改进法案》还是 1999 年的 GLB 法都规定，外国银行和美国银行在注册登记、业务经营等方面均处于平等地位，享有同等权利义务；加拿大 1980 年《银行法》允许外国资本持有加拿大 B 级银行股份或在加拿大组建 B 级银行作为其附属行；欧盟《第二银行指令》（Second Bank Directive）规定，只要得到欧盟国家一国注册允许的，到其他欧盟国家开设分行，无须新的准入审批；亚洲金融危机爆发后，亚洲国家进一步开放国内金融市场，吸引外资参与金融业改造，如印尼修改本国银行法，取消外资股份在本国银行不超过 49% 的限制，允许外国投资者拥有 100% 的股份。关贸总协定乌拉圭回合谈判所达成的《服务贸易总协议》及其金融附件是全球金融服务业开放趋向制度化安排的一个重要标志，而 1997 年世贸组织成员达成的《全球金融服务贸易协议》则是金融市场一体化的重要里程碑。参加协议的成员方同意对外开放银行、保险、证券和金融信息市场，协议涉及全球 95% 的金融服务贸易领域。

金融机构市场准入的国际化，不仅促进了跨国银行的发展，而且为银行间的跨国兼并提供了便利。有关资料表明，1995 年前的 10 年，全球还只有 1 000 件左右的金融并购案，并购案总金额约 500 亿美元。而在 1999 年，全球金融并购活动创下了 33 170 亿美元的历史纪录，有 21 起并购交易涉及的金额在 100 亿美元以上，跨行业、跨地区、跨国界的特大金融并购案件层出不穷。[①] 至 2019 年，尽管跨境并购总额有所下降，全球并购交易总额仍然达到了 3.9 万亿美元。[②] 如荷兰国际银行收购英国巴林银行、德意志银行收购美国信孚银行以及芬兰商业银行同瑞士北方银行、荷兰商业银行同比利时布鲁塞尔银行、亚洲银行公司同菲律宾商业银行合并，等等，都是超越国界的并购案例。其中，1998 年 12 月德意志银行宣布动用 101 亿美元收购总资产在美国占第八位的信孚银行，收购后德意志银行总资产超过 8200 亿美元，成为当时全球最大的跨国银行；而到 2019 年，美国国防承包商雷神（Raytheon）RTN. N 与联合技术（United Technologies）UTX. NUTX. N 的航空业务合并为规模 1 350 亿美元的公司；2000 年 3 月欧洲伦敦证券交易所和法兰克福证券交易所的合并更是金融机构并购中的一件大事，它不仅表明金融机构合并跨入了主权壁垒历

---

① 谁是下一个并购对象. 经济日报，2001-04-13.
② 路透社 https://www. reuters. com/article/global-merge-acquisition-2020-outlook-12-idC-NKBS1Z1014，[2022-07-29].

来难以逾越的金融市场间的合并时期①，而且表明，资产合并的集中和金融服务活动领域的扩张，已成为金融全球化趋势下跨国金融机构发展的两大重要特征。

　　这场声势浩大的金融业并购浪潮，造就了众多的巨型跨国银行，不但扩大了金融机构的业务范围，而且使全球金融机构的数量减少、单个机构的规模相对扩大、银行业的集中度迅速提高、金融机构的资产日益集中。据统计，在 1989—1999 年间，美国独立银行机构从 9 500 家减少到 6 800家，但在此期间，这些银行机构所拥有的总资产实际上增长了近 50%。由美国最大的 50 家银行机构所拥有的资产份额从 1989 年的 55% 增长至1999 年的 74%，而由最大的 10 家银行机构所拥有的份额则由 26% 增至49%。② 2000 年，美国两家历史悠久、声名显赫的金融企业——美国大通银行集团与 J. P. 摩根，以美国大通银行集团收购 J. P. 摩根组成新的联盟的方式进行重组。合并后，新公司定名为 J. P. 摩根大通银行，资产总值约为 6 600 亿美元。在日本，第一劝业、富士和兴业 3 家银行的合并尤为引人瞩目。这三家银行合并成立的"瑞穗控股公司"拥有高达 130 多亿日元的总资产，成为全球第一大金融集团。③ 这些大型并购事件的成功完成所导致的直接结果是，在 2000 年以资产规模为序排名的世界 1 000 家大银行中，前 25 家大银行的资产就占了 1 000 家银行全部资产的 40%，而1996 年仅为 28%。④ 2008 年次贷危机后这一趋势更加明显，美洲银行于2008 年 9 月收购美林公司，十年后成为了总资产 2.2 万亿美元、年营业额超过 1 200 亿美元的银行巨头。

　　而网络银行（network bank）的迅速发展⑤，则进一步加快了全球金

---

①　贺小勇. 金融全球化趋势下金融监管的法律问题. 北京：法律出版社，2002：6-7.
②　〔美〕莎·M. 戴菲拉里，等. 对大型复合银行机构的监管. 经济资料译丛，2001（3）.
③　谁是下一个并购对象. 经济日报，2001-04-13.
④　吴小尤，莫锡钦. 企业并购与工商银行业务创新. 城市金融论坛，2000（12）.
⑤　网络银行又称互联网银行、网上银行或线上银行，是在 1995 年 10 月才出现的新型银行。对网络银行的定义，有两种较为权威的界定。一种是巴塞尔委员会的界定。根据这种定义，网络银行是指通过电子信道，提供产品和服务的银行。这些产品和服务主要包括：存款与贷款、账户管理、投资理财、电子账务支付，以及其他一些诸如电子货币等电子支付的产品和服务。另一种定义则来自美国财政部通货监理署（Federal Office of Currency Controller of the US Treasury-OCC）。OCC 在 1999 年 10 月出版的《总监手册——网络银行业务》认为：网络银行业务是指能使银行客户通过个人计算机或其他信息终端在使用银行产品与服务时进入有关账户并获取基本信息的系统。网络银行业务的产品与服务可包括为公司客户服务的批发性产品，也包括为消费者服务的零售和信托类产品。王元龙. 中国金融安全论. 北京：中国金融出版社，2005：130-131.

融市场一体化的步伐。从 1995 年 10 月 18 日世界上第一家网络银行——美国安全第一网络银行成立以来，网络银行在美国迅速发展，网络银行的数量、资产、客户规模的增长都远远超过传统银行。有资料显示，1997年开通网络银行业务的银行与存款机构达到 400 家，1998 年增加到 1 200家，1999 年则猛增到 7 200 家。到 2000 年，有近 40％的美国家庭采用网络银行提供的金融服务，网络银行利润在银行业利润总额中的比重已超过50％。而在其他国家和地区，网络银行同样呈迅速蔓延之势。到 2000 年年初，欧洲的网络银行达到 120 家，有 1/3 的储蓄通过互联网进行，总金额约 1 580 亿欧元。到 2003 年，欧洲的纯粹网络银行从 2000 年的 20 家增加到 50 家，网络银行提供的金融服务额达到 4 400 亿欧元，占金融市场的15％。2003 年，亚太地区网络银行客户达到 3 000 万，欧洲和北美的网络银行户头也分别增至 5 000 万和 4 000 万。[①] 我国网络银行随着互联网的普及更是发展迅猛，交易额由 2001 年的 1.4 万亿元增长为 2015 年的1 600.85 万亿元，年平均增长率超过 70％。与此同时，网络银行用户数量也不断增加，统计数据显示，截至 2015 年，我国网络银行个人客户已超过 9 亿人。[②]

随着网络银行的大量出现和广泛应用，全球金融市场开始走向金融网络化，即全球金融信息系统、交易系统、支付系统和清算系统的网络化。金融网络化不仅使外汇市场和黄金市场实现了每天 24 小时连续不间断交易，而且使世界上任何一个角落有关汇率的政治、经济信息，几乎同步显示在世界任何一个角落的银行外汇交易室计算机网络终端的显示器上。而在远隔重洋的地球两端发生的以亿美元为单位的外汇交易，也可以在数秒钟之内就轻松完成……事实表明，金融网络化的出现和迅速发展，不仅使全球主要国际金融中心连成一片，而且使全球各地以及不同类型的金融市场趋于一体，进而使金融市场的依赖性和相关性日益增强，从而宣告了金融市场全球化的基本形成。

2.2.3　金融监管规则统一化

随着跨国银行的高速发展，国际银行制度的混乱以及各国对银行监管的差异，特别是银行在资本和风险资产比例方面的差异，使银行在国际金融市场上存在着不平等竞争的同时，也承担着不同的风险，尤其是德国赫

---

① 刘士余. 银行危机与金融安全网的设计. 北京：经济科学出版社，2003：156.
② 马仲康. 网络银行现状和发展趋势探析. 中国市场，2018：18.

尔斯塔银行和美国富兰克林国民银行的倒闭，使跨国银行的监管问题成为国际社会和各国监管机构关注的焦点。

1975 年 2 月，在国际清算银行的发起和主持下，由"十国集团"成员，即比利时、英国、加拿大、法国、荷兰、意大利、日本、瑞典、德国、美国，再加上瑞士和卢森堡，12 个国家的中央银行的首脑，在瑞士的巴塞尔聚会，讨论跨国银行的国际监管与合作问题。会议决定由十二国中央银行和金融监管当局组成一个监督国际银行活动的联合代表机构和协调机构，即巴塞尔银行规章条例及监管办法委员会（the Committee On Banking Regulations and Supervisory Practices），简称"巴塞尔委员会"（the Basle Committee）。它作为国际清算银行（Bank for International Settlements—BIS）的一个正式常设机构，其主要任务是"制定广泛的监管标准和指导原则，提倡最佳监管做法，期望各国采取措施，根据本国的情况运用具体的立法或其他安排予以实施"。

1975 年 9 月，第一个巴塞尔协议出台，其主要内容就是针对国际性银行主体缺位的现实问题，突出强调了两点：（1）任何银行的国外机构都不能逃避监管；（2）母国和东道国应共同承担监管职责。自此以后，巴塞尔委员会相继对国际银行监管发布了一系列准则，这些准则被称为"巴塞尔协议体系"。虽然巴塞尔协议体系并不具有国际法的效力，但该协议自公布和实施以来获得了世界上多数国家的广泛且积极的响应，不仅很多国家（包括一些发展中国家）的中央银行对巴塞尔协议采取积极支持的态度，而且国际社会对于巴塞尔协议在加强国际银行体系的安全与稳健方面所起到的重要作用也给予了高度评价。可以说，巴塞尔协议作为对全球银行活动有着深刻影响的国际性银行监督管理合约，不仅是金融活动市场化在全球延伸的必要前提和保障，而且是国际金融监管框架和风险管理原则发展与演变的重要标志之一。

在巴塞尔协议体系发展历程中，其实质性进步主要体现在 1988 年 7 月通过的《关于统一国际银行的资本计算和资本标准的报告》，该报告主要有四个部分的内容：（1）资本的分类；（2）风险权重的计算标准；（3）1992 年资本与资产的标准比例和过渡期的安排；（4）各国监管当局自由决定的范围。该协议的核心思想是资本分类和风险权重的计算标准，反映了协议制定者监管思想的根本转变。

尽管 1988 年巴塞尔协议突出强调了资本充足率的标准和意义，确立了全球统一的银行风险管理标准，强调国家风险对银行信用风险的重要影响；但是，随着近年来的金融创新和新的风险管理技术、方法的不断涌现，该协议存在的问题逐渐暴露出来，比如：在衡量资本充足问题上对信用风险的过于强调，而忽视了对银行其他风险的管理和控制；在风险资产计量上没有考虑到同类资产不同信用等级带来的差异，不能十分准确地反映银行资产的真实风险；以及对国家信用风险的权重处理过于简单；等等。

鉴于上述问题，2001 年 1 月 26 日，巴塞尔委员会就 1988 年的资本标准协议提出新建议向世界公布，并征求意见。2004 年 6 月 26 日十国集团央行行长和银行监管当局负责人一致同意公布《统一资本计量和资本标准的国际协议：修订框架》，即巴塞尔新资本协议，并计划在 2006 年实施。巴塞尔新资本协议不仅充分展示了国际银行业风险管理的前沿研究成果，而且进一步确立了国际银行业监管的未来发展走向：（1）从单纯的资本金要求演变为"三管齐下"的监管框架：重新定义了银行监管方法和标准，其最主要的创新为"三大支柱"。新协议首次明确将资本充足率、监管部门的监督检查和市场约束三大要素结合在一起，它们作为银行业监管的三大支柱，比此前协议更强调监管当局的准确评估和及时干预，更强调银行资本管理的透明度和市场约束。（2）涵盖了银行面临的主要风险。1988年资本协议计算资本充足率的标准仅涉及银行信用风险的管理，对日益增多的操作风险及经济周期波动等引发的市场风险没有涉及。新协议则将计算最低资本充足率的银行风险概念，从单一信用风险扩展到信用风险、市场风险和操作风险三大风险并重。它首次提出操作风险的具体界定和计量方法，规定相应的最低资本要求，同时还充分重视利率风险，将利率风险分离出来，在监管机构的监督检查部门职责中予以明确，并构建了一个更为完善、精确的风险解决方法。（3）允许银行使用"内部评级法"计量信用风险，强调银行内控机制建设。（4）强调了完善会计制度和确立会计原则的重要性。新资本协议强调指出，健全的会计政策与估值方法是最低资本要求的基础，只有在稳健、审慎的会计制度下，银行的资产负债及损益状况才能够真实地得到反映，资本、储备状况才更加可靠、可信，而薄弱的会计制度将有可能高估资本充足比率。

2.2.4　金融政策协调国际化

随着金融全球化的加速推进，国际资本流动的扩大和加速以及金融市场全球化的形成，一国金融政策要远离金融全球化浪潮而"独善其身"已经不再可能。一国，特别是主要发达国家的金融政策调整，将会引起世界各地金融市场的连锁反应，从而迫使许多国家在金融政策方面不得不作出相应调整。例如，2000 年美国联邦储备委员会数次提高利率，采用紧缩性的货币政策以防止通货膨胀，许多国家为避免由于利差扩大导致汇率大幅度贬值的情形出现而提高了本国货币利率；2001 年美国联邦储备委员会采用扩张性的货币政策刺激经济增长，连续 11 次降低利率，对许多国家的货币政策产生了压力。为避免对本国的消极影响，各国纷纷减息。①而随着金融全球化程度的不断加深，国际金融市场的风险进一步加剧，金融危机也出现了全球化的趋势。如果一个国家，甚至是一个中小国家的金融出现问题或发生金融危机，就有可能引发一场严重的地区性金融危机，并有可能对全球经济发展产生严重影响。例如，1994 年 12 月墨西哥由于比索贬值而引起金融危机，最后引发了一场全球美元危机；1997 年 7 月因泰国放弃泰铢与美元的固定汇率而引发泰国金融危机，进而导致一场亚洲金融危机②；2008 年，美国本土发生的次贷危机因雷曼兄弟的轰然倒塌而迅速波及全球，进而从国内金融危机演变为全球经济危机。

可见，金融全球化的深化和金融网络化的延伸，在加剧金融业竞争的同时，又把各国金融市场和金融体系紧密地联系在一起，使各国经济发展和金融运行相互依赖、相互制约的程度越来越高，进而形成"一荣俱荣，一损俱损"的局面。为避免恶性竞争，各国政府不得不超越国家界限，从世界总体范围内观察和处理原本仅仅属于一国的局部性问题；并在此基础上制订相应对策，推动各国金融政策的合作与协调，以共同防御金融风险，维护共同利益，从而使金融政策越来越超越一国界限，变成一种国际性的政策行动。③

目前，金融政策协调方案中最为引人注目的是欧元法律机制的安排。

---

① 王元龙. 中国金融安全论. 北京：中国金融出版社，2005：38-39.

② 应当指出的是，对于亚洲金融危机的真正起因，在 1990 年诺贝尔经济学奖获得者墨顿·米勒看来，日本才是"真正的罪魁祸首"，因为日本实行了"日元的低汇率和贬值"政策。"日元贬值意味着美元升值，泰国和其他东南亚国家的货币又是与美元相关联的，因此，日元贬值实际上使东南亚诸国货币汇率高估并招致投机者的进攻。"墨顿·米勒. 论东南亚金融危机. 金融研究，1998（2）. 此外，在 1992 年欧洲货币危机中，始作俑者是德国不断提高利率；而 1994 年墨西哥金融危机的重要原因是美国 6 次提高利率。因此，在经济全球化的今天，各国相互联系、彼此影响，如果哪一国经济过分走强，使其他国家不能维持原来的平衡局面时，国际投机资本常常会抓住这一时机攻击经济弱国，使其发生金融货币危机。这实际上要求我们发展中国家学者在研究金融法律时，不仅要关注国内金融现状，而且要特别关注与本国经济密切相关的经济强国的金融问题. 贺小勇. 金融全球化趋势下金融监管法律问题. 北京：法律出版社，2002：9.

③ 例如，1988 年 6 月 17 日，美国和日本在紧急磋商后各自动用了 20 亿美元在外汇市场上收购日元，扭转了日元持续下滑的势头，这一举措制止了日元与东亚地区货币的恶性竞争贬值，缓解了亚洲金融危机。

根据《马斯特里赫特条约》（Treaty of Maastricht）第 109 条及相关条文
的规定，加入欧洲经济货币联盟主要需具备以下几个条件：成员国通胀率
不得高于三个经济运行最为平稳的成员国的平均通货膨胀率水平的
1.5%；各成员国财政赤字不得超过其 GDP 的 3%，公共债务总额不得超
过其 GDP 的 60%；各成员国长期利率水平不得超过三个经济运行最为平
衡的成员国长期利率的 2%。1996 年欧盟又通过了《稳定与增长公约》、
《欧元的法律地位》和《新的货币汇率机制》，对欧元区成员国财政金融政
策进行进一步协调。① 在经历 2008 年国际金融危机和欧债危机所带来的
经济动荡中，欧洲又以此为鉴，于 2010 年 5 月设立了欧洲金融稳定基金
（EFSF），并在此基础上形成了欧洲金融救援机制、中长期的欧洲稳定机
制和欧洲央行长期再融资计划相结合的金融救援体系，三大机制相互配合
补短，既有效阻止了欧债危机的蔓延，又合力避免了系统性风险的
爆发。②

　　而在国际金融监管合作方面，双边金融监管合作是最为常见的国家间
的监管合作方式。跨国金融机构及其跨国金融活动要受到来自东道国和母
国两方面的监管，因此，由东道国和母国进行协商、谈判，解决监管冲
突，开展监管合作，无疑是最为直接的协调方式。并且，由于双边金融监
管合作只涉及东道国和母国两国的具体情况，寻求解决问题的办法也就较
为容易形成一致。基于以上原因，各国都在一定程度上采用双边合作的方
式来进行跨境监管。比如在跨国证券监管领域，美国于 20 世纪 80 年代倡
导了"相互承认协议"和"合作谅解备忘录"两种证券监管合作方式。通
过这两种方式，减少了烦琐的证券监管约束，方便了国家之间的跨境证券
交易。目前，这两种合作形式已经被世界各国广泛应用。2022 年 4 月 2
日，中国证监会与中国财政部、国家保密局、国家档案局联合发布了《关
于加强境内企业境外发行证券和上市相关保密和档案管理工作的规定（征
求意见稿）》，对争议多年的美国监管方可否获取中概股审计底稿等问题
进行了积极的探索，从而成为推进跨境审计监管合作的一个里程碑。再如
在跨国银行的监管方面，东道国和母国也常常通过一定的信息交换机制，

---

① Werner Van Lembergan & Margaret G. Wachenfeld, "Economic and Monetary Union in
Europe: Legal Implications on the Arrival of the Single Currency", *Fordham International
Law Journal*, Vol. 22, Nov. 1998, at 31-34.

② 经济日报. 2022-04-18；中华人民共和国商务部官方网站. 欧洲货币政策. http://eu.
mofcom. gov. cn/article/ddfg/d/201601/20160101230194. shtml, [2022-07-31]；雒佑.
发达经济如何保障金融稳定. 中国银行保险报，2022-04-18.

相互交换有关跨国银行业务方面的信息和危机情况下的非常信息。这种做法能够使东道国的单一监管和母国的并表监管相互联系、相互补充，避免出现监管漏洞。

不过，双边监管合作方式虽然较为直接灵活，但是其影响力只及于有关的两个当事国，建立全球性的金融监管合作机制仍然必须通过多边合作的方式。[①] 金融监管的多边合作常常是通过国家之间形成的金融国际组织完成的，其中最为重要的组织就是巴塞尔委员会和国际证券监管委员会（International Organization of Securities Commissions，IOSCO）。IOSCO是国际证券联合监管领域重要的国际组织。该组织简称"国际证监会组织"，是由世界银行和美洲国家组织于 1974 年发起设立并旨在推动拉美地区证券市场发展的国际性组织。到 20 世纪 80 年代，其影响逐步扩大，最终成为促进国际证券合作与各国证券监管者间信息分享的合作论坛。该组织的主要职能是研究与国际证券交易有关的问题并提出相应的监管措施，收集和交流信息，促进各国证券市场共同发展、联合行动；建立国际证券交易的标准，并对国际证券活动采取有效的方法进行监管；通过各成员国互相帮助，以严格适用标准和对违法行为实施有效的执行措施，确保证券市场的统一等。

国际证监会组织成立后，其先后通过了《国际商业银行行为准则》《国际审计标准》《金融合并监管》《精算和结算》等一系列正式协议，并对证券市场风险、证券商资本充足率、金融衍生商品、场外交易等国际证券市场热点问题进行了富有成效的研究和讨论。这些协议的达成，不仅有利于在全球范围内减少国家之间在证券清算和结算方式、会计标准、信息披露等方面的差异，消除各国对于外国证券进入本国证券市场的多重壁垒以及促进有关证券的国际统一法律制度的形成，而且为各国证券监督机构统一监管标准，为国家之间合作和协调监管跨国证券活动提供了法律依据和途径。[②]

除了上述两个主要的跨国金融监管机构之外，其他一些金融监管机构如欧洲联盟、离岸银行监管组织、阿拉伯银行监管委员会、拉丁美洲和加勒比海监管委员会和美洲证券监管委员会等，也在各自的监管范围内起到了区域国际金融监管机构的作用。此外，美国 2010 年发布《外国账户税

---

① 刘亚军. 金融全球化对金融监管法律制度的影响. 世界经济与政治，2005 (8).

② IOSCO. *Objectives and Principles of Securities Regulation*. Sept. 1998. http://www.iosco.org.

务合规法案》(Foreign Account Tax Compliance Act，FATCA)，于 2014 年和 2015 年分阶段逐步实施。该法案要求，所有外国银行需告知美国财政部关于美国纳税人持有的海外银行账户和投资，以及其可能受益的任何其他收入来源。2013 年，瑞士和卢森堡宣布遵守 FATCA 的意愿。① 正是这些法律框架的存在和机构相互间的合作使跨国金融监管机制能够得以运作，使国家之间能够展开金融监管领域的广泛国际合作，从而实现防范和化解跨境金融风险、保障国际金融业的安全稳健运行的目标。

2.3　效应考察：基于法经济学的分析

在 20 世纪 80 年代和 90 年代初期，"亚洲增长奇迹"(Asian Growth Miracle) 在韩国、泰国、马来西亚、印尼、新加坡、菲律宾等国的发生与金融动荡的频繁出现，使人们在陶醉于金融全球化所带来的经济增长福利效应的同时，又不得不对金融全球化投之以怀疑与担忧的目光——金融全球化与经济增长之间，究竟是一种什么关系？金融全球化条件下金融危机的频繁爆发又应当如何解释？所有这些疑问和困惑的消解，其实都取决于一个问题：金融全球化的效应。

2.3.1　积极效应：经济增长绩效

"就金融领域而言，全球化意味着允许尽可能经常地和稳妥地通过操纵不论发达资本主义工业化国家还是'新兴'国家的金融中心来获取工业利润、金融企业收益以及利息和红利。全球化构架的主要目标是允许国际范围的'金融投资资本'在二十来个放宽了管制的金融市场上进行增值活动，正是这些市场构成了今天'金融全球化'的空间。"② 所以，无论是发达国家还是发展中国家，融入金融全球化进程的初衷都是借助金融全球化政策的推行，促进本国经济的增长。而金融全球化之于经济增长的关系，不仅是各国政府施行金融全球化政策最为关注的问题，而且是经济学家最感迷惑和争论最为激烈的难题。为此，经济学家进行了大量的经验研究和实证分析，以期能够准确揭示两者之间的关系。

2.3.1.1　金融全球化与经济增长关系的实证检验

1973 年，麦金农和肖在《经济发展中的货币与资本》和《经济发展

---

① 〔法〕托马斯·皮凯蒂. 21 世纪资本论. 北京：中信出版社，2014：539.
② 〔法〕弗朗索瓦·沙奈. 金融全球化：中译本. 北京：中央编译出版社，2001：32.

中的金融深化》两部对发展中国家金融政策产生重要影响的著作中，分别从不同的角度对发展中国家的金融现状进行剖析，得出了相同的结论。他们认为，"包括利率和汇率在内的金融价格的扭曲以及其他手段使得实际增长率下降，并使金融体系的实际规模（相对于非金融量）下降"。"这一状况严重地阻碍了经济的发展……具有金融深化性质的新战略——金融自由化战略……则会促进经济的发展，金融自由化的战略对经济发展是重要的。"① 他们对当时较为流行的货币主义模型与凯恩斯主义模型进行了批判，认为其假设条件不符合发展中国家的实际。他们还建立了分析金融发展在经济增长中的作用理论框架，主张解除利率管制与金融压抑。

随着麦金农和肖的金融压抑与金融自由化理论的问世，经济学家们或者运用麦金农和肖的模型，或者建立新的其他模型，通过大量的实证分析检验，以试图发现金融全球化与经济增长之间的关系。

实证检验的过程大致可以分为以下三个阶段。②

第一阶段：从 1974 年至 1980 年。

这一阶段的实证检验主要是通过回归分析来检验金融全球化与经济增长的相关度。从检验模型的设立原理来看，主要是通过实际利率的变化（实际利率由负到正）来验证经济增长率的变化，绝大多数的经济模型都是围绕着相互联系的这两个方面进行的，即利率变化对储蓄率增长影响的实证检验和储蓄率增长对经济增长率的实证分析。结果表明，金融全球化与经济增长呈正相关关系，即金融全球化对经济增长具有推进作用。不过，这一阶段的实证检验并没有形成具体的量化性结论。

第二阶段：1980 年至 1989 年。

这一阶段的实证检验通过进一步量化关系来考证金融全球化与经济增长的关系，但加入了对更多变量的分析。如分析利率的变动对储蓄及投资的影响，投资变动对经济增长的影响，通货膨胀对经济增长的影响等。在这一阶段，实证检验的变量增加，而且利率变动对储蓄、对投资，进而对经济增长的关系进一步量化，所取得的样本空间也相应地扩大，所得出的结果也更贴近现实经济。

第三阶段：1990 年至今。

这一阶段的实证检验通过检验金融全球化后金融中介（包括金融市

---

① 〔美〕罗奈尔得·I. 麦金农. 经济发展中的货币与资本：中译本. 上海：上海三联书店，1988：74.

② 张荔. 金融自由化效应分析. 北京：中国金融出版社，2003：39-42.

场）的效率变化来进一步验证金融全球化对经济增长的关系。这一阶段的实证分析是基于金融全球化理论的发展与深化而进行的实证检验与分析。一些经济学家发现利率自由对经济增长的推动作用是有限的，若要保持金融自由化对经济的持久推动作用，必须深化金融对经济增长的传导途径。

表 2-2　金融全球化与经济增长的计量检验

序号	作者	发表日期（年）	检验内容	资料时间	验证结果（对经济增长）
1	弗莱	1974	实际利率对经济增长的影响（大多数国家和地区）	1952—1971 年	肯定支持
2	阿尔比	1977	实际利率对储蓄的影响（大多数国家和地区）	20 世纪 50 年代中期至 70 年代	肯定支持
3	弗莱	1978	实际利率对经济增长的影响（亚太地区的 14 个发展中国家和地区）	60 年代初至 70 年代初	肯定支持
4	弗莱	1978	同上（亚太地区的 7 个发展中国家和地区）	同上	肯定支持
5	加尔比斯	1979	利率对经济增长（依据麦金农的模型检验 19 个非洲国家）	1967—1976 年	无说服力
6	汉森	1980	负的实际利率对储蓄、投资和经济增长的影响（哥伦比亚）	1967—1968 年	肯定支持
7	弗莱	1980	实际利率对储蓄的影响（61 个发展中国家和地区）	1964—1976 年	肯定支持，且有具体的量化结论
8	布罗德松	1981	a. 金融自由化对储蓄的影响；b. 金融自由化对投资需求的影响（阿根廷、智利、乌拉圭）		a. 肯定支持 b. 无说服力，否定
9	弗莱	1981	通货膨胀对经济增长的影响（12 个亚洲国家和地区）	1961—1977 年	肯定支持
10	弗莱	1981	通货膨胀对经济增长的影响（7 个太平洋盆地国家）	1961—1977 年	肯定支持
11	费歇尔	1981	名义利率与通货膨胀对投资的影响（40 个发展中国家和地区）	1960—1972 年	肯定支持
12	古普塔	1984	各种检验：a. 12 个亚洲国家和地区；b. 25 个亚洲与拉美国家	1961—1977 年	有限支持

续表

序号	作者	发表日期（年）	检验内容	资料时间	验证结果（对经济增长）
13	盖尔博	1989	实际利率对经济增长的影响（34 个发展中国家和地区）	1965—1985 年	肯定支持，有量化的结论
14	让比尼和萨拉-马丁	1991	负利率、高准备金利率、高通货膨胀率对经济的影响（53 个国家和地区）	1960—1985 年	肯定支持，有详细的量化结论
15	费尔斯坦德和贝克才塔	1991	储蓄对投资的影响（工业化国家）		肯定支持，有量化结论
16	世界银行	1993	实际利率、通货膨胀率对经济的影响（20 个国家）		有限支持
17	哈里斯等	1994	金融全球化对金融中介效率的影响（印尼）	1980—1989 年	有限支持
18	古普塔	1998	金融自由化对金融中介效率的影响		有限支持
19	萨默斯	2000	工业化国家中开放与增长有正向关系		支持
20	哈维等	2011	金融开放与生产效率	1980—2006 年	支持
21	艾伦等	2013	监管框架改革对投资的影响		支持
22	埃尔格拉瓦	2015	外国直接投资与本土经济增长		支持
23	格林格	2013	金融自由化下的经济增长资本积累	1990—2009 年	不支持
24	Kihombo 等	2022	金融全球化、经济增长与生态可持续	1990—2017 年	有限支持

　　资料来源：Richard L. Kitchen. *Finance for the Developing Countries*. 1986；pp. 90−91；古普塔. 金融自由化与投资：中译本. 北京：经济科学出版社，2000；Lawrence H Summers. *International Financial Crises：Causes，Prevention，and Cures*. American Economic Review，2000，90（2），pp. 1−16；Bekaert G，Harvey C，Lundblad C. *Financial openness and productivity*. World Development，2011，39（1）：1−19；Allen，F.，Beck，T. & Carletti，E.，2013. *Structural changes in European financial systems：the impact of the regulatory framework on investment in the European Union*. EIB Discussion Paper；Agrawal G. Foreign direct investment and economic growth in BRICS economies：a panel data analysis. Journal of Economics，Business and Management，2015，3（4），pp. 421−424；Gehringer A. Growth. *Productivity and capital accumulation：the effects of financial liberalization in the case of European integration*. International Review of Economics and Finance，2013，25：291−309；KIHOMBO；Kihombo，Shauku，Vaseer，Arif I.，Ahmed，Zahoor，Chen，Songsheng Afl1，Kirikkaleli，Dervis，Adebayo. *Tomiwa SundayAfIs there a tradeoff between financial globalization，economic growth，and environmental sustainability? An advanced panel analysis*. Environmental Science and Pollution Research，pp. 3983−3993，2022；李平. 金融全球化、制度质量与经济增长——基于跨国面板数据的实证分析. 武汉：武汉大学，2020：6.

2.3.1.2　基于经验研究和国际比较的结论分析

通过上述实证检验，不难得出这样的结论：金融全球化对于全球经济增长确实有着积极的推动效应。据统计，全球资本流动总额在 2000 年达到 7.5 万亿美元，为 1990 年的 4 倍；由于跨境资本流动的增长，资本流动净额也从 1990 年的 5 000 亿美元扩大到 2000 年的将近 1.2 万亿美元。[①] 而到 2020 年，这一数字则达到 15 万亿美元左右。[②] 全球资本流动的发展充分表明，在金融全球化时代，需要大量投资但国内储蓄相对不足的国家特别是发展中国家，可以通过开放本国金融市场的方式在全球范围内获得国际资本，以弥补其国内投资和对外贸易的两个缺口，最终实现跨越式经济发展。[③] 金融全球化进程中东亚地区经济的迅速崛起，就是其典型适例。据世界银行 1991 年《世界发展报告》，英国从 1780 年至 1838 年用了 58 年的时间，初步完成了工业化，使国民收入增长了一倍。美国完成这一目标用了 47 年时间（1839—1886 年），日本用了 34 年时间（1885—1919 年），巴西是 18 年时间（1961—1979 年），韩国是 11 年的时间（1966—1977 年），而中国仅用了 10 年时间（1977—1987 年）。

尽管如此，20 世纪 60 年代和 70 年代，韩国和东南亚仍被国际上认为处于"停滞社会"。日本之所以成为亚洲唯一的资本主义国家，也是它侵略、掠夺中国和朝鲜的结果，其政治和经济结构与美国和西欧有很大不同。在西方许多学者的眼中，日本被认为是落后的、扭曲的发达国家。但随着金融全球化在东亚国家的迅速推进，东亚经济在短短几十年时间里取得的经济结构调整和经济增长成就令西方人大为震惊。1965 年，东亚地区经济总量只占世界经济的 9%，到 1995 年，它所占的比重已经跃升到 25%，跟美国所占的比重一样。1980 年，东亚地区的商品出口额尚不足 1 000 亿美元，但 1998 年已超过了 5 000 亿美元。从 1980 年至 1998 年，东亚地区的年度经济增长率平均超过了 7.5%，远远高于世界上其他任何地区。1996 年，日本人均国民生产总值（GDP）已达到 36 852 美元，高

---

① 项卫星，王刚，李宏瑾. 金融全球化：目标、途径以及发展中国家的政策选择. 国际金融研究，2003（2）.

② 陈卫东，熊启跃，赵雪情，蒋效辰. 国际资本流动最新发展态势及驱动逻辑. 国际金融，2021（08）.

③ 金融全球化之于经济增长所具有的推动作用的具体表现，有学者将其概括为以下四个方面：（1）促进了生产国际化和资本国际化，提高了世界生产发展水平；（2）推动了国际投资的发展，促进了一些新兴国家市场的迅速兴起；（3）提高了金融资源配置效率；（4）促进了世界各国金融体制的合作、调整和改革。详请参见贺小勇. 金融全球化趋势下金融监管法律问题. 北京：法律出版社，2002：11-13.

踞西方主要国家首位，是美国（28 522 美元）的 1.3 倍；新加坡为 28 570
美元，相当于美国的水平；香港地区为 23 202 美元，超过英国（19 473 美
元）、意大利（21 191 美元）和加拿大（19 544 美元）；中国台湾地区和韩
国分别为 12 774 美元和 10 548 美元，相当于中等发达国家或地区水平；
马来西亚超过 4 000 美元；泰国超过 3 000 美元；印尼和菲律宾超过 1 000
美元。① 近年来，中国经济持续高速增长，更是引起世界广泛关注。即便
是在受疫情影响的 2021 年，中国的 GDP 总额依旧达到了 1 143 670 亿元，
连年平均增长率为 5.1%。② 具体而言，金融全球化对于经济增长的积极推
动效应，主要体现在以下四个方面。

　　首先，提高了资金在全球范围内的配置效益。随着阻碍资金跨国流动
藩篱的拆除和新型金融工具的不断涌现，国际间的资本流动不仅在规模上
迅速扩大、效率上大为提高，而且起到了及时调剂资金余缺的作用。这一方
面使欧美等国的金融中心迅速发展，另一方面也使发展中国家特别是新兴
市场经济国家获得了大量急需的经济发展激活资金，带动了地区经济和世
界经济的增长。美国经济史表明，在美国 19 世纪后期的经济发展中，投资
银行在储蓄动员中起到重大作用。③ 许多投资银行利用自身与欧洲市场的
联系从境外筹集了大量资本，还有很多投资银行与美国境内的实业家和银
行建立密切联系以利于储蓄动员，有的投资银行在各州之间巡回宣传以向
居民出售证券。这些资金筹集行为对经济发展起到了重要推动作用。

　　其次，促进了国际投资和贸易的迅速发展。金融市场全球化的形成和
金融系统网络化的发展，不仅极大地缩小了国际金融市场上的时空阻隔，大
大方便了市场参与者的投融资活动，而且使投资者获得更多的有关厂商经
营管理以及宏观经济态势的信息，极大地降低了信息获致成本（information
acquisition costs）和交易成本。尤其在股票市场上，透明度较高的股票价
格，成为一种获致成本极低的公共品，投资者很容易通过股票价格以及股票
市场上公布的其他公司信息来判断管理者的经营业绩，从而极大地促进了
国际投资的发展和国际贸易的活跃，进而为各国经济发展提供了有利条件。
有资料表明，在 20 世纪八九十年代，世界贸易以高出世界产出两倍的速度

---

① 宿景祥. 全球化与 21 世纪东亚的复兴. 庞中英. 全球化、反全球化与中国——理解全
　球化的复杂性与多样性. 上海：上海人民出版社，2002：211-213.
② 中华人民共和国国家统计局官方网站 http://www.stats.gov.cn/tjsj/zxfb/202202/
　t20220227_1827960.html，[2022-07-30].
③ Vincent Carosso(1970). *Investment Banking in America*, Cambridge, MA：Harvard Uni-
　versity Press.

增长:1986—1990 年间国际直接投资仅为 1 690 亿美元,1991—1995 年间增加到 2 299 亿美元,1996—1999 年间增加到 6 418 亿美元。而在 1997—2007 年间,国际直接投资更是以高出世界产出近三倍的速度增长。至 2021 年,即便受疫情影响,全球外国直接投资额下滑剧烈,甚至低于 2010 年全球金融危机的最低点,但其规模仍达到了 1 万亿美元。①

再次,增强了金融机构的同质化趋势和国际竞争力。20 世纪 80 年代以来金融全球化的深化和金融市场全球化趋势的形成,不仅带来了金融需求的多样化,而且加剧了金融业的激烈竞争,促使金融机构为获得优势地位而不得不进行两方面的金融创新:一是发展多种形式的金融机构来提供多样化的金融服务以满足多样化的需求;二是扩展现有金融机构的金融业务实现范围经济,同时进行规模扩张追求规模经济优势。② 例如,20 世纪 70 年代以来,在证券业等非银行金融机构崛起和跨国银行发展的背景下,商业银行传统的业务范围和经营领域面临前所未有的挑战。为避免在竞争中丧失优势,美国、西欧、日本等国的商业银行自 90 年代开始通过金融业务范围的拓展和金融工具的创新来增强竞争力,通过组织结构调整与创新实现向投资、保险等其他业务领域的渗透。这样,金融机构功能日益多样化、金融机构日益同质化,不同金融机构间的职能分工界限逐渐被打破,"在一个屋檐下"和"用一种品牌"从事多种业务经营的综合化全能银行(universal bank)遂成为潮流。③ 全能银行由于业务范围广泛,能够为客户提供全方位、多元化的服务,不仅有利于形成规模经济和范围经济,大幅度降低经营成本,而且有利于加强和巩固银行与客户之间的联系与合作,从而使其在竞争中处于有利地位。而尤为重要的是,全能银行的业务分散化和收入来源多元化,有利于增强资产的流动性,实现风险分散化和降低流动性风险(liquidity risk)的目标。而资本市场流动性的增强和流动性风险的降低,正是工业革命发生于英国、促进英国经济增长的关

① 联合国贸易和发展会议. 世界投资报告. https://unctad. org/system/files/official-document/wir2021_overview_ch. pdf,2021:3.
② 喻平. 金融创新与经济增长. 北京:中国金融出版社,2005:35-36.
③ 全能银行是指不受金融业务分工限制,能够全面经营各种金融业务的银行。全能银行有三种类型:一是商业银行加投资银行,二是商业银行加投资银行加保险公司,三是商业银行加投资银行加保险公司加非金融公司股东。以德国为代表的欧洲全能银行大多是指第三种类型,而人们通常所指的全能银行是指第二种类型。全能银行又有两种运作模式:一种是德国模式,在银行内设置业务部门全面经营银行、证券、保险业;另一种是英美日模式,通过设立金融控股公司,银行以控股公司的名义从事证券、保险和风险投资等业务。

键性要素。① 因而较之于其他金融业务形式，全能银行在应对金融全球化和自由化带来的金融市场深刻变化的挑战中，不仅具有更高的应变能力、灵活性和较强的竞争力，而且有力地推动了经济的增长。

最后，金融全球化有利于加强对经营者的监督和改善公司治理。金融全球化的特征之一是，金融中介和金融机构大量存在，金融市场跨出国界，成为一个发达的全球一体的金融市场。而这不仅降低了投资者事先获取经营者信息的成本，而且降低了事后（如注入资金后）监督经理人、促进公司治理规范的信息获取和执行成本，从而有利于激励投资者对企业经营进行有效的监督，促使经营者改善公司治理和调整企业战略。因之，全球化的金融体系在这里其实充当的是一个无形的社会管理者和社会评判者的角色，不仅可以依照市场原则对资金流动进行有效的配置，而且可以对经营者形成有效的监督和约束机制，从而提高企业经营效率，推动长期经济增长。

2.3.2　消极效应：金融脆化助推

20 世纪 80 年代到 90 年代，金融危机在全球蔓延，在那些发生金融自由化改革的国家，无论是发达国家还是发展中国家，几乎都曾经受到金融危机的强烈冲击。有资料表明，许多国家在实施金融自由化后的一段时间里（比如 3 年或 5 年），都出现了银行危机或金融危机（参见表 2 - 3）。金融自由化似乎成为金融危机的孪生兄弟。人们开始将金融自由化与金融体

---

① 资本市场的流动性与经济增长之间有着十分紧密的关系。经济中的高收益项目往往需要较长时期的资本承诺，但是储蓄者却不希望长时期放弃对其储蓄的控制权，因而假若金融体系不存在或者金融体系处于非常幼稚的发展阶段，就不能提高长期投资的流动性，因此较高收益率的投资就不可能实现。经济史学家希克斯通过对英国经济史的研究，认为工业革命时期英国金融市场的发达使得流动性风险得以减轻，这是工业革命发生于英国的重要原因。根据希克斯的研究，工业革命最初几十年所生产的产品其实在很早之前就被发明出来，技术创新本身并不能自动保证可持续的经济增长。相反，技术创新的成果需要大量的长期的资本投入和资本承诺，而在 18 世纪的英国，促进经济增长的关键性的新要素正是资本市场的流动性。在存在流动性金融市场的情况下，储蓄者持有诸如股票和债券等转换便捷的流动性资产，同时，资本市场将这些流动性金融工具转化为非流动性的生产过程中的长期资本投资，假如没有金融市场这种转换，需要大规模长期资本投入和资本承诺的英国工业革命就不会发生。John Hicks（1969）：*A Theory of Economic History*，Oxford：Clarendon Press，pp. 143-145. 其他经济学家也发表过类似的意见，参见 Valerie R. Bencivenga，Bruce D. Smith & Ross M. Starr（1995）："Transaction Costs，Technological Choice，and Endogenours Growth"，*Journal of Economics Theory*，October 1995，67（1），pp. 53-177. // 王曙光. 金融自由化与经济发展. 北京：北京大学出版社，2004：116-117.

系的脆弱性联系起来，反省金融自由化与金融脆化（financial fragility）是否存在着一定程度的相关关系。有关金融脆化和金融危机的研究，开始成为 20 世纪 90 年代以来金融全球化理论的一个焦点。

表 2-3　各国利率自由化和银行危机发生时间对照

国家	利率自由化时间	银行危机时间
奥地利	1980—1995 年	
澳大利亚	1981—1995 年	
比利时	1986—1995 年	
加拿大	1980—1995 年	
瑞士	1989—1995 年	
智利	1980—1995 年	1981—1987 年
哥伦比亚	1980—1995 年	1982—1985 年
丹麦	1981—1995 年	
厄瓜多尔	1986—1987 年	1992—1995 年
埃及	1991—1995 年	
芬兰	1986—1995 年	1991—1994 年
法国	1980—1995 年	
德国	1980—1995 年	
希腊	1980—1995 年	
危地马拉	1989—1995 年	
圭亚那	1991—1995 年	1993—1995 年
洪都拉斯	1990—1995 年	
印尼	1983—1995 年	1992—1994，1997 年
印度	1991—1995 年	1991—1994 年
爱尔兰	1985—1995 年	
以色列	1990—1995 年	1983—1984 年
意大利	1980—1995 年	1990—1994 年
牙买加	1991—1995 年	
约旦	1988—1995 年	1989—1990 年
日本	1985—1995 年	1992—1994 年
肯尼亚	1991—1995 年	1993 年

续表

国家	利率自由化时间	银行危机时间
韩国	1984—1988，1991—1995 年	1997 年
斯里兰卡	1980—1995 年	1989—1993 年
墨西哥	1989—1995 年	1982，1994—1995 年
马来西亚	1980—1995 年	1985—1988，1997 年
马里	1987—1989 年	
尼日利亚	1990—1993 年	1991—1995 年
荷兰	1980—1995 年	
挪威	1985—1995 年	1987—1993 年
新西兰	1980，1984—1995 年	
巴布亚新几内亚	1980—1995 年	
秘鲁	1980—1984，1990—1995 年	1983—1990 年
菲律宾	1981—1995 年	1981—1987，1997 年
葡萄牙	1984—1995 年	1986—1989 年
巴拉圭	1990—1995 年	1995 年
萨尔瓦多	1991—1995 年	1989 年
坦桑尼亚	1993—1995 年	1988—1995 年
瑞典	1980—1995 年	1990—1993 年
多哥	1993—1995 年	
泰国	1989—1995 年	1983—1987，1997 年
土耳其	1980—1982，1984—1995 年	1991，1994—1995 年
乌干达	1991—1995 年	1980—1995 年
乌拉圭	1980—1995 年	1981—1985 年
美国	1980—1995 年	1980—1992 年
委内瑞拉	1989—1995 年	1993—1995 年
扎伊尔	1980—1995 年	1980—1995 年
赞比亚	1992—1995 年	1980—1995 年

资料来源：Demirguc-Kunt and Enrica Detragiache（1998），Financial Liberalization and Financial Fragility，Table 1. IMF，Working Paper，March，1998。

2.3.2.1　金融体系的固有脆弱性

金融体系或者金融制度由金融组织、金融市场和金融监管三个子系统组成。大量文献表明，良好的金融体系可以减少信息与交易成本，进而影响储蓄率、投资决策、技术创新和长期经济增长率。[1] 金融体系各个功能发挥的质量与经济增长有着强烈的联系。而金融体系各个功能发挥的质量，则在很大程度上取决于金融组织、金融市场和金融监管三个子系统功能耦合的程度及其相互适应的状态。内因和外因的作用，使金融组织、金融市场和金融监管三个子系统功能耦合、互相适应的稳定状态遭到破坏，致使金融体系的功能全部或者部分丧失，这样的经济现象就是金融体系的脆弱性。

对金融脆弱性最早进行研究的首推美国经济学家明斯基。通过对微观主体行为、微观主体资金流的运行、金融资产价格的内在不稳定性等的考察分析，明斯基指出，金融体系的脆弱性来自金融体系的内在运行机制和金融业的本性，因而它是金融体系运行过程中必然产生的并且无法彻底消除的内生经济现象。

此后，米什金（F. Mishkin）、夏皮罗（Caprio）和萨默斯（Summers，1993 年）、赫尔曼（Hellmann）、莫尔多克（Murdock）和斯蒂格利茨（Stiglitz，1994 年）等经济学家又分别从金融市场中的信息不对称及逆向选择、道德风险等方面分析和研究金融脆弱性问题，从而进一步丰富和完善了金融脆弱性理论，使人们更加深刻地认识到金融体系在金融环境的变化面前为什么如此脆弱。

（1）金融市场信息不对称的难以避免决定了金融体系脆弱性的必然产生。在特定的环境下，如果大家都知道关于某方面的信息，则这种信息就是"共同知识"，否则，若只有部分人知道，这种信息就是"非对称信息"（asymmetric information）。由于金融市场上金融主体间的行动是相互影响、互为条件的，因而拥有信息的多寡或信息对称与否必然会给金融主体造成不同的损益，不对称信息在给某些金融主体带来收益的同时，必然会给另一些金融主体造成损失。由此决定，因信息不对称而产生的委托—代理问题[2]，不仅是金融市场上普遍存在的问题，而且是导致金融体系脆弱

---

[1]　现代金融学认为，金融体系主要有五个基本功能：（1）风险管理；（2）信息揭示；（3）公司治理；（4）动员储蓄；（5）便利交换。实际上，每一种功能都可以通过促进资本积累和技术创新从而影响经济增长。

[2]　在信息经济学中，常常将博弈中拥有私人信息的一方称为"代理人"（Agent），不拥有私人信息的一方称为"委托人"（Principal）。委托—代理问题的现代意义最早由罗思（S. Ross）提出，后来莫利斯和斯蒂格里茨进一步发展了委托—代理理论。金融市场上的委托—代理问题实质上也是一种金融契约问题，由于信息的不对称，契约的一方有可能要承受来自另一方由"人为"因素造成的风险。

性的主要原因之一。那么，金融市场上委托—代理问题普遍存在的主要原因有哪些呢？首先，代理人的败德行为，即代理人在金融合约签订后，利用自身的信息优势来谋取自身利益的最大化，而使委托人承担不应有的风险损失的情形。败德行为是金融市场上普遍存在的现象，不仅存在于金融机构与其客户之间，而且出现于金融机构股东与其经理之间。败德行为引发的金融风险属于金融市场内在风险，是金融体系的主要风险之一。其次，金融市场上的逆向选择（adverse selection）行为，即金融市场主体在经济交往中，依靠事前隐藏信息来获取一己之利，并最终导致市场萎缩或消失的现象。① 最后，金融市场上的囚徒困境。金融市场主体的个体理性、金融市场的集体理性以及金融主体之间的利益是有冲突的。一般而言，一个金融主体对另外一个金融主体都怀有非合作的态度。因此，金融市场上的"囚徒困境"是指在某些情形下，对每一个金融主体都有好处的行动方案未能保证其得以实施。对于金融机构而言，"囚徒困境"的主要表现之一就是客户的挤提行为。挤提行为往往导致金融市场恐慌心理蔓延，市场崩盘，经济秩序乃至于社会秩序严重混乱。例如，我国台湾地区彰化四信挤提事件所引发的支付系统失灵的危机，至今仍使人们记忆犹新。② 至于败德行为和逆向选择行为的普遍发生，对金融体系的稳定性更是有着巨大的破坏力，以至于在密希金（Mishkin，1991）看来："所谓金融危机就是一种因败德行为和逆向选择问题变得太严重以至于金融市场不能够有效地将资源导向那些拥有最高生产率的投资项目而导致的金融市场崩溃。"③

　　（2）金融行为的有限理性加剧了金融体系脆弱性的不断累积。由人类智能的有限性所决定的是，金融市场主体行为不可能具有绝对的理性。实

---

① 逆向选择原是保险学中的术语，它意在表述保险业务中，保险公司和保险购买人处于一种信息不对称状况之中。保险公司事前无法知道每个保险购买人的自身特征，只能根据平均保险费率出卖"保险"，最终结果可能是低风险的人因嫌保费过高而少买保险，而高风险的人因保费低（相对于自己的风险特征）多买保险，这必将导致保险市场的无效率。后来人们将逆向选择概念推广到其他市场效率的分析之中。同时，作为整个市场体系之一的金融市场如信贷市场也存在逆向选择问题。

② "四信"即台湾彰化第四信用合作社。1995 年 7 月 29 日，彰化四信突然因股市传出该社总经理叶传水从事股市丙种业务发生亏损而潜逃的消息而开始出现挤兑风潮，在短短 3 个小时的营业时间里，彰化四信遭挤兑金额高达 12 亿元。在随后的 3 个营业日中，挤兑金额达到了 80.1 亿台币。风潮发生后，四信紧急调集资金以应付挤兑。四信的挤兑还引发了彰化县全县信用合作社遭到挤兑。金融监管当局于 8 月 2 日宣布接管、清算，并查封了所有理事、监事的财产。彰化四信挤兑风潮涉及上万名存款人，他们纷纷走上街头，奔向信用社提款，造成总体资金市场、支付系统失灵的危机。姜建清编. 海外金融风潮评析. 上海：上海财经大学出版社，1997：172—187.

③ 周升业主编. 现代金融监管体制研究. 北京：中国金融出版社，2000：51.

际上，金融主体行为的有限理性不仅在金融领域中十分普遍，而且是导致金融体系风险积聚，进而加剧金融体系脆弱性的另一主要原因。因而可以说，承认金融体系脆弱性的不可彻底消除，实际上就是承认金融主体行为有限理性的难以避免。具体而言，金融主体行为的有限理性主要表现为：其一，从众行为。即金融市场主体的行动决策不是其自主作出的决定，而是从众或跟随他人行动决策的结果。从众行为的普遍存在，不仅进一步加大了金融市场的不确定性因素，而且往往不为金融市场主体所感知，甚至被完全忽视。例如，在证券市场上，当人们都认为股票价格和债券价格还会继续上涨时，市场上的"追涨"情绪会把价位推得更高。同时，也正是在这种场合，证券价格的泡沫成分被无限地放大，以致证券市场被推到崩溃的边缘，而这一切却可能在疯狂的人们面前悄无声息地发生着。二是灾难短视行为（disaster myopia）。加藤泰格（Guttentag）和霍林（herring，1986）曾用"灾难短视"一词来描述投资者有遗忘过去灾难的倾向。对此，明斯基作了大量的陈述，他指出："投资者的冒险投资行为，只有经过一场危机才能得以矫正，但危机给人们的教训不会持续太长时间，因为随着经济繁荣期的到来，前期的灾难又被投资者所遗忘，并再度进行冒险性的投融资活动。"① 一般说来，两次金融危机发生的间隔时间越长，那么，人们会认为再次发生危机的可能性就越小。比如 20 世纪 30 年代的大危机，对那个时代以后出生的大部分人来说都是遥远历史上的事，因而在 1997 年亚洲金融危机爆发前，在金融危机爆发的前期征兆已经不断凸显甚至十分明显的情况下，人们还在为东南亚高速增长的经济形势大唱赞歌，就连某些大的国际组织也未能对正潜伏其中的危机有所察觉。三是组织寻租行为（organization of profit-seeking）。即经营管理者利用手中的权力或职务之便使自身效用最大化而使组织利润（利益）最大化目标发生偏离的行为。② 在现实经济中，经营管理者通过损害所有者

---

① 周升业. 现代金融监管体制研究. 北京：中国金融出版社，2000：61.
② 工业组织理论指出，企业除了要达到利润最大化目标外，可能还有其他目标，而这些目标的内涵及性质将依赖于企业控制权的性质，即企业是由所有者控制（Owner-controlled），还是由经营管理者控制（Management-controlled）。一般认为，所有者自己控制企业（或组织）的目标是实现利润（利益）最大化，而被经营管理者控制的企业目标可能就不同了。管理者可能关心的是其地位的牢固程度以及权力的大小，因为这些将是其获得高工资的关键因素，也是工作职位安全的保障。一般来说，权力与规模是同义语，因此，组织管理者会不断寻找市场份额的扩大，扩大组织规模。显然在规模扩大到一定的程度后，它与组织利润最大化原则是背道而驰的。周升业. 现代金融监管体制研究. 北京：中国金融出版社，2000：63.

或股东的利益达到自己目的的行为是较为普遍的，特别是在所有者不能对经营者实行有效监督的情况下。例如，所有者并不直接参与组织（企业）的经营活动，或者因信息不对称，所有者不可能对经营者实行十分有效的监督，等等。总之，如果经营者在冒险过程中获得成功，则他可以邀功请赏；如果失败了，则至多是暂时失去工作，真正受损的还是所有者或股东。英国著名银行巴林银行的倒闭，固然是多种因素综合作用的结果，但是，其新加坡巴林期货公司交易负责人尼克·里森的寻租行为，却是使这座历经两百年风吹雨打而依然坚固的银行帝国顷刻坍塌的真正"元凶"①。

（3）金融创新（Financial Innovation）的不断变化推动了金融体系脆弱性的相伴生成。金融创新是为了提高和改善金融资源的分配效率，利用新的观念、新的技术、新的管理方法或组织形式，通过改变金融体系中基本要素的搭配和组合，不断推出新的工具、新的机构、新的市场、新的制度而发生的金融变革。金融创新是经济增长的动力，但是，金融创新的不断推进，不仅常常导致原有金融体系的滞后或者失灵，而且对金融体系的稳定性往往形成强烈冲击。而金融体系的滞后或者失灵，又势必会制约乃至于阻碍金融发展和金融创新的推进，从而出现制度盲区。随着

---

① 巴林银行是一家英国投资银行（英国称商人银行）。早在 1800 年，巴林银行就是大英帝国政府证券的主要发行人，英国女王伊丽莎白二世也是巴林的长期客户，在世界 30 多个国家、地区设有分支机构，在英国金融界投资额最大的银行中排名第三。1995 年 1 月，巴林银行的海外分支机构——新加坡巴林期货公司交易负责人尼克·里森错误地作出判断：日本经济将开始走出谷底，于是，在未经授权的情况下，里森在新加坡国际金融交易所大量购入日经股价指数期货合约。并且，在阪神大地震后，里森继续错误认为日本政府将为拉动经济刺激需求而造成股价上扬，所以一意孤行，不断从伦敦调入巨资，增加持仓，以加码买入该合约。结果，完全事与愿违，2 月 23 日，日经股价指数再次大跌，里森已经无法支付足额保证金，最终认识到回天无力，只好仓皇出逃。后在德国法兰克福机场被捕，引渡到新加坡受审，被判 6 年半有期徒刑。其间，即 1995 年 1 月 23 日日本股市大幅下跌后，里森面临两种选择：要么卖掉仓位，停手认输，但这意味着他不朽的交易记录、"金融新星"的美誉以及丰厚待遇的消失。这种损失对里森来说是确定性的。另一种选择就是继续赌博，大量买入日经期货。这样做可能保住自己不败的交易记录和优越的地位，也可能毁掉 200 多年历史的金融帝国——巴林银行。结果，里森选择了继续赌博，并使最坏的可能变为现实。巴林银行由于资不抵债，被荷兰国际集团以 1 美元的价格收购。巴林银行事发以后，不仅巴林银行自身不得不承受巨大损失，而且，其影响波及许多国家和金融机构。事件公开后的第一个交易日，新加坡股市大幅下跌。日本 15 家拥有巴林银行证券公司资产的银行，可能总计有 5.3 亿美元要作坏账处理。东经日经平均指数狂跌 954 点，跌幅达 5.4%。英镑汇率也因事件而受到冲击，跌至两年来的新低。此外，香港、台北、菲律宾、韩国股市都大幅下跌。详请参见姜建清编. 海外金融风潮评析. 上海：上海财经大学出版社，1997：134-159.

金融创新与金融体系相对稳定性之间矛盾的不断加剧，制度盲区也呈扩大之势，进而使金融制度结构越来越难以适应新的金融形势，金融体系也就变得越来越脆弱。此外，金融创新推动了银行业与其他金融机构的同质化、自由化和国际化，导致银行和其他金融机构之间的依赖性增强，从而使得金融体系中某个环节的差错都有可能波及整个金融体系，进而在增加金融体系"伙伴风险"的同时，强化并加大了金融体系的内在脆弱性。

总之，金融市场的信息不对称及其环境的复杂性，金融主体行为的有限理性以及金融创新的动态多变，不仅为金融体系脆弱性与生俱来的理论分析提供了令人信服、无可争辩的有力论据，而且为金融全球化与金融危机之间"伴生现象"的科学揭示指明了研究的努力方向。

2.3.2.2　金融全球化与金融脆化：经验和理论分析

在有关金融全球化与金融脆化之间关系的研究文献中，最有影响的莫过于 IMF 的经济学家阿斯里·德米尔居斯－昆特（Demirguc-Kunt）和埃里克·蒂特盖奇（Enrica Detragiache）1998 年发表的论文了。在该论文中，他们为 1980—1995 年间许多发展中国家和发达国家建立了金融自由化虚拟变量模型。为了表示金融自由化，他们选取了一种可观察的政策变量，即银行利率的放松管制。因为案例研究的结果表明，银行利率的放松管制往往是金融自由化的核心内容。他们的样本资料既包括在 1980 年前就开始金融自由化的国家，也包括在样本时期内进行金融市场自由化改革的国家。通过控制其他可能引起金融危机的变量，他们试图检验是否在那些金融体系自由化的国家更容易爆发银行危机，并检验金融脆化是否是金融自由化的一个持久性的特征。他们控制的变量包括宏观经济变量、银行部门的特征变量以及制度变量。他们研究的有关金融脆化和金融全球化的另一个核心问题是，在那些支持金融体系有效运作所必需的制度环境（institutional environment）非常弱的国家，金融全球化的危险是否更大。换句话说，在那些制度质量（institutional quality）较差的经济体中，金融脆化现象是否更加严重。这些制度包括对金融中介和有组织的证券交易的有效的审慎的监管，以及一个运转良好的实施合同和监管的机制。

他们的实证研究结果表明：在那些推行金融全球化的国家，确实更有可能发生金融危机。金融脆化的加剧并非金融全球化一开始就出现的特征，而是在金融全球化进程开始一个时期之后出现的症状。统计资料还表明，较弱的制度环境使得金融全球化更有可能引发金融危机，尤其是在那些法律规范不健全、腐败盛行、官僚系统无效率、合约实施机制脆弱的经济中，金融全球化更容易引起银行危机和金融脆化的加剧。[①] 这一研究结论与《银行家》杂志 1997 年对菲律宾、马来西亚、韩国、印尼、泰国等的银行业健康状况的调查结果完全一致。[②]

可见，金融体系的脆弱性固然与生俱来，但"如果没有资本账户的自由化，金融危机也不大可能发生"[③]。因而可以说，金融全球化是有成本的，这些成本中最常见的就是金融脆化的加剧。但是，这一成本在某些国家可能很大，在某些国家则可能很小。从表 2-4、图 2-1、图 2-2 来看，美国、英国、德国等发达经济体由于金融自由化措施的推行，也出现了一定的金融脆化现象，但因其优良金融监管制度的成功施行和有力保障，金融脆化程度并未出现大幅度的上升。相反，发展中国家由于金融体系良好运行所必需的制度环境还没有完全建立起来，制度质量难以支持金融全球化的进程，从而加剧了金融脆化的程度。[④] 之所以如此，是因为金融全球化的运行机理与金融体系固有脆弱性的加剧乃至于金融脆化的引发，存在着一定的内在逻辑联系。

[①] A. Demirguc-Kunt & Enrica Detragiache (1998)："Financial Liberalization and Financial Fragility", *The World Bank*：*Policy Research Working Paper*，No. 1917，May. 转引自张荔. 金融自由化效应分析. 北京：中国金融出版社，2003：76.

[②] 《银行家》杂志的调查表明，金融全球化是使银行业脆弱性增强的因素之一，相关国家的金融全球化措施都是导致银行业脆弱性增加的原因。其中，泰国金融全球化与银行业脆弱性的相关度最强，其他四国银行业脆弱性的增强则在一定程度上与推行金融全球化相关。统计资料来源. 银行家，1997（12）：40.

[③] 李扬，黄金老. 中国金融：直面全球化. 上海：上海远东出版社，2000：396.

[④] 加拿大学者拉瓦尔（Laval）大学的克劳斯·P. 费斯彻（Klaus P. Fischer）和马特因·陈纳德（Martin Chnard）1997 年也为我们提供了这一结论的理论与实证依据。他们第一次建立起关于在金融压抑下必须要实施金融全球化的发展中国家银行业与风险增加之间的理论模型，并通过若干发展中国家施行金融全球化后的资料进行实证检验。他们的结论是：尽管银行业在金融全球化后发生危机的可能性加大，但金融全球化后金融危机的增加并不非常明显，甚至是模糊的。为了进一步论证其结论，他们又以风险的测定、盈利性和金融中介这三个相互联系的变量，建立一组联立方程式，对希腊、马来西亚、墨西哥及泰国等国的 73 家银行进行实证检验，结果发现，实证分析强有力地支持理论模型所得出的结论。进而，他们认为：金融全球化与银行破产、银行业危机之间的关系并不具有必然性。在金融全球化进程中，银行监管、银行业的自律与内部控制、金融全球化的进程与顺序等是银行业危机能否发生的主要决定因素。关于该模型的建立与实证分析在 Klaus P. Fischer 和 Martin Chnard（1997）的文章里有详细的推导与论证，这从 http://www.crefa.ecn.ulaval.ca/cahier/kf9712.html 中可以获得。

表 2 - 4　欧洲 20 个国家金融体系脆弱性数值（1995 年）

国家	数值	国家	数值
奥地利	3.9	意大利	5.77
比利时	4.5	卢森堡	4.89
捷克共和国	9	荷兰	3.17
丹麦	5.25	挪威	5.89
芬兰	6.21	波兰	7.39
法国	4.63	葡萄牙	5.47
德国	2.23	西班牙	4.75
希腊	9	瑞典	5.7
匈牙利	7.48	瑞士	4.27
爱尔兰	4.43	英国	2.63

注：脆弱性指数为 1～10，数字越大说明金融体系的脆弱性越强，反之则相反。

资料来源：Moody's Investors Service 1996：5 and Credit Ratings International 1995：Ⅳ（FT Financial Publishing）.

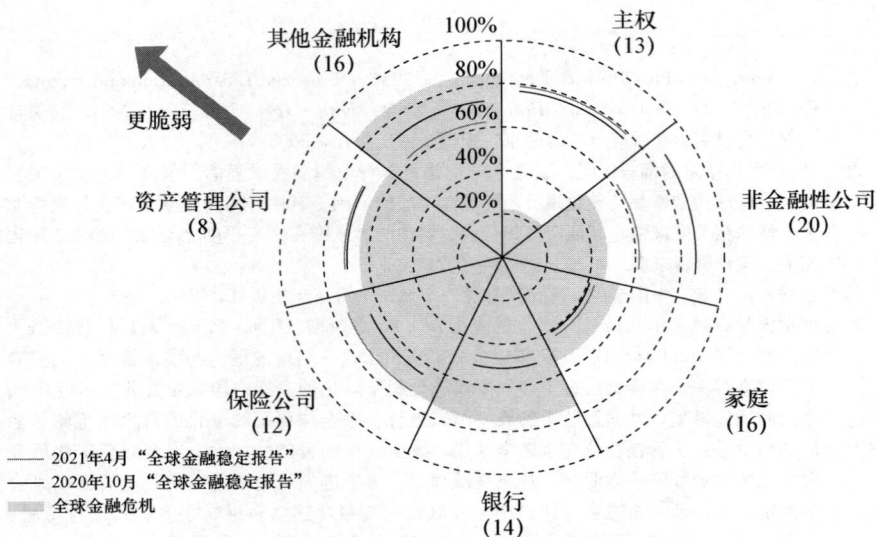

（按GDP或资产计算，高脆弱性和中高脆弱性国家的百分比；括号中为国家数）

图 2 - 1　脆弱性较高的系统性重要经济体的部门比例

数据来源：国际货币基金组织. 全球金融稳定性报告 2021：30.

五级分化

最差　　　　　　　　　　最佳

	主权	非金融性公司	家庭	银行	保险公司	资产管理公司	其他金融机构
	10月 4月 2020 2021	10月 4月 2020 2021	10月 4月 2020 2021	10月 4月 2020 2021	10月 4月 2020 2021	10月 4月 2020 2021	10月 4月 2020 2021
发达经济体							
美国							
欧洲地区							
其他发达经济体							
新兴经济体							
中国							
其他新兴经济体							

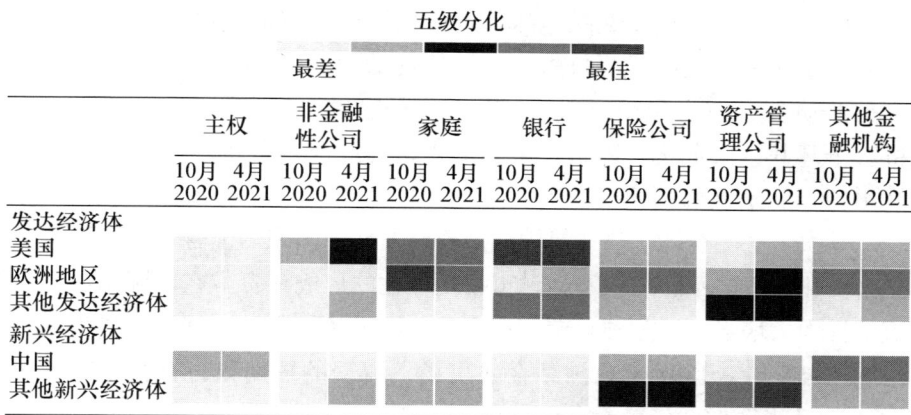

图 2-2　按行业和地区划分的金融脆弱性

数据来源：国际货币基金组织. 全球金融稳定性报告 2021：30.

　　首先，金融全球化加剧了经济的"泡沫化"和"虚拟化"程度。在现代信用制度下，金融资本的虚拟性使它脱离真实（实质）资本形成其自身相对独立的运作机制。由于创新金融产品的大量涌现，国际金融市场不再是单纯的贸易融资、清算和避险的依附性市场，而成为政府、金融机构和大型跨国公司在全球范围内调整资产和债务组合的市场。因此，国际金融市场的交易额远远超过国际贸易所需要的交易量。据国际货币基金组织估计，从 1986 年至 1998 年，全球的外汇日交易额从2 000 亿美元增至 1.74 万亿美元，增长将近 7.6 倍。至 2019 年，外汇日交易额达 6.6 万亿美元。[①] 外汇年均交易量远远超过世界出口额：1996年，年外汇交易量为当年世界出口总额的 26 倍；1998 年，该比例上升至83 倍[②]；而到 2019 年，这一比例甚至夸张地突破为近乎 400 倍。[③] 这说明外汇市场的交易活动基本上已脱离国际贸易的需要。另有统计资料表明，在过去 30 年中，发展中国家从国际市场筹集到的大笔资金被过度投入股市和楼市进行炒作，同时，国际投机资本也乘虚而入。威力愈益强大的金融资本，强化了发达国家或垄断资本对发展中国家经济的控制与影响，发展中国家为避免国际金融资本的肆意报复，一方面不得不做出让步，限制乃至于削弱自身的金融政策自主性；另一方面，虚拟金融

---

①　国际清算银行（BIS）官方报告. https://www. bis. org/statistics/rpfx19 _ fx. htm，[2022-08-03].

②　曾筱清. 金融全球化与金融监管立法研究. 北京：北京大学出版社，2005：8.

③　此系笔者依照国际清算银行和 WTO 公布的数据（https://stats. wto. org，设置变量：年份、国际贸易数据）2022-08-04）进行粗略计算得来。

资本的膨胀，易于诱发金融泡沫，致使发展中国家的金融市场稍有风吹草动，市场信心就会受到打击，引发外资的加速抽逃，进而导致经济和金融的动荡。20 世纪 90 年代以来，日本泡沫经济的破灭、亚洲金融危机、土耳其金融危机、阿根廷金融危机、美国次贷危机和欧债危机的连续出现，就是极好的明证。

其次，金融全球化易造成国际游资对发展中国家的金融冲击。随着金融自由化进程的不断加快和金融市场全球化的形成，资本在国际间的自由流动性大大增强，巨额国际游资在全球范围内频繁调动。据国际货币基金组织粗略估计，1997 年在国际金融市场上流动的短期银行存款和其他短期证券超过 72 000 亿美元，日成交量达到 1.5～1.7 万亿美元，并且有迅速增长的趋势。[1] 1998 年，全球游资达 7.2 万亿美元，十大外汇市场日均外汇交易量接近 1.5 万亿美元，全球证券市场证券市值超过 25 万亿美元。[2] 而在 2022 年 6 月，全球排名前十的证券市场总市值则已超过 80 万亿美元。[3] 这些天文数字般的资本像幽灵一样到处游荡，尤其活动于外汇市场和股票市场以寻求资本利润。因缺乏资金而不得不利用国际游资，但金融制度尚不健全的发展中国家便成为国际货币投机商的狙击对象，由此加剧了金融体系的脆化和国际金融市场的动荡。而这正是近年来地区性金融危机发生频率加快的重要原因之一。

再次，金融全球化提高了金融市场的监管难度。金融创新的不断发展，新型金融交易工具的推陈出新，不仅使金融市场日交易额呈急剧攀升之势，金融交易的技术化程度及其完成速度也在大幅提高，以至于只要在计算机上敲一个键，成百上千亿美元的资金就会转移到世界任何一个地方；而且囿于世界金融监管体系的滞后，金融市场存在着巨大的投机空间，发展中国家的金融监管已远不能适应金融业务的发展，例如，金融领域中所出现的混业经营趋势对分业监管模式提出的挑战；金融控股公司资本充足率的计算等。其中，跨国金融监管的难以有效进行最为突出。虽然金融全球化要求实施全球金融监管，但由于金融监管象征一国主权，很少有国家愿意放弃本国的金融监管权力，因此真正实施国际监管困难重重。在经济与货币一体化程度较高的欧洲，实现泛欧金融监管尚有很大阻力，对于监管体系相对薄弱的发展中国家而言，要想有效地监管外国银行并取

---

①　王元龙. 中国金融安全论. 北京：中国金融出版社，2005：83.

②　BIS：《第 68 期年报》（1998）；IMF：《世界经济展望》（1998 年 5 月）.

③　笔者从 statistia 收集的统计数据. https://www.statista.com/statistics/270126/largest-stock-exchange-operators-by-market-capitalization-of-listed-companies/，［2022－07－05］.

得与外国监管当局的合作，其难度可想而知。①

复次，金融全球化加大了一国金融政策自主性的难度。在金融全球化趋势下，发展中国家往往感到很难坚持自主的经济金融政策。尤其表现在货币政策的自主性方面，由于"溢出和溢入效应"，国内货币政策所要达到的预期效果受到了干扰和削弱。比如一国希望通过货币贬值来改善国际收支，结果由于其他国家货币的同时贬值而削弱了效果。此外，金融全球化还在一定程度上削弱了国家干预外汇市场及稳定汇率的能力，限制了发展中国家对合适汇率制度的选择，加之通货膨胀的国际传导效应，一国经济政策的执行无疑会受到影响。② 因此，可以断言，在世界经济竞争日益激烈的今天，一国希望保持独立的经济政策，发展本民族经济而不受世界经济的冲击，将会变得越来越难。③

最后，金融全球化加大了金融资产风险的传染性。以资本流动自由化、金融市场全球化、金融体系网络化、金融政策关联化为特征的金融全球化趋势的加剧，不仅为金融风险在国际间的传导奠定了经济基础，而且提供了制度供给和技术支持。随着一国金融体系脆弱性的增强，国际金融机构的唯一理性选择，就是更谨慎地从事与该国有关的金融活动，结果该国的金融风险将因这种急剧紧缩的国际金融环境而全面上升；而国际金融一体化的发展则使得单个国家或某个地区的金融风险迅速、剧烈地传播到全世界，金融资产风险的积累具有了全球性的性质。④ 这是墨西哥和泰国

---

① 刘建江，袁冬梅. 对世界金融全球化的理性思考. 世界经济与政治，1998（1）.

② 2001 年土耳其金融危机和阿根廷危机发生后，世界各国及 IMF 所采取的救援行动就强烈地凸显了金融全球化对一国金融自主政策的施行有着不容忽视的消极影响。由于金融危机的巨大破坏力，阿根廷经济增长乏力，不具备经济和政治方面的偿付能力。反对者认为，IMF 不应该再借给它一分钱，除非阿根廷首先贬值比索，并重组债务（Goldstein，2001）。他们认为也不应再向土耳其贷款，因为土耳其政府在调整银行部门和预算方面所做的努力不够。然而，到了紧要关头，IMF 和它的股东们却不断地发现，他们无法说不。部分原因是担心传染效应：这些危机可能传播到与之具有相同融资渠道的其他国家。美国财政部长奥尼尔在夏季强调，他将"在没有明显迹象表明出现金融蔓延效应的情况下，敦促 IMF 限制其援助"（Vogel，2001），但是，由于担心不稳定可能从阿根廷债券市场传播到新兴国家的债券市场，奥尼尔和他的同事们最后放弃了原来的主张，在 8 月份再次提供了贷款。详请参见巴瑞·易臣格瑞（Barry Eichengreen）. 金融危机的防范与管理. 刘士余，等译. 北京：经济科学出版社，2003：116－118.

③ 刘建江，袁冬梅. 对世界金融全球化的理性思考. 世界经济与政治，1998（1）.

④ 对此，美联储主席格林斯潘一语中的："在高科技的世界中，按一下计算机键盘就能快速地在国际间进行金融交易，但同时，任何错误也随着这种高科技散布到全世界，而这可能造成问题。高科技使交易者进行比过去庞大得多的交易，这才是大家应该注意的。" 林平. 银行危机监管论. 北京：中国金融出版社，2002：61.

的汇市风险最终演变为区域性金融危机的基础①，也是像新加坡这样具有无比稳健的金融基础和基本经济因素的国家也未能逃脱危机传染的根本原因所在。

2.4　结论：金融全球化的收益与成本

就像经济全球化是一柄双刃剑一样，金融全球化作为各国金融活动和金融风险日益紧密地联结在一起的过程，在给各国带来经济增长收益的同时，也必然要求各国付出一定的成本。这个成本就是随着金融全球化的推进而引发的金融脆化，进而会导致一国经历金融危机的概率上升。巴里·艾钦格林（Barry Eichengreen）和迈克尔·波尔多（Michael Bordo）在2001年完成的一项研究发现，随机找出一个国家，其发生金融危机的概率比在1973年增大了一倍，这可能是因为技术进步使资金流入或流出一国的速度大大加快了。② 更为严重的是，在金融全球化时代，由于各国的利率、汇率以及股市紧密关联，一国的经济、金融运行必然受到全球金融市场的影响；特别是一国经济、金融形势的动荡，不仅在一定条件下会通过全球金融市场迅速传递到其他国家，从而对这些国家的经济和金融构成冲击，而且会演化为地区性或全球性的金融危机。如1998年的俄罗斯金融危机导致新兴市场国家和工业国家股票的大幅度下跌，使世界各地的投资者遭受了巨大的损失；2007年开始的美国次贷危机，也在此后迅速引发全球金融市场乃至实体经济的剧烈动荡。

但是，这并不意味着金融全球化必然会带来金融危机。相反，大量的理论研究和实证考察结果表明，金融全球化的推进固然伴随着金融脆化的成本，但是，这一成本在某些国家可能很大，在某些国家则可能很小。欧

---

① 1994年墨西哥金融危机爆发，迅速波及拉美地区的其他国家。1994年12月20日，拉美股市出现暴跌风潮。到1月中旬，巴西股市已累计下跌36％。从巴西外逃资本达12.26亿美元，相当于外资在巴西投资总额的10％。阿根廷、秘鲁和智利的股市也有15％～22％的跌幅，金融市场出现资金匮乏的现象。受这次危机影响，阿根廷的经济增长从1994年的7.1％跌落到1995年的－2.5％。这一风波也动摇了投资者对远东及亚洲新兴金融市场稳定性的信心，外国投资者大量抛售当地货币和股票，致使香港、泰国等外汇和股票市场出现剧烈动荡。刘士余. 银行危机与金融安全网的设计. 北京：经济科学出版社，2003：81.

② 项卫星，王刚，李宏瑾. 金融全球化：目标、途径以及发展中国家的政策选择. 国际金融研究，2003（2）.

美诸国等西方发达国家近年来不仅都实施了大幅度的金融自由化措施，而且大力推进金融全球化在本国的深化，但由于在金融全球化的进程中，欧美等国不仅针对金融全球化的特征及时调整金融发展战略和金融政策，而且十分注重金融监管方式的更新和金融监管运行的有效，因而在保证金融全球化顺利推进的同时，成功地减轻了金融脆化的程度。

　　所以，金融全球化既非"馅饼"，也非"陷阱"，金融全球化的推行，对于各国都是收益与成本同在，经济增长与金融脆化并存。欧美国家金融全球化的成功经验和东亚国家金融自由化的失败镜鉴充分表明，以金融监管为核心的一国金融制度质量的高低，是决定一国经济增长绩效和金融脆化程度，进而决定一国金融全球化成功与否的重要因素。因之，面对金融全球化势不可挡的发展趋势，作为经济转轨国家的中国，无论是游离于金融全球化的进程之外，还是实行"一步到位"开放的全球化战略，均风险丛生、危机重重。加强金融监管，提高金融制度质量，积极稳妥地推进金融全球化进程，最大限度地降低金融脆化成本，提高经济增长收益，才是中国应对金融全球化挑战的理智抉择。

第 3 章　关系审视：全球化的变迁与金融监管

金融全球化在全球的迅猛推进，不仅对各国金融监管制度的实际运行形成了强烈的冲击，而且在金融监管理论研究中引发了一场旷日持久的激烈论争：在以金融自由化为主要特征的金融全球化浪潮中，金融监管的正当性和合理性何在？金融监管之于金融全球化进程，究竟是推进的加速器应当强化还是发展的绊脚石而应取消？显然，厘清上述问题，对于积极稳妥地深化我国金融体制改革，实现金融体系的安全高效运行，有效应对金融全球化的挑战，无疑有着十分重要的意义。

3.1　理论演进与制度变迁：全球化进程中管制与放松管制的博弈

金融全球化是一个不断发展的历史过程。多数学者认为："广义上的全球化趋势实际上从产业革命时就开始了。但随着生产力的发展和科技革命的深化，不仅这种现象的规模，而且它的基础和涉及的范围，都发生了巨大变化。"① 的确如此，现代金融监管体系是在 20 世纪 30 年代大危机后确立的，在随后的几十年中，金融监管实践经历了一系列复杂的变化②，但在这一过程中，监管思路却有着一条清晰的主线：从 20 世纪 30 年代金融危机后的严格管制，到 70 年代金融自由化导致的放松监管，再到 90 年代银行信贷危机，特别是亚洲金融危机后，重新向谨慎监管的回归。③

---

① 李坤望，刘重力. 经济全球化、过程、趋势与对策. 北京：经济科学出版社，2000：2.
② 张荔等. 发达国家金融监管比较研究. 北京：中国金融出版社，2003：83；刘士余. 银行危机与金融安全网的设计. 北京：经济科学出版社，2003：141—149；杨贵宾，李燕妮. 金融监管：国际经验与我国的选择. 哈尔滨金融高等专科学校学报，2005 (3).
③ 郑志. 谨慎适度监管：外国的启示与中国的选择. 国家行政学院学报，2006 (3).

3.1.1　古典金融理论主导下的金融监管：放任自流

早在现代银行体系建立以前，即从 1551 年开始，周期性的金融危机在欧洲大约每 10 年发生一次，最早的金融危机往往起因于对证券的过度投机，如 18 世纪初英国发生的著名的"南海泡沫事件"。1711 年，英国牛津的一个伯爵哈利创建了南海公司，作为承接英国政府债务的回报，这个公司除了获得政府 6% 的"安全利率"之外，还赢得南海贸易垄断权和南美金银矿藏开采权。公司的特许状授权该公司增加资本以准备偿还一定的公债所需的资金。于是，公司股票价格从 1720 年 1 月的 128 英镑，一直上涨到 6 月的 890 英镑、7 月的 1 000 英镑。

在这种严重的泡沫现象下，英国议会于 1720 年、1733 年先后通过了著名的《泡沫法案》《禁止无耻买卖股票恶习条例》，分别从发行主体和交易主体两个方面对证券市场进行监管，不仅首开政府正式介入一国金融的先河①，而且由此建立起一个基本的监管体系模型。

受此影响，1791 年美国第一银行和 1816 年美国第二银行成立后，政府开始重视对银行的管理，这种管理的方式是政府指定某一商业银行履行行业管理和服务的职能。1864 年，美国依据《国民银行法》成立了隶属于财政部的货币监理署，监管国民银行，这标志着政府对银行监管开始法制化和专门化。1914 年，美国根据《联邦储备法》成立了联邦储备银行，规定美联储作为中央银行有权力监管所有会员银行，从而标志着中央银行履行监管职责的开始。

但是，这并不意味着占据理论主导地位的古典经济学派承认了市场的缺陷或者不完备性，相反，不受干涉的"看不见的手"的模式仍被视为最好的市场运行机制，至于证券市场过度投机、不稳定的原因，则被归咎为一些发行者和投机者的恶意和无耻行为。在其后长达 200 多年的演进过程中，金融监管理论虽然经历了从防止证券市场的过度投机到控制信用货币阶段的发展，但却基本没有突破古典经济学的理论框架，与之相适应，放任自流也就成为这一阶段金融监管的主要特色。②

---

① 其实，早在 1580 年，意大利米兰、荷兰阿姆斯特丹、德国汉堡等城市就出现了由商人和地方城市当局组成的银行公共管理部门，但这种管理是一种地方政府不自觉的监管形式，无论是在监管目标还是监管方式上，都与现代金融监管大相异趣。

② 郑志. 谨慎适度监管：外国的启示与中国的选择. 国家行政学院学报，2006 (3).

3.1.2　20世纪30年代金融大危机后的金融监管：严格管制

1929年开始于股灾的经济危机和由此引致的金融困境一直持续到1933年。这次大危机给西方主要发达国家带来巨大冲击，经济萧条，失业增加，社会生产力遭到巨大破坏。尤为严重的是，大危机导致大批银行破产倒闭，公众对银行体系的信心不断下降，存款人由于恐慌而挤兑存款，失望的情结在蔓延。美国的亚瑟·西里辛格（A. M. Schlesinger）在《旧秩序的危机：1919—1933》中曾这样描述了当时的情形："这是1933年3月3日星期五午夜的白宫。全国所有的银行都关闭窗户……美国经济的机器似乎停止运转了。这个富饶的国家，黄金遍地，森林茂密，矿藏丰富，拥有最先进的技术，人口众多，现在倒了，'我们在悬崖的边缘'，胡佛总统在宣告他退休的钟声敲响时疲惫地说'我们已无能为力了'。"1933年3月4日，富兰克林·罗斯福宣誓就职，第二天国会召开紧急会议，罗斯福宣布下令所有的银行暂停营业，从而形成了一个从1933年3月6日至13日长达7天的美国银行假期。在其他一些主要发达国家，也同样出现了大批银行倒闭的情况。①

在严酷的现实面前，人们逐渐认识到，金融市场会由于其具有不完备性而产生负的外部性；传统经济理论中"看不见的手"并非无所不能；私人经济具有内在的不稳定性，如果放任自流必然会陷于萧条之中。由于金融业本身具有风险放大效应，出现问题的金融机构具有较强的传染性，因而一旦发生金融危机，将对实体经济产生巨大的冲击作用，金融体系负外部性的危害会更加严重。此外，金融体系自身具有的其他特征，如准公共产品、信息不完备和信息不对称、效率与稳定的悖论等，都决定了金融监管是金融发展不可缺少的基本前提。

在这样的背景下，凯恩斯的国家干预主义应运而生，并取代亚当·斯密的自由放任主义学说，开始占据主流经济学的地位，政府一改对金融运行不予干涉的态度，不仅通过出台一系列新的法规框架，大力推进金融业改革，而且对金融业开始进行严格的全面管制，以保障金融体系的安全。例如，美国在危机过后，政府、议会和银行监督官员对《联邦储备法》中的缺陷进行了反思，提出了加强银行监督的改革措施，最终导致了《1933

---

①　Schlesinger, A. M, (1957). *"The Crisis of Old Order*, 1919—1933", Boston Hough-ton-Mifflin. //刘士余. 银行危机与金融安全网的设计. 北京：经济科学出版社，2003：142—143.

年银行法》（该法亦被称为格拉斯—斯蒂格尔法）和《1935 年银行法》的出台，这两项法案扩大了联邦政府集中管理货币与信贷的权力，结束了银行自由经营状态，开始了对包括银行的建立、经营范围、持有资产的类型、产品价格的确定和安全性保障等方面的严格管制，并确定了分业经营和分业监管的构架，从而形成了较为完整且持续运行四十多年的现代金融体系的基本格局。与此同时，瑞士、比利时和意大利也先后于 1935 年、1936 年颁布银行法，加强对银行业的监管。法国于 1941 年通过关于建立银行监管机构的法令，旨在加强中央银行对商业银行的监管权威。英国于 1946 年将英格兰银行国有化，并授权该行对银行机构实施严格监管。[1]

可见，正是这次大危机，不仅从根本上改变了人们对自由市场优越性的观念，改变了人们对政府在市场经济中作用的评价，也使管制成为了当时整个西方社会思想的主流。[2] 反映在金融领域，政府不仅依法赋予监管机构更多的权力，使其负有更多的监管责任来保持银行的稳定，而且也使对银行机构具体经营行为的普遍干预和管制成为这一时期银行监管的重要特征，甚至为了强调银行安全，不惜以限制竞争作为代价[3]，从而形成了这一时期特殊的管制资本主义。不过，这种普遍严格管制的做法由于限制了盲目竞争，因而极大地促进了银行的稳健经营，恢复了公众对银行业的信心，使西方各国的银行业乃至整个经济运行进入了一个相对平稳的发展时期，并一直持续到了 70 年代，直到席卷全球的金融自由化改革浪潮兴起后才开始松动。

---

[1]　不过，在这一时期，尽管西方发达国家都实行了严格的金融管制，但在管制的内容、范围和严格程度上却不可等量齐观，这主要体现在对于分支机构的限制以及由此导致的银行规模和数量上的差异。针对许多大的控股公司在其他州收购银行的情况，美国国会通过了 1956 年的《银行控股公司法》和《道格拉斯修订案》。该法的目的主要在于：（1）保护银行和公众不受欺诈性金融交易损害；（2）保存州分支机构立法的完整性和双轨银行体制；（3）禁止银行从事工业和其他金融活动；（4）控制银行控股公司的扩张。由于该法限制了商业银行跨州设立分支机构，所以，没有哪个银行能控制银行存款的整个市场。较之于美国，其他国家对于分支机构却并未实行如此严格的限制，由此导致的结果是，在英国、法国、德国、意大利、苏格兰和日本，它们的五大银行所占的存款份额在 35%～80%间，而美国却低于 19%；不仅如此，这些国家银行的数目也相对较少，例如，加拿大有 11 家；日本 86 家；而美国却超过 12 000 家。

[2]　郑志. 谨慎适度监管：外国的启示与中国的选择. 国家行政学院学报，2006（3）.

[3]　例如，美国 20 世纪 30 年代通过的银行法进一步强化了联邦监管机构的权力，要求监管机关从商业银行接受存款保险、开始经营业务时，就要关注和分析商业银行的资本充足性、预期收益、管理方式和社会需要等因素，同时还限制商业银行设立分支机构；规定商业银行不得经营投资银行业务，设置"Q 条例"——规定存款利率的最高限度，禁止商业银行支付活期存款利息等。〔美〕丹尼尔·耶金，约瑟夫·斯坦尼斯罗. 制高点：重建现代世界的政府和市场之争（中文本）. 北京：外文出版社，2001：159.

3.1.3　金融创新与自由化改革中的金融监管：放松监管

20 世纪 70 年代起，世界金融市场出现了显著的变化。大量金融新产品的出现，各类金融机构的活跃与业务交叉以及计算机和通讯技术的广泛应用，引起了金融领域一场持续至今的革命。金融创新给金融领域带来的增长与活力使得人们更为青睐创新，也更为注重维护金融创新所需要的相对宽松的金融环境。人们逐渐认识到 30 年代开始的金融管制过分强调了金融体系的平稳和安全，而忽视了金融体系的效率，这不仅抑制了金融业的发展，而且最终导致了金融监管效果与促进经济发展目标的不相契合，而这正是 20 世纪 80 年代初，美国银行体系开始产生一系列重大问题的缘由所在。在 80 年代至 90 年代的 10 余年当中，美国银行倒闭的数目达到 30 年代经济大萧条的最高峰，1980 年至 1994 年间，共有 1 617 家联邦保险银行倒闭或受到联邦存款保险公司（FDIC）的援助，总资产为 3 026 亿美元；1 295 家储贷会机构关闭或接受联邦储蓄信贷保险公司（FSLIC）的援助，总资产达 6 210 亿美元。[1]

此外，金融监管作为一种政府行为，其实际效果也受到政府解决金融领域市场不完全性问题的能力的限制，比如，政府只是在理论上代表全民利益，实际上它的政策也往往受到政治斗争的影响，这样就不可能保证政府金融监管总是能够保证全民利益；又比如，市场机制中存在的信息不完备和不对称现象，政府金融监管过程中同样会遇到，而且可能更为严重。[2]

因此，20 世纪 70 年代起，以麦金农和肖为代表的金融自由化理论逐渐发展起来，其理论核心是放松金融管制。[3] 这一时期，金融机构通过大量金融创新来规避监管当局的严厉管制；同时，金融创新也促使金融监管自身对过于严厉的监管进行反思，开始逐步放松对金融业的管制，以金融

---

[1]　储贷会是美国政府推行"居者有其屋"政策的主要手段，储贷会 70%以上的资产投向居民的住房贷款。鉴于储贷会在银行业中的重要性，1930 年以来美国政府制定了一系列的政策法规以保护储贷会的稳定经营。李德. 经济全球化中的银行监管研究. 北京：中国金融出版社，2002：22-23.

[2]　白钦先：总序——金融监管理论和实践的历史性回顾与反思//张荔等. 发达国家金融监管比较研究. 北京：中国金融出版社，2003：12.

[3]　1973 年，爱德华·肖和罗奈尔得·麦金农先后分别出版了《经济发展中的金融深化》和《经济发展中的货币与资本》，分别提出了金融深化论和金融压制论。由于这两个理论十分相似，都强调金融在经济发展中的中介作用，强调发展中国家消除金融抑制走向金融深化，所以，人们后来将这两个人的理论合称为"金融深化理论"。

自由化为核心的金融体制改革浪潮开始在世界各国兴起。例如，美国在吸收亨特和范恩报告有关建议的基础上于 1980 年通过了《放松存款机构管理与货币控制法》①，它要求各金融机构交纳相同的准备金；放松资金来源的限制，允许各种带息支票的存在和业务的交叉；取消和放松利率管制，增加竞争因素等。1987 年通过的《平等竞争法》，统一了各类金融机构的一些管制标准，扩大了存款机构的抵押贷款权限等。其他主要西方国家也纷纷采取了放松管制的措施。如日本于 1984 年 5 月发表了《金融自由化和日元国际化的现状及展望》，规定到 1987 年最终取消对大额存款、银行间拆借利率的限制，允许金融机构业务领域的相互融合等。

而广大发展中国家的金融自由化则以"金融抑制"和"金融深化"理论为核心，在银行监管方面主要是放宽利率管制，鼓励建立新的金融机构，扩大各金融机构的业务范围，放宽市场准入限制和对外资金融机构的限制等。如 20 世纪 80 年代初韩国立法允许设立新银行，并放松了银行业务的限制，从 1982 年到 1992 年，商业银行从 6 家增至 14 家。放松对银行业务的限制使金融机构的业务迅速向多样化发展。

3.1.4　20 世纪 90 年代以来的金融监管：谨慎监管

如果说，20 世纪 30 年代金融大危机以后的金融监管以维护金融安全为其根本出发点，那么，20 世纪七八十年代金融自由化进程中的金融监管则显然以效率至上作为最高价值追求。但其实，金融安全与金融效率的价值取向并非截然对立、水火不容，相反，只有建构于安全基础之上的金融效率，才能真正实现金融资源的优化配置。没有安全保障的金融效率纵使再高，也难逃在危机中倾覆的厄运；而能够促进效率的金融安全，也才是真正富于生机并可持续发展的金融安全。②

正是缘于此，以片面追求金融效率为监管圭臬的放松管制，在促进金融体系快速发展的同时，加剧了金融体系的脆弱性。美国经济学家 Carlos Diaz-Alejandro1985 年发表的著名论文《送走了金融压抑，迎来了金融危

---

① 亨特和范恩报告是美国总统尼克森分别于 1971 年和 1975 年指定的亨特和范恩委员会所提出的金融改革方案。两个报告的主要建议是：取消 Q 条例和对活期存款不付息的规定；扩大互动储蓄银行和信用社的业务范围，设立活期存款账户；放松金融机构管理的限制；将联邦监管机构合而为一等。当时由于这两个报告的改革面大，涉及各方面利益，遇到了各种阻力，最终国会没有通过立法加以改革。刘士余. 银行危机与金融安全网的设计. 北京：经济科学出版社，2003：146-147.

② 郑志. 效率本位还是安全优先：中国金融监管现代化的价值取向. 人民日报，2006-08-04：海外版.

机》（Good-bye Financial Repression，Hello Financial Crash），引发了人们关于金融自由化加剧金融脆弱性的普遍忧虑。而此后，一系列银行危机的发生①，尤其是 1997 年东南亚金融危机的爆发，则促使人们在对放松监管进行重新审视和全面反思的基础上，开始向着谨慎监管的方向深化改革现有监管体制，即更多地从宏观的角度，通过树立标准和原则，一方面加强金融风险管理和防范，以弥补市场的不完备，确保金融体系的平稳运行；另一方面，在可能的范围内尽量减少干预，给予金融机构和经营者更多自由，尊重市场调节，以最大限度地提高金融效率，适应金融自由化、全球化的要求。②

　　为此，各国纷纷进行金融体制改革，重新加强了对金融体系的监管，特别是加强了对全球金融体系风险的防范以及对金融国际化活动的联合监管。例如，英国率先设立了独立的中央金融监管机构 Financial Services Authority（简称 FSA），并在试运行 3 年后又修订了《英国金融服务与市场法》，从 2001 年 12 月 1 日起开始实施，在法律上明确了 FSA 中央金融监管机构的地位。韩国政府于 1998 年成立金融监督委员会（FSC）后，又于 1999 年设立金融监督院（FSS），将银行、证券、保险等金融监管职能统统转移至这两个机构。而美国则以国会 1999 年 11 月 4 日通过的《金融服务现代化法》为契机，秉持"效率与竞争"的全新监管理念，对美国金融结构进行重新塑造和调整，以建立一套允许银行、证券公司、保险公司和其他金融服务提供者之间可以联合经营、审慎管理的金融体系。该法案的颁布不仅结束了美国国内长达十多年的分业与混业之争，而且"标志着当今金融监管已经由规范金融活动过渡到管理和防范金融风险，再发展到促进金融市场主体的联合、竞争和效率"③。

---

①　进入 20 世纪 90 年代以来，瑞典、芬兰、挪威、丹麦等北欧国家相继发生银行危机；1991 年国际商业信贷银行倒闭；1994 年墨西哥发生银行危机；1997 年亚洲金融危机爆发。根据国际货币基金组织的统计，从 1980 年到 1996 年期间，2/3 的基金成员国都曾经历过十分严重的银行危机，其频度和绝对规模几乎是史无前例的。尤其值得注意的是，银行危机发生的频率在 80 年代和 90 年代远远高于 70 年代，而且 20 世纪最后 25 年间银行危机的破坏性与 50 年代以前相比要严重得多。而过去的 15 年间，发展中国家的银行危机问题比工业化国家更为严重。其中，发达国家最严重的银行业危机出现在西班牙，1977—1985 年，其损失为 GDP 的 6%；芬兰，1991—1993 年，其损失为 GDP 的 8%；美国，1984—1991 年，损失为 GDP 的 5%。相比较而言，发展中国家银行危机所造成的损失要大得多，形成损失与 GDP 的比率，阿根廷为 55%，科威特为 44%，智利为 41%，乌拉圭为 31%，委内瑞拉为 18%，墨西哥为 12%，等等。See IMF. *World Economic Outlook*. May 1998.

②　郑志. 谨慎适度监管：外国的启示与中国的选择. 国家行政学院学报，2006（3）.

③　张荔等. 发达国家金融监管比较研究. 北京：中国金融出版社，2003：62.

3.2　经验与教训：作为危机防范措施的金融监管

在融入金融全球化的初期，拉美和亚洲新兴市场国家呈现出较高的金融发展和经济增长速度，但是这种令人乐观的经济繁荣景象却被后来严重的金融体系危机所掩盖，这包括 1982—1984 年所发生的、持续时间长达 3 年之久、损失估计占 GDP30％～40％的智利银行危机，1994—1995 年蔓延整个拉美国家的墨西哥金融危机，1997—1998 年蔓延几乎整个东亚地区的亚洲金融危机，1998—1999 年在俄罗斯、巴西和其他拉美国家发生的严重金融危机。尽管各次金融危机的表现形式和危害后果惊人的相似，但危机爆发的根源却大相径庭。在《1987 年世界发展报告》中，世界银行以《金融自由化的风险：智利的教训》为题，对最早进行金融自由化改革的智利、阿根廷、乌拉圭等拉美三国的激进方式进行反思，指出："智利的金融改革中最严重的缺点是改革目标太长远。对金融部门缺乏有效的监督而且实际上没有对银行业务进行监督检查。"① 并总结出三条教训：(1) 金融改革需要伴随着对银行和金融部门的严密监督，以避免不恰当的金融集中，并防止不健全的银行经营方式。在那些联合大企业构成其工业部门的一个重要部分的国家里，政府需要特别警惕；(2) 在金融部门改革完成以前就开放账户会引起不稳定的资本流动；(3) 一项切合实际的汇率政策是重要的，使用名义汇率去稳定国内通货膨胀，可能会导致实际汇率的上升，并造成对贬值的鼓励。

与之相反，在政府主导下于 20 世纪 70 年代中期开始推行金融全球化战略的日本，进入 20 世纪 90 年代以后，却遭遇了十分严重的金融危机，不仅经济持续低迷，而且金融机构接连倒闭。继"住专"危机后，1996 年发生大和、住友、阪和银行接连倒闭事件，20 家银行公布的不良债权高达 415 977 亿日元。1997 年 11 月 17 日北海道拓殖银行宣布破产，意味着日本政府作出的"20 家最大银行不会破产"的保证破灭，日本金融信誉发生动摇。1997 年 11 月 24 日，具有百年历史的山一证券公司宣布破产。紧随其后，11 月 25 日德阳城市银行又宣告破产。同一天，日本大型信托投资银行安田信托银行被美国宣布不具备"投资资格"，而被逐出国际金融市场。据报道，在 1996—2000 年的世界重大金融亏损事件中，日

---

① 马君潞. 金融自由化. 北京：中国金融出版社，1999：94.

本占了80%。1990年，在世界十大银行中日本曾占有9家。然而到1997年，世界十大银行，欧美占了8家。日本虽有119家进入1 000家较大银行之列，但盈利只有2%，而且有12家亏损。[①] 而摧毁日本经济增长奇迹，并使金融全球化在世界各国迅速推进的20世纪90年代却成为日本"失去的十年"的罪魁祸首，原因并非像拉美三国那样，缘于政府金融监管的松弛和放弃，相反，正是给日本经济腾飞注入巨大活力，带动日本在战后废墟上创造出"经济增长神话"的"东亚经济模式"，即政府对企业，包括金融企业的严格管制和广泛干预。

至此，我们终于能够理解，为什么墨西哥发生危机时，人们会列举东南亚国家的成功经验，而当日本银行不良债权成灾时又称赞韩国的银企关系比日本优越。正是因为在融入金融全球化进程中金融监管的过快放松乃至于无所作为，金融全球化时代的第一场金融危机得以在最早进行金融体系自由化改革的拉美三国爆发；而正是因为在施行经济赶超战略、推进金融全球化的初期，政府干预的广泛有力和监管机构的严格管制，铸就了日本20世纪七八十年代的经济辉煌和国际金融帝国大厦；也正是因为在金融全球化已经日益深化的情况下，过于广泛的政府干预和过于严格的金融监管的继续施行，不但葬送了日本经济的繁荣，还给日本金融带来了灾难性的金融危机。

缘于此，在1987年耶鲁大学经济增长中心第5届发展经济学年会上，麦金农以"金融自由化的陷阱"为题对其金融自由化理论在实践中引发的问题进行了深刻的反思，并指出："自由主义阵营中并不是一切如意，有利于金融自由化的一般情况由于拉丁美洲南部之角的一系列银行恐慌和倒闭而陷入疑问之中……我们现在认识到，我们关于如何最好地实现金融自由化的知识是非常不完善的。使货币体系稳定的秩序与撤销对银行和其他金融机构的管制比较起来，我们的考虑必须比先前的设想更为仔细。"[②]

所以，对作为金融危机防范管理措施的金融监管作用进行全面考察和理性检视，不仅有助于我们准确把握金融监管与金融危机发生防范的运行机理及其与金融全球化变迁之间的关系，而且对于我国金融全球化战略的选择和相应的制度设计，均有着不容忽视的重要作用。

3.2.1　金融危机的教训：以泰国为对象

亚洲和拉美新兴市场（emerging markets）金融全球化的一个共同的

---

①　李德. 经济全球化中的银行监管研究. 北京：中国金融出版社，2002：27-28.
②　马君潞. 金融自由化. 北京：中国金融出版社，1999：94.

特征是金融危机前大量外国资本的流入，而在金融危机爆发后则出现大规模资本外逃，尤其是短期资本外逃（参见表 3-1）。流入发展中国家的净私人投资从 1983—1989 年的每年平均 90 亿美元上升到 1990—1994 年的 1 250 亿美元，在 1996 年达到 2 120 亿美元的高峰，其中大部分私人资本流向亚洲和拉美新兴市场国家。1983—1989 年，流向亚洲新兴市场国家的私人资本为每年 170 亿美元，1995 年达到 950 亿美元，1996 年达到 1 010 亿美元。在拉美新兴市场国家，由于 80 年代初期的债务危机，导致在 1983—1989 年间每年资本外流近 170 亿美元，而 1990—1994 年则出现每年 410 亿美元的资本净流入，1995 年的资本流入为 380 亿美元，1997 年达到 870 亿美元。但是流向拉美国家和亚洲国家的资本构成有所差异，流向墨西哥和其他拉美国家的资本以证券投资为主，而流向亚洲的资本以银行借贷为主。新兴市场中大量外国资本的涌入确实为新兴市场投资充实了资本，增强了国内金融市场的活力，但是资本大规模流入也为金融监管带来巨大挑战。国际资本的流动性增强使得新兴市场的金融体系更加处于一种脆弱和不稳定的状态中，一旦发生来自外部的不利金融冲击或来自内部的宏观经济波动，就有可能发生大规模的资本外流和资本撤逃，这在拉美和亚洲金融危机中都有一致的表现。1994—1995 年的比索危机期间，流向拉美的资本发生大规模的逆转。在墨西哥，证券投资资本流动由 1993 年高峰期的净流入 230 亿美元，突然跌到 1995 年的净流出 140 亿美元，其中相差 370 亿美元之巨。1997 年亚洲金融危机之后，亚洲国家面临着更加剧烈的资本外逃，在受危机影响最大的泰国、马来西亚、印尼、菲律宾和韩国，外国资本由 1996 年的净流入 730 亿美元降到 1997 年的净流出 11 亿美元。[①]

　　资本项目自由化是新兴市场引人注目的特征之一，但是金融自由化并不等同于取消金融监管或者对金融不加监管。这是因为，市场经济本身存在着难以克服的缺陷早已成为人们的共识，市场的缺陷需要政府修正，如果政府盲目信任市场，一味放纵，在市场出现故障时无所作为，这样，由市场的不稳定性产生的不均衡就可能累积，累积到临界点即膨胀，市场因之受到破坏。所以，放松监管其实要求的只是利率的自由化和国内金融

---

① Reuven Glick，Ramon Moreno & Mark M. Spiege（2001）．"Financial Crises in Emerging Markets：An Introductory Overview"，included in：Reuven Glick，Ramon Moreno & Mark M. Spiege（2001，eds）．*Financial Crisis in Emerging Markets*，Cambridge University Press，pp. 1-32. //王曙光．金融自由化与经济发展．北京：北京大学出版社，2004：153-154.

表 3-1　新兴市场私人资本净流量

	每年平均流量（10亿美元为单位）						
	1997 ～1982	1983 ～1989	1990 ～1994	1995	1996	1997	1998
按资产							
1. 总流量	30.5	8.8	125.1	193.3	212.1	149.2	64.3
2. 净 FDI	11.2	13.3	44.9	96.7	115.0	140.0	131.0
3. 净证券投资	−10.5	6.5	64.9	41.2	80.8	66.8	36.7
4. 银行贷款及其他	29.8	−11.0	15.2	55.4	16.3	−57.6	−103.3
按地区/资产							
亚洲地区							
1. 总流量	15.8	16.7	39.1	95.1	100.5	3.2	−55.1
2. 净 FDI*	2.7	5.2	23.4	49.8	55.1	62.6	50.0
3. 净证券投资	0.6	1.4	7.4	10.9	12.6	0.9	−15.4
4. 银行贷款及其他	12.5	10.1	8.3	34.4	32.8	−60.3	−89.7
拉美地区							
1. 总流量	26.3	−16.6	40.8	38.3	82.0	87.3	69.0
2. 净 FDI	5.3	4.4	13.8	26.0	39.3	50.6	54.0
3. 净证券投资	1.6	−1.2	36.9	1.7	40.0	39.7	33.0
4. 银行贷款及其他	19.4	−19.8	−9.9	10.6	2.7	−3.1	−18.1
其他地区							
1. 总流量	−11.6	8.7	45.2	59.9	29.7	58.7	50.4
2. 净 FDI	3.2	3.7	7.8	20.9	20.6	26.7	27.2
3. 净证券投资	−12.7	6.3	20.6	28.7	28.3	26.2	19.1
4. 银行贷款及其他	−2.1	−1.3	16.8	10.3	−19.2	5.8	4.2

资料来源：IMF International Capital Markets, 1995 for 1977—1989 data；IMF International Capital Markets, 1999 for 1990s data. From：Reuven Glick, Ramon Moreno & Mark M. Spiege (2001)："*Financial Crises in Emerging Markets：An Introductory Overview*", included in：Reuven Glick, Ramon Moreno & Mark M. Spiege (2001, eds.)：*Financial Crisis in Emerging Markets*，Cambridge University Press, p. 5. 转引自王曙光. 金融自由化与经济发展. 北京：北京大学出版社，2004：154.

市场的开放，在这个基础上强调的是有效监管。[1]　正是缘于此，欧美发达国家和地区不仅监管立法非常健全，而且有一整套十分严密的监管体系和

---

　　* FDI 为外国直接投资（Foreign Direct Investment）。

　　[1]　Harry Mcvea, *Financial Conglomerates and the Chinese Wall*，Clarendon Press Oxford，1993，at 3.

制度，时任美国联邦储备系统主席格林斯潘本人跟踪、监控的资料就多达14 000 多种。然而，东南亚国家为吸引外资，自 20 世纪 80 年代起，先后推出了一系列的金融改革措施，但是在开放过程中却疏于建立和健全金融监管的法律制度。其中，尤以泰国为典型。

90 年代以来，泰国政府为了加快经济增长，吸引外资，推出了一系列金融体制改革措施，1990 年取消了经常项目国际支付的限制，1991 年开始减少对资本项目的自由兑换。但是，泰国政府在推动本国金融全球化的进程中，过度放纵金融市场，忽视对金融资本的监管，没有建立完善的金融监管体系和法律制度，不仅对金融活动缺乏有效的金融监管机制，而且使整个国家经济缺少必要的"防火墙"。在当时的泰国，几乎没有外债的概念，任何金融机构甚至企业，可以自由地借入外债。到 1997 年，泰国外债总额超过 978 亿美元，占其国民生产总值的 50% 以上，而泰国对外债的结构、期限、投向和数量没有进行任何实际有效管制，致使流入的外债中的短期外债总额达到 618 亿美元，约占外债总额的 60%；泰国私人部门借入的 700 亿美元的外债（含短期外债）中的大部分不是投向促进产业结构优化的生产行业，而是投向房地产和股市。泰国外资流入结构的短期化和非生产化，一方面使泰国的外资得以随金融环境的变化而随时流出，另一方面也使泰国在面临外国投资者因金融形势不妙而抽逃资本的冲击时难以招架，且非居民泰铢账户的设立又为投机者获取泰铢以便对泰铢做投机抛售创造了条件。[①]

此外，金融深化理论要求发展中国家消除金融抑制，尽可能放松对利率和汇率的控制，在此基础上开放资本项目。但东南亚诸国，为了鼓励和吸引更多的外资以弥补本国的经常项目逆差和克服普遍存在的国内资本不足的约束，提高本国金融机构的商业化水平，较早地开放了资本项目。但是，国内金融深化和金融监管都达不到应有的水平。例如，泰国实行资本项目开放的条件远未成熟，主要表现为：一是泰国在开放资本项目后，没有及时将固定汇率制度改为浮动汇率制，制度上出现了不配套。[②] 外资大量涌入时，本币面临很大的升值压力，但泰国政府不是因势利导地让本币升值，以抑制外资的进入速度，而是坚守固定汇率，致使外资进入量超过了泰国经济本身的吸纳能力，最终在股市和房地产市场上形成"经济泡沫"。理论与实践证明，缺乏弹性的人为固定汇率体制很难与自由的资本

①　Financial Crisis and the Deregulation and Liberalization of Thailand's Financial Services Sector：Barbarians at the Gate. , 21 *Fordham Int'1 L. J.* 1890 (1998).

②　Ross P. Buckley. *A Tale of Two Crises；the Search for the Enduring Reforms of the Internation Financial System*，6 UCLAJILFA 14 (2001).

流动并存。二是泰铢存贷款利率水平严重高企，平均为 15%，超过国际资本市场水平 2 倍，由于泰国实行的是固定汇率制度，银行在大量举借外债时，根本就没有考虑到套期保值（hedge）措施。[①] 一旦本币贬值，银行体系就处于非常脆弱的地位。三是无力引导外资进入可贸易产品的生产领域，只好任凭外资集中于股市、房地产等高风险行业。有资料表明，危机发生前泰国共有 91 家金融财务公司，由于泰国经济持续高增长，房地产市场和股票市场行情火爆，这些财务公司于是将资产的 30% 投入房地产开发，致房地产业盲目发展，供大于求，产生泡沫经济。据法国《解放报》统计，泰国金融机构在危机爆发前几年的房地产业投资已达 2 300 亿法郎，无力偿还的贷款总额达 700 亿法郎，所建近 60 万平方米的办公楼近一半无人问津。[②] 房屋过剩使房价暴跌，同时股票市场也连续下跌。泡沫经济破灭后，这 91 家财务公司投入房屋开发的资产一半以上变为难以收回的不良资产，这使不少金融机构濒于倒闭。泰国商业银行的此类问题相对较小，但其房地产坏账也达 200 亿美元。

产业结构的严重缺陷，金融监管的乏力，不仅为国际收支的失衡和经济泡沫的破灭埋下了潜在危险，而且为国际资本投机制造了契机。美国金融专家索罗斯利用决策和监管的空隙，适时地进入泰铢市场，赢得投机成功后，以哲学家的姿态告诫人们，"市场中留有投机空间是各国政府的错误"，"我只能一而再地对盲目信任市场的魔力发出警告"[③]。这位投机专家一语切中时弊。对此，法国经济学家法迪勒·拉库阿精辟地评述道："自己的蛋有缝，谁能阻止苍蝇不来叮呢?"[④]

可见，未成熟的金融自由化和国际化是促使泰国金融危机爆发的催化剂，而泰国政府盲目信任市场，该干预时无所作为，金融监管缺位，则是导致泰国金融危机爆发的根本原因。所以，泰国金融危机的教训充分说明，金融全球化从长远看提高了金融资源配置的效率，也加剧了金融业竞争。但发展中国家的金融管理者、经营者目前缺乏足够的技能去有效控制伴随金融全球化产生的信贷高风险和新兴业务风险。在这样的情况下，资本项目的开放速度过快，可能会带来严重的经济后果，而金融监管的取消则进一步加剧了金融体系的脆弱性和不稳定性。正是基于此，金融自由化的倡导者麦金农修正了自己 70 年代的观点，特别强调金融监管对于金融

---

① 贺小勇. 金融全球化趋势下金融监管的法律问题. 北京：法律出版社，2002：19.
② 李罗力. 金融风暴. 贵阳：贵州人民出版社，1997：92.
③ 同②.
④ 同②93.

全球化的顺利推进的极端重要性，并指出：金融全球化的进程必须与市场经济基础相适应，利率自由化应建立在市场发育成熟、金融机构充分竞争的基础上，否则，垄断所造成的高昂利率会使金融自由化的努力归于失败，而"为了把银行恐慌和金融崩溃的可能性降到最小，正在实行市场化的国家放松对银行和其他金融机构管制的步伐必须与政府在总体稳定宏观经济方面所取得的成功谨慎地相适应"[①]。

3.2.2　反危机对策的启示：以亚洲银行业的崛起为核心

政府行为不但在金融市场监管和宏观经济变量控制方面发挥着重要的作用，而且大量事实表明，在一国遭受大规模金融危机困扰的特殊时刻，政府对金融体系进行某种程度的管制和介入，更是尤为必要。

1997 年亚洲金融风暴过后，亚洲各国/地区都不同程度地进行了银行改革，通过改革、重组、并购，慢慢使银行业重新纳入昔日常态运作轨道。相对于多数政府传统上实行的直接参与方式，危机过后，政府更愿意以加强市场秩序和监管来发展实力更为强大的银行。

通过合并做大做强商业银行成为许多亚洲国家和地区银行业改革的主旋律。日本、韩国、新加坡、马来西亚、印度尼西亚等国政府都纷纷推动银行业合并。日本的三菱东京 UFJ、瑞穗银行及三井住友等都借合并成为世界银行"巨人"。新加坡的银行通过并购而成为泛亚洲区银行，并使新加坡的银行数量由金融风暴前的 8 家减少到现在的 3 家。马来西亚的本国商业银行更由逾 50 家减少到 10 家，而且还有进一步的合并行动，以迎接外资的挑战。同样地，韩国银行业通过合并减少数目，即使多年来经济、金融形势风云变幻，其本土银行数量至今也不过 21 家[②]，较金融风暴时减少了约五成。扩大规模之后的韩国银行按照国际货币基金组织的建议，在经营上减少政府干预，开始走一条完全市场经营的道路，并大刀阔斧地推行改革，使银行系统呆坏账率降低至 2.7%，成为亚洲银行呆坏账率最低的地区之一。[③]

此外，进入资本市场集资也是亚洲银行处理金融危机的主流。从 1999 年开始到 2007 年为止，新加坡星展银行进行了 11 次资本运作，其中

---

① 马君潞. 金融自由化. 北京：中国金融出版社，1999：113.

② https://www.statista.com/statistics/1238233/south-korea-number-of-banks-by-type/，[2022-08-05].

③ 香港中文大学工商管理学院，北京大学光华管理学院. "2006 年亚洲银行竞争力排名"学术报告. 资料来源：中国金融网，[2006-11-29].

包括 8 次资本融资，发行了包括普通股、优先股及债券等多种金融工具。印度工业信贷投资银行，原来是在孟买国内上市的商业银行，为了满足资产增长对资本的需求，1999 年第一次进入美国市场，而且采用了美国当时的会计标准进行披露，在市场上得到了很好的反响。亚洲金融危机给泰国银行业带来了灾难性的后果，政府关闭了 56 家金融公司，4 家商业银行被国有化，还成立了资产管理公司来处理这些不良资产。泰国盘古银行在 1999 年时，不良贷款比例几乎接近一半，为 49%。1998 到 1999 年 4 月，盘古银行四次进入资本市场融资，先后发行了普通股、可转债、优先股，筹集了大量资金，终于靠资本市场存活了下来，并且改善了经营。

时至今日，亚洲各国（地区）银行改革都取得了一定的成效。日本银行业盈利增强[①]；韩国银行业降低了前些年承受的信用卡坏账的风险；香港地区银行业稳步发展；台湾地区银行业走出小岛开展并购……亚洲很多银行借助资产规模扩大、整体营业额上升、盈利增长显著等优势重新步入稳步健康发展的轨道。

对于亚洲银行业重新崛起的法宝，人们的看法虽然见仁见智，但多数专业人士一致认为，金融危机后，亚洲各国普遍实行的更加严密透明的金融监管体制及其有效运行，居功甚伟。对此，一位泰国银行家指出："对银行业的监管变得更加的严格和强硬。通过健全的法规，监管者使市场变得诚实，这对竞争是起促进作用的。如果有太多可供银行利用的漏洞，则会有损竞争。"一位股票分析师则进一步指出："好的监管者让对手银行互相竞争。他们反对不合理的规章制度，尽可能地使监管变得透明和具有可预测性。他们不追求突兀的政策。他们的目标是一致性。一个好的监管者能保护本地银行，但不会因此而排挤外国银行。他们在推行发展的理念上是非常灵活的。"

亚洲国家金融危机后金融监管的重新实施和普遍强化给予我们的启示是非常深刻的。首先，发展中国家和新兴市场国家频繁发生金融动荡的最根本的原因，乃是这些国家的制度质量和制度环境。IMF 经济学家 Demirguc-Kunt 和 Enrica Detragiache 在分析制度建设时提出了衡量制度质量的六项标准：人均 GDP、法律规则（法律和法规）受重视的程度、官僚主义式的拖拉、合同履行的质量、官僚机构的素质、官僚机构的腐败程度。在此基础上，他们又进行了计量经济学的实证分析，结果表明，6 个相互作用的指针变量都是负的，而且官僚主义式的拖延至少有 10% 的重要性。法律法规受重视的程度、人均 GDP 以及腐败的重要性最高。在

---

① 许炜，贾润崧，陈曦. 负利率环境下银行业生存之道. 银行家. 2021 (1)：81-85，7.

一个法律法规最不受重视的国家，金融全球化对银行危机发生概率的净影响为 1.770，而在一个法律法规受到比较重视的国家，净影响下降到 0.555，在一个法律法规非常受重视的国家，净影响为负，这表明在法律法规受重视的国家，金融全球化倾向于使金融危机更少发生。同样地，合同实施质量的提高也使金融全球化对金融危机发生概率的影响从 4.732 下降到 0.980。① 这些研究表明，虽然金融全球化具有加剧金融体系的脆弱性，从而导致金融危机发生概率增大的消极效应，但制度环境质量的提高，尤其是腐败程度的下降和法律规则的强化，能够减少金融市场全球化引发系统性金融危机的可能。反之，薄弱的制度环境，尤其是那些法律规则不健全、腐败蔓延、官僚机构效率低下、合同实施机制缺乏有效性的国家，金融全球化的实施更有可能引发金融危机。泰国的货币危机之所以能够在极短时间内蔓延至马来西亚，使林吉特遭受严重冲击，引发大规模的金融危机，根源就在于此。

其次，市场失灵的存在，决定了金融监管之于金融全球化的顺利推进必不可少。即使在欧美国家这样良好的经济体中，如果制度和金融市场所必需的监管框架薄弱，监管乏力甚至监管缺位，金融机构的错误行为同样无法控制，进而会为金融部门出现系统性问题甚至于引发金融危机埋下隐患。不仅如此，在金融风险愈益全球化的今天，金融发达国家的金融监管不仅愈趋严密，而且监管范围也不断拓宽，2006 年美国《萨班斯法案》的推行，就为这一趋势作出了有力的说明和充分的论证。至于因长期金融抑制而市场发育不成熟、经济体系不健全的东南亚以及拉美等地区的发展中国家，在实施金融全球化的过程中建立有效的金融监管和风险防范机制，显得更为紧迫重要，否则，不成熟的金融体系很难抵挡全面快速的金融全球化带来的冲击，往往要付出沉重的代价。所以，"市场是脆弱的，如果放任自流就会趋向不公正和低效率，而公共管制正是对社会的公正和效率需求所做的无代价的、有效的和仁慈的反应"②。在金融全球化的进程中，有效的金融监管可以弥补市场失灵和政策设计中的诸多不足，不仅能为金融危机的防范和拯救提供有效的制度供给，而且能为金融风险的化解，金融制度质量的提高，金融全球化的平稳推进筑起一道安全的屏障，而这正是香港和新加坡能够拥有亚洲最好的银行的有力武器。

---

① 张荔. 金融自由化效应分析. 北京：中国金融出版社，2003：151-152.
② 〔美〕罗杰·弗朗茨. X 效率：理论、论据和应用. 上海：上海译文出版社，1993：26. //李德. 经济全球化中的银行监管研究. 北京：中国金融出版社，2002：36.

　　再次，如同市场会失灵一样，政府监管同样也会失效。所以，金融监管与市场约束不是非此即彼的替代关系，而应相互辅助、相互补充地和谐共存于金融全球化的进程之中。"今天，大多数发展中经济的资本市场更加开放，国际资本市场的高度竞争性也都表明，发展中经济再采取金融压抑市场及指导性贷款的做法已不再是明智之举。"① 对于发展中国家而言，更长久的、更具可持续性的金融发展和经济增长策略能够提高国家的制度质量和改善国家的制度环境，其不仅要注意保持金融全球化推进的规模、速度与本国金融监管的水平、能力以及市场经济发育成熟程度的适度，而且应注意随着金融全球化的不断推进，适时调整金融监管的范围和程度，及时更新金融监管的方式和手段，在监管与放松、效率与安全中求得平衡，实现金融监管目标与经济发展目标的双赢。

3.3　本体追问：金融监管的性质、功能及其原则

　　金融发展的历史表明：金融风险的高低以及金融危机的防范，实际上反映并受制于一个国家金融监管制度的设计安排及其实际运行。无论是亚洲金融危机的爆发，还是欧美诸国对金融风险的成功控制与防范，无不向世人充分表明，金融监管是一柄利弊兼有的双刃剑。在以自由化、开放化、国际化和一体化为基本特征的金融全球化趋势不断加剧的开放社会里，哪个国家能够实现金融的有效监管，哪个国家就能在为本国金融体系的安全运行提供有力保障的同时，实现金融业的健康有序发展；反之，哪个国家的金融监管体制失灵，金融风险就会像一匹脱缰的野马，对该国的经济、社会、政治体制造成毁灭性的重创。可以说，金融监管的得失之于一国金融繁荣与经济发展，是成也萧何，败也萧何。由此决定，明确金融监管的法律性质及其功能，探寻金融监管权合理配置的原则，扬金融监管之长，避金融监管之短，就成为我们在致力于融入金融全球化的进程中所必须认真研究的问题。

3.3.1　性质探寻：监管制度·金融监管权

　　一般认为，金融监管是一国金融监管当局依法对该国金融机构、金融市场以及金融活动进行限制调控的行为。在我国，行政法学的通说认为，

---

① 世界银行的调查报告//马君潞. 金融自由化. 北京：中国金融出版社，1999：171.

行政行为是指国家行政机关（和法律、法规授权的组织）依法实施行政管理，直接或间接产生法律效果的行为。① 由于金融监管行为大都是能够直接影响被监管方权利义务的行为，而通知、调查、提供咨询等监管行为，对于被监管方的义务虽然并不直接产生影响，但却是监管机关制定规范或采取措施时不可缺少的依据，同样是具有法律意义的行为，因而作为一种与市场自发运动相对应的政府行为，金融监管行为无疑具有行政行为的属性，金融监管机构所行使的金融监管权也自当归属于行政权，即"由国家或其他行政主体担当的执行法律、对行政事务主动、直接、连续、具体管理的"一种国家权力。②

但实际上，监管制度的兴起以及监管权在立法中的确立，在我国也只是近三十年间的事情。1995 年《中国人民银行法》、1995 年《保险法》、1998 年《证券法》、2003 年《银行业监督管理法》的出台，在短短十年内迅速建立起了中国金融监管的基本法律框架。然而在此进程中，不仅在我国传统的国家权力架构中没有监管权的位置，而且传统学理上也没有监管权的适当位阶。③ 虽然各国对于行政权形式的规定有所不同，但从实践看，行政权的形式不外乎行政立法权、行政计划权、行政调查权、行政处理权、行政处罚权、行政强制权、行政合同权和行政指导权④，监管权固

① 持此观点的还有日本学者本田中二郎以及我国台湾地区学者张载宇、陈新民等。实际上，行政行为这一概念，与法国行政法所称"功能意义的行政行为"相似，也是法国行政法所用行政行为的含义，即行政行为是"行政机关用以产生行政法上效果的法律行为，以及私人由于法律或行政机关授权执行公务时所采取的某些行为"。应松年. 行政法学新论. 北京：中国方正出版社，1999：180；罗豪才. 行政法学. 北京：中国政法大学出版社，1996：125；王名扬. 法国行政法. 北京：中国政法大学出版社，1989：131.

② 应松年，薛刚凌. 论行政权. 政法论坛，2001（4）. 应当指出的是，行政权不同于行政职权。行政权是对行政权力的抽象和概括，而行政职权通常指单个行政机关所承担的具体的管理事务和权限。行政权是行政职权的基础，而行政职权则是行政权的具体化。王连昌. 行政法学. 北京：中国政法大学出版社，1999：1.

③ 应松年，薛刚凌. 论行政权. 政法论坛，2001（4）.

④ 行政权的形式是行政权运作的具体形态。如果说行政权的内容要解决的是"管什么"，那么，行政权的形式则要解决的是"怎样管"，即通过什么方式来管理行政事务。在一定程度上，行政权的形式也决定了行政权的权限范围。在不同国家，行政权的形式不完全一致。如在美国，行政权原则上不包含行政立法权。美国宪法第 1 条规定，立法权属于参众两院。行政机关制定规章要有法律的明确授权。而在法国，行政权包含行政立法权。法国 1958 年宪法第 34 条列举了国会立法的范围。第 37 条规定，凡在第 34 条列举范围以外的事项都属于条例的范围。政府的立法权限不仅广泛，还受到宪法保障。宪法第 41 条规定，国会所制定的法律如果超过了第 34 条列举事项，侵犯了属于行政立法的权限时，政府可以请求宪法委员会宣告法律违宪，因而不能执行。详请参见应松年，薛刚凌. 论行政权. 政法论坛，2001（4）；王名扬. 法国行政法. 北京：中国政法大学出版社，1989：137-138.

　　然也包含一定的行政立法权、调查权、处罚权和强制权，但它们的外延相互交叉的状况再清楚不过地表明，监管权的确定依据与行政权的界分标准也并不完全一致。行政权的传统理论体系无法妥适地吸纳、安放监管权的事实，充分暴露了其自身逻辑显著落后于社会实践的缺陷。[①] 通过晚近二十余年的金融监管实践，尤其是法律框架因《商业银行法》《保险法》《证券法》的修订于 2003 年、2018 年、2019 年分别完成而不断趋于完善，监管权的定位与具体运行逻辑也愈益清晰。

　　此外，监管及其监管权的内涵昭示了政府介入市场的特定方式和路径。而随着金融全球化在世界各国的快速发展，金融监管者所拥有的金融监管权愈益广泛，已经远较上述列举的内容丰富。这是因为，一方面，由于现代社会日新月异，权力机关立法程序复杂、苛严而且较难适时顺应时代发展的潮流，一部分立法权就落到监管者的肩上；另一方面，由于司法程序的复杂烦琐，尽管与行政机关相比，其更具有公正性，却很难适应行政活动所必须的及时、简便和高效的特点，这样监管者又负担了一些司法裁判的功能。这样一来，监管者在金融监管中拥有的监管权，也就具有了准立法权、准司法权和狭义监管权的多重性。正因为如此，有学者将金融监管权称为"超级金融监管权"[②]。

　　那么，这样一种集准立法权、准司法权和执法权为一体的超级金融监管权，其本质究竟是立法权、司法权抑或行政权呢？如果是立法权，无疑等于承认金融监管者可以"造法"；如果视为司法权，则意味着金融监管者对被监管者所作出的裁决即是终局裁决，不得再提起诉讼，否则，就有违司法最终裁判的 WTO 规则；如果将金融监管权归属于行政权，由于"无法律即无行政"，现代金融监管者所拥有的准立法权不仅无所依归，而且有越权之嫌。显然，要准确把握金融监管权的权能和特质，不仅需要全面了解监管制度的内涵及其发展演变的实践，而且应当明确行政权的内涵及其与立法权、司法权之间的关系。

3.3.1.1　监管制度：缘起及其演进

　　监管制度，又名政府管制，虽然在不同学术研究领域中的研究旨趣不尽相同，但无论立足于何种研究角度，学者们都一致认为，政府管制就是政府运用公共权力，通过制定一定的规则，对个人和组织的行为进行限制

---

① 盛学军. 政府监管权的法律定位. 社会科学研究，2006（1）.
② 高西庆. 论证券监管权. 中国法学，2002（5）.

与调控。① 对于政府管制的内容，学术界有最广义、广义和狭义三种不同的理解。其中，最广义的政府管制来自 OECD 的定义，意指政府对于企业、公民以及政府自身的一种限制手段。政府管制由经济管制、社会管制与行政管制三部分组成。经济管制直接干预企业行为与市场运行，社会管制维护诸如健康、安全、环境保护等社会价值，行政管制关注政府内部的规程与运行机制。② 广义的政府管制，按照日本学者植草益的看法，是指依据一定规则对构成特定社会的个人和构成特定经济的经济主体的活动进行限制的行为，具体包括经济性管制与社会性管制两类：前者的目的在于应对自然垄断等市场失灵现象，后者的目的在于解决诸如社会公正等市场机制无法解决的问题。③ 而狭义的政府管制则将政府管制仅仅理解为经济管制，即政府为克服行业垄断、反托拉斯、消除市场而对企业等市场主体所施加的经济性管制。④

显然，监管制度是指广义的政府管制，即政府对市场和社会的管制。历史上，先期发达的资本主义国家大都采用过政府管制市场的制度，例如，1884 年英国的《合股公司法》对证券市场中的公募行为所采取的公开规制等，但由于迄今为止，有关监管制度在各国的发轫及其演变进程尚没有翔实的史料可考，因而在考察政府监管制度的缘起流变历程时，学界更多地以美国的监管制度作为考察的范例。

根据目前的研究文献，现代政府监管制度缘起于 19 世纪后期的美国。自 19 世纪下半叶起，面对迅猛发展的工业化而导致的城市化，以及社会各阶层冲突等一系列社会新问题，美国国会和法院深感力不从心，难以应付。尤其是在跨越各州建立的铁路营建事业中，歧视性价格、高度投机、索取回扣等不正当活动的广泛盛行，引起了农民和中小企业的严重不满，要求政府对铁路运输进行控制的呼声日益强烈。对铁路运输的控制最初由州政府承担，但由于铁路运输已经超过一个州的范围，联邦政府不得不承

---

① 经济学中的政府管制往往意味着政府对经济问题，特别是市场失灵的一种特殊响应和调控方式；法学中的政府管制往往意味着一种特殊的法律限制模式，故更为强调行政程序以及对管制机构行为的司法控制；政治学中的政府管制则通常更关注公共利益与公共权力的行使，因而在政治学的视野下，政府管制意指国家权力对个人或组织判断、行为的限制与影响。张成福，毛飞. 论政府管制以及良好政府管制的原则. 北京行政学院学报，2003 (3).

② OECD Report on Regulatory Reform，http://www.oecd.org.

③ 〔日〕植草益. 微观规制经济学（中文本），北京：中国发展出版社，1992 (39).

④ W. Kip Viscusi, John M. Vernon, Joseph E. Harrington. *Economics of Regulation and Antitrust*. The MIT Press, 2001, p.136.

担起这一职责。为应付该产业可能长期出现的各种问题，联邦国会遂于1887年制定了《州际商业法》，并建立州际商业委员会（ICC）以控制铁路运输。

　　根据这部立法，州际商业委员会不仅独立于总统，而且具有制定运输政策和决定运输价格的立法权和执行该政策的行政权，以及裁决由此而引起的争端的司法权。虽然此前美国国会也曾设立过类似于州际商业委员会的行政机构，法院也承认拥有立法权和司法权的行政机构的存在，但州际商业委员会的建立仍被许多美国学者视为美国行政法的开端，并在美国行政法的发展中具有里程碑的意义。① 它在宣告政府监管市场制度就此确立的同时，还诞生了一个同时拥有部分立法权和某种形式的裁决权的行政机构。监管制度的这一"副产品"被视为现代行政权扩张的象征，并对作为美国法治主义前提的三权分立思想构成了冲击。"由于当代复杂社会的需要，行政法需要拥有立法职能和司法职能的行政机关。为了有效地管理经济，三权分立的传统必须放弃。实际上它是已经废除了的迂腐教条。"② 此外，行政权的扩张还表现为行政自由裁量权的增长。"过去，人们通常认为，广泛的自由裁量权与法不容，这是传统的宪法原则。但是这种武断的观点在今天是不能被接受的，确实它也并不含有什么道理。法治所要求的并不是消除广泛的自由裁量权，而是法律应当能够控制它的行使。"③ 行政自由裁量权决非只为恶，不能为善，它在正确运用的条件下，不仅不会给公民带来祸患，而且能为公民创造福祉。④

　　至于州际商业委员会，则被视为现代独立监管机构的雏形⑤，不仅开辟了联邦政府控制经济的新时代，而且为此后联邦和州设立同类行政机构解决经济和社会问题提供了典范。自此之后，在"进步主义运动"的推动下，政府不再是一个"守夜"的"局外人"，而是以"救世主"的身份进入到资源配置的流程中，并向社会生活的各个领域渗透，使人们"从摇篮

---

① 应松年，袁曙宏. 走向法治政府. 北京：法律出版社，2001：42-43；〔美〕伯纳德·施瓦茨. 行政法. 徐炳，等译. 北京：中国大百科全书出版社，1997：16；盛学军. 政府监管权的法律定位. 社会科学研究，2006（1）.

② 〔美〕伯纳德·施瓦茨. 行政法. 徐炳等译. 北京：中国大百科全书出版社，1997：6，29.

③ 〔英〕威廉·韦德. 行政法. 徐炳等译. 北京：中国大百科全书出版社，1997：55.

④ 姜明安. 论行政自由裁量权及其法律控制. 法学研究，1993（1）.

⑤ 但实际上，1871至1874年间，艾奥瓦、伊利诺伊、明尼苏达和威斯康星州已经相继成立了具有托管性质的委员会，它们负责各自州辖区内的制定最高限价、防止歧视性服务和管制兼并事务。因此，如果将州政府这一层次考虑在内，它们应当属于美国历史上最早一批针对铁路运输行业而设置的独立管制机构。

到坟墓"的所有事情都在行政权的作用范围之中。联邦政府以及州政府更多地介入市场领域的管制活动，相应地设立了多个监管机构，其中，在联邦一级中较为典型的有联邦储备委员会（商业银行管制）、联邦贸易委员会（实施反托拉斯法等）等。

虽然法院对行政权的扩张持认可态度，但公众对行政权的恐惧仍使监管制度在 19 世纪末 20 世纪初的发展并非一帆风顺，问题的焦点在于监管机构的法律地位以及监管权性质的界定。[①] 标志性的案例是 1877 年穆恩诉伊利诺伊州案，美国联邦最高法院在裁决中确认了伊利诺伊州的管制机构在该州管辖范围之内享有管制谷物存储设施的权力，这意味着通过司法审查确认了政府监管私人企业的法律具有合宪性。不过，立法中赋予监管机构的权力并未完全得到司法的支持，因为最高法院在 1890 年的另一个裁决中认为"费率管制在本质上属于立法权限"，即使赋予监管机构行使，此等授权的合理性也必须受制于司法审查。如此一来，司法机关无疑成为左右美国监管政策及其制度发展的重心，相应地，监管机构在市场中的管制作用大为削弱。

爆发于 20 世纪二三十年代的经济危机以及接踵而来的"罗斯福新政"，为监管制度的第二次勃兴提供了历史契机。新政的主要内容是加强国家对银行、市场和农业的控制，完善社会保障制度，实行最低工资制等。为推行新政，许多独立管制机构，如证券交易委员会、联邦电讯委员会等得以建立。尽管美国联邦最高法院的多数法官对新政怀有敌意[②]，但随着法院与总统对抗的失败，以及国会与舆论对法院的广泛批评，司法审查终于变得自律而有节制，对于行政机关的行为，法院常以尊重行政机关的专门知识为由而予以维护。在 1944 年霍普案的裁决中，最高法院对其54 年前的立场来了个 180 度的大转变，裁定公用事业的费率管制权属于

---

①　独立管制机构在行政法上涉及的问题主要有三：一是国会对独立管制机构的授权是否合宪？因为按照三权分立的原则，立法权只能由国会行使。二是法院如何对独立管制机构的活动进行控制？随着行政法的发展，普通法上的司法审查逐渐为法定的司法审查所代替。三是在司法审查之外，如何通过行政程序来控制独立管制机构的权力？行政程序的发展正是基于控制独立管制机构的需要。当然，除了行政程序和司法审查的控制外，独立管制机构还受到来自国会、总统方面的制约。

②　当 1935 年关于工业复兴法是否合宪的两个争议案，即巴拿马案和谢克特案，被提交到最高法院时，最高法院以缺乏适当授权标准为由而撤销了有关的授权规定。罗斯福总统及时予以了回击，并试图改组最高法院，以增加法官名额来改变法院的态度。虽然改组计划没有成功，但法院逐渐退却，从反对行政权的扩张转为对行政权扩张的默认，放宽了对委任授权的限制。在以后的授权争议案件中，最高法院再没有否认国会委任立法的权力。参见应松年，袁曙宏. 走向法治政府. 北京：法律出版社，2001：44-45.

监管机构，人们称之为"最终结果原则"，从而以司法判例的形式宣告了"管制国家"或者行政国家（administrative state）的到来。①

　　然而，随着"管制国家"范围的逐渐扩展②，经济"滞胀"现象也随之出现。政府监管的批评者们成功地利用这一机会，对日益扩张的政府监管制度发起了猛烈抨击。他们认为，正是过于泛滥和苛严的政府监管，增加了企业和社会的成本，损害了美国经济的创新和竞争能力，进而发起了一场以放松监管为核心的监管改革运动。这场改革运动的部分主张在里根政府时期得到了很好的实施，美国民航管理局被解散，一个名为"管理和预算局（OMB）"的行政机构取而代之，执行强制管制机构在管制决策时进行成本—效益分析的命令。近几届政府也继续推行这一曾经争议有加的管制审查制度。③

---

① "行政国家"作为一种学术研究的概念和理论最早是由美国行政学家沃尔多（Dwight Waldo）于1948年发表、1984年再版的《行政国家：美国行政学的政治理论研究》一书中提出的（Dwight Waldo. The *Administrative State*：*A Study of the Political Theory of American Public Administration*，2nd ed.，New York：Holmes & Meier，Publishers，1984.），经过马克斯（Fritz Morstein Marx）于1957年《行政国家：科层体制概论》等研究成果的发表（Fritz Morstein Marx. *The Administrative State*：*An Introduction to Bureaucracy*，Chicago，Illinois：University of Chicago Press，1957.），已经成为一种确认的理论和公共行政的研究领域。行政国家首先是一种国家公共职能现象，其次是一种国家公共权力现象，同时也是一种公共事务管理现象，主要是指19世纪末20世纪初，与垄断的进程相一致，尤其是第二次世界大战以后，在资本主义国家立法、司法、行政三权分立的国家权力主体的关系中，行政权力和活动扩展，具有制定同议会立法效力相当的行政命令权和取得同法院判决效力相近的行政裁判权，大量直接管理和介入国家事务和社会事务，从而起着最活跃和最强有力国家作用的一种国家现象。张国庆主编. 行政管理学概论. 北京：北京大学出版社，2000：16-17；石佑启. 论行政法与公共行政关系的演进. 中国法学，2003（3）.

② 1970年以前，美国政府监管制度的建设主要集中于"经济性管制"领域，即对交通、通信、电力、管道、金融等特殊产业的价格和进入的控制，其中心目标是解决在自然垄断或规模技术收益递增情况下的定价与费率结构问题，并由此产生了大量的经济性监管机构。以1970年美国环境保护署的建立为标志，管制的重心开始转向环境、工作条件（职业健康和安全）、消费者保护以及就业（平等就业机会）等领域。其内容包括：对有害环境物质的处理，对工厂和工作环境的安全性规制，产品包装或卷标上披露相关信息的义务，未予许可之前对提供特定产品和服务的禁止，禁止因种族、肤色、宗教信仰、性别或国籍等因素而在就业问题上进行歧视。这种"社会性管制"的浪潮波及大多数产业，并开始了新一轮的监管机构的缔造运动，环境保护署（1970年）、证券投资者保护委员会（1971年）、农业信贷管理局（1972年）、消费品安全委员会（1972年）、矿业安全管理局（1973年）、就业安全与卫生管理局（1973年）、期货交易委员会（1975年）、核管制委员会（1975年）、联邦能源管制委员会（1980年）等监管机构，都是这一运动留下的产物。详请参见盛学军. 政府监管权的法律定位. 社会科学研究，2006（1）.

③ 中国基础设施产业政府监管体制改革课题组. 中国基础设施产业政府监管体制改革研究报告. 北京：中国财政经济出版社，2002：58.

　　在英国，囿于长期崇尚自律管理而非外部政府监管的公共管理传统，1980 年前的政府监管制度并不发达[1]，直到撒切尔政府推行大规模私有化以及公共事业领域多元化竞争局面的来临，政府监管才得以在英国广泛确立。但与美国通常设立独立监管机构不同，英国除了证券投资局和国有江河管理局等少数独立监管机构之外[2]，大多数监管部门设在各个产业部门之内。[3]

　　英国监管制度中另一个值得强调的特点是市场自治机构在社会体系中的突出地位，这些机构包括早已存在的如证券交易所、保险公会，也有新设立的如消费者委员会等。政府十分倚赖这些自治机构及其行业自律对于实现监管目标的作用，即便在已经普遍设立政府监管机构的条件下依然如此。恰如麦格特·普莱斯特对 20 世纪 80 年代英国金融改革总结后所指出的那样："当英国在 80 年代再次审视它自治的金融服务行业时，它的选择实际上不是增加更多的直接管制，相反，政策的选择是在提高管制者的角色基础上持续地依赖自治。政策制定者相信这是一种更有效率和更实际的选择。"[4]

　　回首美英政府监管制度的发展变迁以及监管机构的风雨历程，不难发现，尽管两国监管制度风格各异，如美国的独立监管制度、英国的市场自

---

[1]　这种崇尚自律管理的传统，一方面导致整个社会包括大多数产业倾向于依赖市场自治机制来处理、协调市场领域中的问题，比较典型的是证券市场由证券交易所进行自律管理；另一方面，国家又从一战后加强了对衰落工业部门的干预，而"第二次世界大战成为英国历史上的分水岭"，战争结束后国家在电信、电力、煤气和自来水供应等城市公用事业（传统上被认为具有自然垄断性质的领域本来属于政府监管的一个重要方面）实行国有化政策。在这种国家投资举办企业、全国或者区域性国有企业在特定领域独家垄断经营的局面下，政府对国有垄断公共事业的控制和管理，依赖的是"选民—议会—产业大臣—国有企业董事会"之间的多重委托代理，政府可以通过此种机制直接干预企业经营，从而以资产管理的方式替代了市场经济前提下的政府监管。这种状况从 20 世纪 40 年代一直维系到 80 年代。何勤华. 英国法律发达史. 北京：法律出版社，1999：373；王俊豪. 英国政府管制体制改革研究. 上海：上海三联书店，1998：10.

[2]　即 Security Investment Bureau（SIB），2000 年被金融服务管理局（FSA）替代。

[3]　具体的安排是在有关产业部门设立监管办公室，如电信监管办公室、煤气供应监管办公室等，由产业部门的国务大臣委任一名总监担任各个监管办公室的主任。大臣和总监不再代表议会直接干预私有化企业的经营活动，但却被赋予了新的法定权力，如与主管国务大臣协商后有权发放企业经营许可证并修改其条款，以及确定被监管企业的价格、服务质量标准和强制网络互联等。此外，由于新的市场结构下的微观主体不再享有反垄断豁免权，而又极容易形成实质上的市场垄断，因而新的监管法规定，当各产业的监管办公室和被监管企业在修改经营许可证条款等方面发生冲突时，总监可以将冲突事件提交"垄断与兼并委员会"裁决；同时，"公平交易办公室"也有权监督和调查被监管企业的反竞争或滥用市场垄断力量的行为。不过，国务大臣则对监管机构与被监管企业的纠纷拥有最终裁决权。王俊豪. 英国政府管制体制改革研究. 上海：上海三联书店，1998：12.

[4]　Margot Priest. "The Privatization of Regulation Five Models of Self-regulation." *Ottawa Law Review* 1997–1998，p. 233.

治机构在各自监管体系中发挥着不可替代的作用，但仍可从中悟出一些共同的制度启示，需要我们细心体味。

其一，尽管监管制度是一个颇受非议的政府行为，但政府监管制度不仅在美国，而且在英国这样一个有着悠久行业自治传统的国家都没有被全盘否定，不但绝大多数管制机构一直被保留下来在社会经济生活中发挥着作用，而且随着时代的变迁和社会的演进，一些被取消的管制甚至得到了重新恢复和加强。从这个意义上可以说，政府监管制度改革并不是要否定与废弃监管制度，相反，改革的实质在于围绕不同时期的社会经济条件，调整政府监管的范围和方式，以更好地发挥政府监管的作用。

其二，监管机构保持了相当程度的独立性和中立性。无论是美国的独立监管机构，还是英国的监管办公室或是监管体系中的市场自治机构，都能够保持与其他政府机构的相对独立性以及在被监管主体之间的中立性，从而为监管机构根据社会经济生活的变化，及时、能动地作出反应，实现有效监管，提供了有力的制度保障。

其三，监管机构尤其是美国的独立管制机构，尽管不同程度拥有执法权、准立法权和准司法权，但这些权力来自立法的明确授权，同时接受司法审查的制约。究其实质，它们并没有从根本上突破既有的权力制约原则，只不过显示了行政机构在一定的社会经济条件下为执行监管职能所引发的权力扩张，以及由此形成的全新的行政权力集合——监管权。

3.3.1.2　金融监管权：权能及其法律定位

前已述及，金融监管权是集准立法权、准司法权和执法权为一体的超级权力。其中，就金融监管权的准立法权而言，大多数国家赋予金融监管者以规章、业务命令和政策的制定权。例如，美国联邦证券监管机构在相当大的程度上对联邦证券法律具有解释权，这比多数国家监管部门的权力都要大些；日本的监管部门也有作出"行政指引"的权力，但其影响力却一点也不亚于一般的法规；我国的中国人民银行、银保监会、证监会作为金融监管者可以根据金融监管的需要制定行业政策，发布相关监管规章、规范性文件和业务命令等。

而金融监管权的准司法权属性，则是指金融监管者按照法律规定所享有的类似于司法权力的裁量权力。这个权力的行使在英国和澳大利亚的金融监管中体现得较为明显。比如英国金融管理局（FSA）有权对内幕交易等金融犯罪案件提起公诉，并有权将资金退回给客户等；澳大利亚的金融监管部门拥有一部分只有联邦员警才拥有的查询银行账户、搜查办公室及现场拘留当事人等司法权力。我国在这方面的金融监管权限范围较小，其权力主要是向不服金融行政执法行为后果的当事人提供行政复议的救济。

至于狭义的金融监管权，则是监管者在进行金融监管时所行使的最主要、最普遍的权力。它主要包括：（1）市场准入权，即金融机构设立、变更、终止及其业务范围的审批权。此项权力是金融监管者控制金融市场的准入，保证新设金融机构的质量，调节市场竞争程度，维护金融秩序的基本保证。（2）检查稽核权，即依法监督管理金融市场的权力，可以采取法律规定的检查稽核等行政措施。《中国人民银行法》《证券法》《保险法》等都对此给出了具体的规定，比如中央银行可以通过报表稽核与现场检查的方法对金融机构实施监管。① （3）信息获取权，及时获得全面、准确的信息，是金融者有的放矢地实施监管的必要条件。（4）处置处罚权。即对于金融机构有违法违规从事金融业务的行为，金融监管者拥有采取必要处置措施或给予处罚的权力。例如，2019 年《证券法》第 170 条具体规定了证券监督管理委员会为履行职能可以采取下列行政措施：对证券发行人、证券公司、证券服务机构、证券交易场所、证券登记结算机构进行现场检查；进入涉嫌违法行为发生场所调查取证；询问当事人和与被调查事件有关的单位和个人，要求其对与被调查事件有关的事项作出说明；或者要求其按照指定的方式报送与被调查事件有关的文件和资料；对可能被转移、隐匿或者毁损的文件和资料，可以予以封存、扣押；通知出境入境管理机关依法阻止涉嫌违法人员、涉嫌违法单位的主管人员和其他直接责任人员出境；……此外，金融监管权力还包括执行政策和金融指导等。②

不难看出，金融监管权的准司法权权能，一方面由其权力主体的行政机关性质所决定，另一方面，由于该权力的行使并不具有终局裁决的作用，因而在本质上还是属于行政强制权的范畴，即行政机关为预防、纠正违法和确保行政法上义务的履行而采取强制措施的权力。③ 而狭义的金融

---

① 董炯. 监管金融监管者. 金融法苑, 2001 (6、7). 北京：法律出版社, 2001.

② 曾筱清, 李萍, 吕婷婷. 金融改革与金融监管的互动分析及其立法建议. 中央财经大学学报, 2003 (3).

③ 作为行政权的一种形式, 行政强制权具体又可分为强制措施权和强制执行权。与行政处罚权一样, 行政强制权所具有的强制性、暴力性, 将使相对人处于极为不利的地位。西方国家对行政强制执行权的性质认识有很大差异。在普通法系国家, 行政机关原则上没有强制执行的最终决定权, 这一权力归属于法院, 因为在普通法院看来, 法院在权力的运作上有更多的程序保障。而在大陆法系国家, 基于效率的考虑, 法律也把某些行政强制执行权赋予行政机关。应松年, 薛刚凌. 论行政权. 政法论坛, 2001 (4).

监管权本来就是典型的行政权，涉及行政权限、行政调查权、行政处理权、行政处罚权等多种行政权形式。所以，金融监管权在国家权力架构中的定位，关键在于其准立法权权能属性的确定，而这正是中国学界长期歧见纷呈的争论焦点，即行政立法权的性质归属。

对此，有许多学者认为，我国地方权力机关、行政机关的立法权，甚至全国人大及其常委会的立法权都是宪法规定的，一切国家权力皆源于宪法，所以，行政机关的立法权是宪法授予行政机关的固有职权。① 申言之，行政立法权是行政机关所拥有的与权力机关分庭抗礼的立法权。这样一来，行政立法权不仅专属于行政机关所有，而且只能由行政机关行使。凡属行政立法权的事项，只能由行政机关的立法活动进行规范，即使行政机关消极不立法，权力机关也无能为力。这样的理解显然是荒谬的。因此，明确行政立法权的法律性质，不仅关涉金融监管权法律属性的准确定位，而且事关对我国政体性质的准确把握。而无论在理论上还是在中外实践中，笔者认为，包括金融监管权的准立法权权能在内的行政立法权，均只是行政机关基于立法机关的授权而享有的进行行政立法的权力，本质上不过是现代行政权的一种特殊形式罢了。

首先，立法体制角度。亚里士多德在古希腊时代提出的权力配置思想，经过启蒙时代洛克《政府论》的演绎，至孟德斯鸠《论法的精神》终于发展成熟，从而为国家权力的有效制约和公民自由的大力捍卫之间动态平衡的实现，提供了源源不竭的思想动力②，故该理论从诞生之时起，就被有着悠久自由主义传统的英美法系国家热烈信奉并严格固守。时至今日，在英美国家，立法权仍然专属于立法机关，行政机关不仅至多只能行使立法机关委任的立法权，而且这种委任必须以立法机关的明确授权为依据。因此，在英美国家行政机关并不享有所谓的固有立法权，立法机关的委任是其立法的唯一途径。大陆法系多数国家的立法体制，大抵近似于英美，例如，德日的行政立法也基本上属

---

① 这种观点在行政法学界称为"职权立法"。与之相对应，主张行政立法权来自立法机关的授权，而非行政机关固有职权的观点，称为"授权立法"。徐向华. 中国立法关系论. 杭州：浙江人民出版社，1999：31-32；张尚鷟. 走出低谷的中国行政法学. 北京：中国政法大学出版社，1991：69.

② 这是学者对三权分立理论的一般解释，而英国宪法学者维尔提供了另一种解释。在维尔看来，孟德斯鸠所建立的纯粹权力分立学说，在实践中的不可行基本上使它成为一种口惠而实不致的学说，过分地强调三权之间的分立与制衡，导致的是三权的行使机关之间的对峙与僵持，从某种意义上来说，这本身就是对三权分立的目的的毁灭。〔英〕维尔. 宪政与分权：中译本. 北京：生活·读书·新知三联书店，1997：249-256.

于委任立法①，唯一的例外是法国。由于法国革命等历史原因，法国向来实行行政权优先的权力架构，根据法国行政法学者奥利乌的观点，这不是立法权授予的理论，而是立法权与行政权之间协约的理论。在这个协约中，议会向政府提出一个提案，政府对之表示赞同，尽管提案是立法性质的，表示赞同的法令碰巧以条例的形式表现出来。因为条例是政府机构惩戒权的一种体现，而法律体现的原则则是国家制度的一切平衡，个人既处在政府机构中，又处于国家之中。可在政府机构中，他们被当作受约束的国民对待；而在国家中，他们被当作公民对待，并保证它们的自由。条例是出于政府的利益和行政管理部门的利益，而不是出于国家利益的平衡。② 奥利乌的这种观点显然是一种二元立法体制思想的体现。正是囿于这一思想传统，行政机关不需要法律的授权就享有制定自主性行政条例和补充性条例的权力，遂成为法国行政法的一大特色。③ 但是，这并不意味着法国背离了权力制约原则，因为它通过在行政权内部分化出相对独立的行政审判权来实现对行政立法权的制约，同时宪法委员会的存在也保证了行政立法权与议会立法权之间的平衡。而尤其重要的是，法国职权立法的存在，并不能成为解释我国也存在职权立法的根据，这不仅缘于制度基础的差异，即我国的人民代表大会制度与法国的二元立法体制显然不可等同看待，而且缘于法律规定的不同，在我国宪法及部门法中，没有任何类似于法国宪法对于行政机关立法权的明确限定和保障。④ 因而仅从立法体制考察，将行政立法权归属于立法权的定位，不仅在我国，而且在当今世界绝大多

---

① 不过，有学者认为德国和日本也存在职权立法，德国行政机关制定以下两种规范不需要经议会委任：一是命令，即行政机关用来调整行政机关内部事务的规范，二是特别规范，即特定行政机关制定的与国防、中小学、大学和公共事业等部门相关的规范。日本的行政立法也不限于委任立法，行政规则是指行政机关指定的不具有法规性质的、一般抽象的规定，其内容限于与国民权利义务无直接关系的内部行政事务，制定行政规则也是行政机关的当然职权，无须经过法律的特别授权。金伟峰. 论授权立法//胡建淼. 宪法学十论. 北京：法律出版社，1999：231-232.

② 〔法〕奥利乌. 行政法与公法精要：上册·中译本. 沈阳：辽海出版社，春风文艺出版社，1999：67，59-60.

③ 张正钊，韩大元. 比较行政法. 北京：中国人民大学出版社，1998：353.

④ 法国 1958 年宪法第 34 条列举了国会立法的范围。第 37 条规定，凡在第 34 条列举范围之外的事项都属于条例的范围。宪法第 34 条在列举属于法律范围内的事项时，还规定其中某些事项法律只能规定原则，原则之外就属于条例的范围。法国政府制定条例的权力不仅范围广，而且有确定的保障。宪法第 61 条规定，国会所制定的法律如果超出了第 34 条列举事项，因而侵犯了属于条例的权限时，政府可以请求宪法委员会宣告法律违宪，因而不能执行。宪法第 41 条第 1 款规定，在立法过程中，如果发现某一提案或修正案不属于法律范围，政府可以不予接受。宪法第 37 条第 2 款规定，政府对于用法律规定的属于条例的事项，经咨询最高行政法院的意见后，可用命令予以改变。王名扬. 法国行政法. 北京：中国政法大学出版社，1989（5），141-142.

数国家其实都缺乏有力的制度支撑。

　　其次，权力来源角度。在我国，包括金融监管权的准立法权权能在内的行政立法权，均来自立法机关的授权，而非行政机关拥有的固有职权。根据《中华人民共和国宪法》、《中华人民共和国组织法》和《中华人民共和国立法法》的规定，国务院制定行政法规，必须以宪法和法律为根据；各部委制定行政规章要以法律和国务院的行政法规、决定、命令为根据；省、自治区、直辖市的人民政府制定地方政府规章，要以法律、行政法规和本省、自治区、直辖市的地方性法规为根据；省、自治区的人民政府所在地的市和经国务院批准的较大的市的人民政府制定地方政府规章，要以法律、行政法规和本省、自治区的地方性法规为根据。这些"根据"不仅要根据上位法的具体授权，还要根据上位法的精神与原则，不得与上位法相抵触。可见，包括金融监管权的准立法权能在内的行政立法权的法律依据，最终均来自宪法的规定。因而在形式上，行政立法权似乎确实是宪法赋予行政机关的固有职权。但由于在我国，制宪机关与立法机关是重合的，因而宪法关于行政立法的规定，实际上还是来源于立法机关对行政机关的授权。由此决定，宪法关于行政立法权的规定，并非行政机关拥有立法权的法律依据，相反，恰恰是立法机关行使立法权的有力明证。这充分表明，正是因为立法机关拥有立法权或者说立法所有权，立法机关才既能够自己行使，又可以通过在宪法以及其他部门法中进行一般授权，进而形成中央立法和地方立法、权力机关立法与行政机关立法并存的多重立法格局。

　　最后，权力主体角度。包括金融监管权的准立法权能在内的行政立法权，由立法机关授权行政机关行使之日起，就已从立法机关的立法权中剥离出来，"成为行政武库的主要武器"①。这既是政府监管制度发展演变的结果，也是行政权不断扩张的产物。行政权的扩张不仅意味着其在传统的行政范围内，依行政固有属性增强其管理事项的量度，而且在于它已超出行政原有的属性大举侵入立法领域和司法领域，取得了通过委任立法而得来的行政立法权和裁判纠纷的行政司法权。面对民众越来越强烈的建立有为政府的要求，权力的统一代替权力的分立，逐渐成为西方国家的制度选择。无论是英国的责任内阁制，还是美国的授权立法制，都体现了这种立法机关与行政机关走向协调的趋势。② 但应当明确的是，行政机关以效率

---

　　① 〔美〕伯纳德·施瓦茨. 行政法. 徐炳等译. 北京：中国大百科全书出版社，1997：29.
　　② 〔英〕维尔. 宪政与分权（中译本）. 北京：生活·读书·新知三联书店，1997：249-278.

为主及其灵活性的特征使它可以轻松地向立法权、司法权扩张，而立法机关、司法机关以公平为主和严格的程序性特征，却使相反的渗透不可能。① 不仅如此，与行政权的扩张在西方国家呈渐进自主变迁趋势显著有别的是，行政立法权在我国的出现，却并非行政权与立法权之间长期博弈、协商的结果，而是立法机关囿于经济社会生活的变迁而主动作出的安排。但无论怎样，行政立法、行政裁决、行政复议等新的行政权行使方式的出现，不仅使现代行政权成为一种整合性的权力，而且使行政权与立法权、司法权的融合成为国家权力结构变革的发展方向。这种融合，使得行政立法原本具有的立法权性质在人们的意识里渐渐淡化消弭，并终于在今天，成为行政机关运用行政权进行行政管理和经济社会治理的最主要、最核心的形式。

所以，不管金融监管权的权能如何扩张，不管金融监管权的形式如何多样，非但没有从根本上改变其行政权的性质，相反，只是再一次有力地印证了，包括金融监管权在内的"行政职能的扩张为当今各国的共同现象"②。

3.3.2　功能认知：金融监管的正当性拷问

在最大限度地增进公民的自由和福利已经成为现代法治至高价值追求的今天，金融监管这一本质上是公权力对市场主体权利进行干预和限制的制度，其存在于法秩序中的意义与价值何在？在市场经济体系高度发达、金融全球化条件高度成熟的经济中，为什么还需要金融监管制度的完善？笔者以为，厘清这些问题，不仅事关金融监管制度的现代价值体认和现代品格塑造，而且是在更广泛的意义上回答政府监管与市场机制之间关系时所不可回避的永恒课题。

就此，诸多有识之士从各自的立场，对监管制度加以阐释，其中两个极具代表性而又针锋相对的学说是"公共利益理论"和"管制俘获理论"。"公共利益理论"认为，政府监管的目的是控制被管制的企业对价格进行垄断或者对消费者和劳工滥用权力，政府可以代表公众对市场作出一定的理性计算，这一管制符合"帕累托最优"的原则，它不仅在经济上是富有成效的，而且促进了整个社会的完善。③ 在此基础上，以斯蒂格利茨为代

---

① 王锴. 我国行政立法性质分析. 重庆社会科学，2006（3）.

② 王名扬. 法国行政法. 北京：中国政法大学出版社，1989（5），序言.

③ Herbert Hovekamp："Regulatory Conflict in the Gilded Ages-Federation and the Railroad Problem." 1986，*Yale L. J.* pp. 1061-1072.

表的福利经济学派进一步提出：因受制于信息不完全与市场不完全两大不可能根本消除的因素，市场必然存在垄断性、外部性、内部性以及公共产品等多方面的失灵现象，从而为政府以"看得见的手"干预市场、提高整体福利水平提供了空间。为此，斯蒂格利茨还对政府在征税权、禁止权、交易成本等方面的干预优势作了详尽的归纳。与此相反，"管制俘获理论"则认为，"俘获"政府监管即促使政府进行管制的，是财力雄厚或者有助于政治选票的利益集团，政府监管与其说是为了社会公益的目的，毋宁说是特殊的利益集团"寻租"的结果。因此，管制无助于解决市场既有的问题，还会导致社会财富的浪费，对整个社会而言有害无益。① 以拉弗尔为代表的公共选择学派、以科斯为代表的产权学派、以加尔布雷为代表的新制度学派、以布坎南为代表的公共选择学派等新经济自由主义学者，纷纷对"管制俘获理论"表示了有力的支持。在他们看来，资源配置只能由市场来执行，任何市场以外的力量不能代替市场的作用；即使市场本身具有难以克服的缺点，但纠正市场缺点的唯一办法在于产权明晰等措施；政府本身也有不可克服的致命缺陷，存在所谓"公共失灵"或者"政府失灵"的问题，因此，政府对市场的任何干预都是一件坏事而非好事。②

　　显然，上述主张争论的焦点仍然集中在金融监管的正当性问题上，即市场是否需要金融监管，监管是否有益于社会福利的增长？上述观点实际上是不同思维视角和理论进程的反映。客观地说，"管制俘获理论"及其支持者们对"公共利益理论"及其发展——"市场失灵理论"的批判确有其深刻合理之处。"公共利益理论"虽然敏锐地发现了市场经济自身存在的不足，然而它在由此说明政府监管的存在根据时缺乏严密的逻辑推理，因为市场失灵并不能够当然地推导出国家干预作为替代机制。③ 更何况"政府失灵"或者"公共失灵"现象的存在，也是不争的事实。不仅如此，"公共利益理论"对于替代市场机制的政府监管会比市场机制效率更优，也缺乏有力的证明。因此，"公共利益理论"及其所倡导的政府监管招致诸多批评置疑也就在情理之中。

　　但是，事实胜于雄辩。通过对金融全球化进程中金融监管理论的变迁和制度的演进，尤其是对东南亚各国在金融危机爆发及其防范中的金融监

①　〔美〕理查德·波斯纳. 法律与经济分析. 蒋兆康译. 北京：中国大百科全书出版社，1997：475-476.

②　许成钢. 法律、执法与金融监管——介绍法律的不完备性理论. 经济社会体制比较，2001（5）；盛学军. 政府监管权的法律定位. 社会科学研究，2006（1）.

③　同②.

管行为的分析，我们其实已经不难发现：作为以生产传递信息和风险分担为主要功能的金融市场，大量与信息和外部性相关的市场缺陷为政府在金融市场中的介入奠定了基础。虽然金融全球化的理论与实践已经证实，金融体系市场化和自由化程度较高的国家具有较高的金融效率和经济增长水平，而金融体系内政府干预和政府管制较为强烈的经济中的金融效率和经济增长速度则受到抑制；但是，并没有任何理论和实践可以证明，金融体系不需要任何政府介入，金融效率和经济增长可以建立在完全排斥政府行为的自由放任基础之上。虽然在不同历史阶段和不同社会制度以及文化背景的国家中，关于政府的理念千差万别，但作为一种由人们的自愿合作（voluntary cooperation）而形成的旨在最大效率地达成某种经济和社会目标的制度形式，政府在社会经济发展中承担着重要的制度功能。

对此，即使是对"无形之手"（invisible hand）的市场机制作用极为推崇的古典经济自由主义学派创始人亚当·斯密①，在其被经济思想史学界一致公认为现代经济学开端的《国民财富的性质与原因的研究》（*An Inquiry into the Nature and Causes of the Wealth of Nations*，1776）中，也并没有简单地反对政府。相反，斯密的著作一直将政府视为发挥"秩序赐予功能"（order－bestowing functions）的核心力量，市场的成长与劳动分工的扩展诚然是文明社会许多利益的来源，同时它们又有可能是许多内在危险的源泉，而这些危险则有赖于立法者（政府）来加以避免，有赖于政府运用必要的手段来克服市场的消极后果维持市场的秩序，这不仅是作为"看不见的手"的市场机制正常发挥功能的最起码的先决条件，而且是一个商业社会赖以运转的最重要的制度，因为政府（国家）所提供的权威与安全是"人类自由、理性和幸福"得以旺盛成长的必要条件。即使政府并不承担诸如强制执行关税、工资率控制以及其他贸易管制措施，政府

---

① 有学者指出，关于斯密的"看不见的手"的比喻，在 1960 年，被解释为"市场价格机制通过作为看不见的手的作用而创造一般均衡"。但人们没有注意到，斯密所有的著作其实都对以"无形之手"所比喻诠释的"自由放任"（*laissez-faire*）持反对态度。参见 Jan Peil（1999）：*Adam Smith and Economic Science：A Methodological Reinterpretation*，Edward Elgar Press, p. 9. 不仅如此，在亚当·斯密所有的著作里面，提到"无形之手"只有三次：一次是在《道德情操论》（Ⅳ）（1759）里面，另一次是在《国富论》（Ⅳ）（1776）里面，第三次是在《天文学史》（1795）里面，学者 S. Ahmad 认为还有第四个"无形之手"，因为他发现至少在《道德情操论》里面，"无形之手"具有两种不同的功能。在这些论述里面，斯密并不是将"无形之手"作为自然秩序（natural order）的阻碍者和扰乱者，相反，而是视为自然秩序的维持者和执行者。S. Ahmad："*Adam Smith's four invisible hand*". History of Political Economy, 1990（22），p. 137. //王曙光. 金融自由化与经济发展. 北京：北京大学出版社，2004：11-12.

的规模和功能也将随着商业社会的发展而不断扩展。由此决定，商业社会本身的利益要求一个大的政府，而一个运转良好的市场经济所生产的财富将使政府带来的经济负担变得可以承受。①

而在 20 世纪的经济学家中，哈耶克也许是坚持经济自由主义最彻底和影响最大的学者了。在哈耶克看来，自由主义的精髓在于最大限度地运用竞争力量，但是经济自由主义并不否认（有时甚至是强调）为有效促进竞争和维护经济秩序（economic order）而需要精心设计的法律框架。②这是因为，竞争本身需要大量的政府行为支持以使竞争更加有效，政府在提供竞争赖以运作的法律框架（合约缔结的法律与维护产权的法律等）方面扮演重要角色。因之，同斯密一样，哈耶克亦极力强调经济自由主义中经济秩序的重要性，并在其 1949 年出版的《个人主义与经济秩序》（Individualism and Economic Order）一书中，把"竞争在一定政府行为下将更加有效和更加有益"奉为理解经济自由主义的"第一通则"③。

如果说哈耶克和斯密对于自由经济中政府作用的看法，更多的是基于一种消极的立场，即将政府视为维持自由经济正常发展秩序的不得已的制度安排的话，那么，被奉为西方经济自由主义"教父"的弗里德曼对于政府作用的认识，则要积极、深刻得多。在他看来，由于政府在自由经济运行中起着所谓"规则制定者"（role of rule-maker）的作用，即政府通过立法程序确立了经济运行和市场竞争的"游戏规则"（rule of the game），因而与其说政府是经济秩序的维持者，毋宁说政府的存在本身，就是竞争性市场正常运行和经济持续繁荣不可或缺的重要制度因素。④ 当然，由于政府天然具有的利维坦本性，这种规则提供者不能作为"经济游戏的选手"（player in the economic game）直接介入经济运行，也不能制定规则妨碍竞争主体的正当市场行为。⑤ 由于与"市场失败"（market failure）一样存在着"政府失败"（government failure），因此他主张"实践中的有

① Adam Smith（1976）：*An Inquiry into the Nature and Causes of the Wealth of the Nations*，Oxford University Press，pp. 802-803.
② Friedrich A. Hayek（1944）：*Road to Serfdom*，University of Chicago Press. pp. 38-42.
③ F. A. Hayer（1957, 2ed edition）：*Individualism and Economic Order*，The University of Chicago Press，Chapter 6，"Free" Enterprises and Competitive Order，pp. 107-118. //王曙光. 金融自由化与经济发展. 北京：北京大学出版社，2004：14.
④ Milton Friedman（with the assistance of Rose Friedman）：*Capitalism and Freedom*，Introduction，Chicago，University of Chicago Press，1962.
⑤ Milton Friedman（with the assistance of Rose Friedman）：*Capitalism and Freedom*，Introduction，Chicago，University of Chicago Press，1962. Ch. 2.

限政府"（limited government in practice）。

而金融全球化的实践和经济发展的现实更是充分表明：金融全球化的推进与政府作用密不可分，政府对金融市场的适度调控和对金融机构的谨慎监管，是维持金融秩序和防范金融系统风险的重要制度保障。正因为如此，在实现金融全球化程度较高且金融体系较为稳健的经济中，金融市场中也存在着大量政府介入和政府监管；而金融危机频繁的经济也并非仅仅由于政府干预过多所造成，部分金融危机的发生甚至正是源于金融监管的放松或者废弃。为此，诺贝尔经济学奖得主、长期任职美国政府高层的斯蒂格利茨在其 2002 年出版的"Globalization and Its Discontent"中，以严谨的理论逻辑和详尽的历史事实，对"华盛顿共识"进行了深刻的驳斥，指出：华盛顿共识是 IMF、世界银行和美国财政部针对发展中国家发展战略所达成的政策共识，核心是无所顾忌的私有化、贸易自由化和金融自由化。不仅如此，斯蒂格利茨特别警告中国："资本市场自由化，意味着旨在控制热钱忽来忽去的一切措施都要被连根拔起。热钱不过是赌汇率波动的短期借贷资金，这些投机资金绝不会去建立工厂、创造就业。"①

可见，问题的根源在于政府对金融体系干预和介入的方式与途径。政府干预和管制的正确设计可以提高政府行为的质量，弥补金融市场中的市场失败，降低金融体系系统性风险的概率。因此，有关金融监管正当性争论的关键，并非在于金融监管是否必要，而是在于如何妥适地设计合宜的监管制度安排并合理地付诸实施，以在金融全球化的进程中实现政府对金融市场的有限而有效的正当干预。

3.3.3　效率溯源：良好金融监管的原则

拉美与东亚国家金融全球化的经验和教训，使人们深刻地认识到，完美的市场和完美的政府都是不存在的，适度的政府管制在为整个经济运行提供法律支持、保护产权和维持竞争秩序以及提供公共产品以克服市场失灵等方面，都是非常重要的，必须的制度安排。但是，政府干预过度或者不适当，不仅会导致政府行为的扭曲，妨碍市场竞争机制的运行，而且会进一步恶化金融体系和经济体系赖以运行的制度环境，从而对经济发展造成严重危害。正因为如此，亚当·斯密、哈耶克、弗里德曼三位宣传倡导经济自由主义的经济学大师一方面强调，一个完全自由的社会的自我管理

---

① 　向松诈. 坚守金融业制高点. 中国证券报，2007-06-11.

(self-regulating) 会对"经济秩序"带来最大威胁；另一方面，又都对政府行为对于竞争性市场的不适当直接介入以及政府对于自由社会的阻碍与扭曲提出了严重的警告。所以，能否合理配置金融监管权，确保政府对金融市场监管的适度和有效，是决定一国能否成功应对金融全球化挑战的关键所在。为此，国际组织以及各国政府纷纷就良法善治尤其是良好政府监管的实现，提出了各自的标准和原则。①

OECD 的研究报告认为，良好的政府监管意味着监管必须遵循以下8条原则：（1）政府监管必须服务于明确的政策目标，并且有助于这些目标的实现；（2）监管需要具备良好的法律基础；（3）监管的社会成本必须是正当的，监管带来的社会收益应大于给社会总福利造成的损失；（4）政府监管给市场带来的损害必须最小化；（5）监管要通过市场激励等机制促进改革与创新；（6）监管必须清晰、简明、实用；（7）政府监管必须与其他的监管、政策相一致；（8）政府监管必须尽可能地与国际上的竞争、贸易和金融投资规则相互协调。报告认为，评价一个政府监管政策的优劣，必须以这8条原则为准，符合这些原则的政府监管才是良好监管。

美国全美咨询中心将良好监管的原则归纳为以下5条：（1）独立：政府监管规则的制定与执行必须客观、中立、没有偏私，不可为某个利益集团所左右；（2）开放：政府监管必须为公众所知，公众应有机会参与政府监管过程；（3）有效：监管同样需要追求高效率，最小投入、最大收效是良好监管行为的标志；（4）清晰：监管目标必须清晰，监管规则必须容易理解；（5）可靠：政府监管必须建立在充分研究和实践的基础上。

澳大利亚研究者对于良好监管原则的分类更加细致，一共列出了10条标准：（1）简明：监管条文应该尽量简明，繁文缛节只会给公民带来痛苦；（2）公共利益：监管解决的问题多于它所造成的问题；（3）尊重公民权益：监管应该尽量不给公民的生产和生活带来负面影响；（4）基本生活质量：监管必须经受公民的检验，以证明其没有给公民自由造成不正当的损害；（5）透明：公民能够容易地得到有关监管的信息；（6）合乎理性：监管必须有理性的目标与考量；（7）实用：监管必须是可以付诸实施的；（8）实时要求：监管必须服务于现实需要，不能与时代脱节；（9）权衡得失：监管的实施必须权衡后果，收益必须大于成本；

---

① 张成福，毛飞. 论政府管制以及良好政府管制的原则. 北京行政学院学报，2003（3）.

（10）政府为公民服务：官僚组织的行为必须为公民排忧解难，监管必须服务于公民。

英国的研究者认为，良好的政府监管必须遵循 5 条原则：（1）透明：监管必须简单易懂，做到目的明确、规则清晰、语言表达通俗；（2）责任性：监管的制定者与执行者必须向政府与公众负责，被监管者也必须为其行为负责；（3）目的性：监管必须聚焦于问题，尽量减少副产品；（4）协调：监管规则必须与现有的、可预见的其他规则以及国际上的相关规定相协调；（5）比例原则：监管要对准问题，而不要盲目"扫射"，监管规则要时刻接受检验，因监管而遭受损失的最坏处境者应得到补偿。

虽然各国的政府监管体制与监管改革内容各有千秋，但对于良好监管的理解基本上还是趋于一致的，即良好的政府监管乃是真正实现经济效益与社会公正价值的高质量监管。有鉴于此，结合世界各国金融监管权配置的改革发展趋势，笔者以为，全球化视野下的金融监管权配置，应当坚持必要、有效、透明、诚信、协调、责任 6 项原则。[①]

（1）必要（necessity）原则。金融监管必须是必要的而非多余的，金融监管必须有其存在的必要理由。英国研究者认为只有在四种情况下才视政府监管为必要选择：一是有充足的证据证明市场失灵的确存在；二是无监管、联合监管等监管替代措施均无充分效力；三是监管确可避免市场失灵；四是监管是现有最有效选择之一。[②] 金融监管存在的意义在于弥补金融主体行为的有限理性，消减金融市场信息不对称而导致的市场失灵的危害，而并非完全代替金融主体的选择与市场机制。如果金融监管所干预的是正常的市场交易与金融主体选择，其结果往往是造成金融压抑，造成社会总福利与金融主体权益的损失。所以，必要的金融监管应当是问题指向的金融监管，是有的放矢的金融监管，是具有明确且正当的金融政策目标与真实存在的监管标的问题的监管。随着时间的推移与目标问题的解决，当部分金融监管的目的已经实现或者已经过时，丧失了其存在的必要性，成了"多余"的监管，就应当及时采取措施予以纠正，或者放松乃至于取消这部分金融监管，或者更新金融监管的方式和手段。所以，对于金融监管的必要性，应当经常进行检查，以保证必要监管的实现。

---

① 曾筱清. 金融全球化与金融监管立法研究. 北京：北京大学出版社，2005：171-172.

② Office of Regulation Reform, Principles of Good Regulation, http://www.dsrd.vic.gov.au.

（2）有效（validity）原则。有效原则既强调金融监管的过程，又注重金融监管的结果，良好的金融监管必须是行之有效的监管，必须是过程的高效率与结果的高效益并重的金融监管。实践表明，金融监管失败的原因，往往源于监管有效性的丧失，尤其是监管执行有效性的缺乏。如果缺乏有效的执行过程，金融监管就不仅与效率而且与效益无缘。英国监管改革办公室的研究报告认为，有效的监管执行主要来自有效的执行体系、直接的执行方式与绩效导向。[①]

所以，实现良好金融监管，首先需要建立有效的监管执行体系。一个能够选择正确战略、有效完成执行任务的监管执行体系是实现良好金融监管的必要条件，而有效的监管执行体系的建立有赖于监管机构权威性的确立。为此，在强调监管"有限"的同时，还应强调监管的"有为"，既要给监管机构"瘦身"，缩减部分监管职能，放权于市场，将本该由市场机制调节的领域和事项还给市场，防止监管过度和监管滥用现象的发生；又要给监管机构加压，强化、健全和完善某些监管职能，将市场机制无法调节或者不能调节的领域和事项纳入监管视野，杜绝监管真空和监管漏洞的出现。

其次，良好的监管应当选择最直接的方式（the most direct approach）解决监管目标问题，与间接的解决途径相比，最直接的解决方法既效果明显又成本最小。而最直接解决方法的选取，必须以充分的监管信息为基础。信息的获取与传播是监管效力的核心之一[②]，正如美国著名政治家、思想家詹姆斯·麦迪森所指出："一个民选政府如果没有广泛的信息或是没有取得这些信息的方法，那么它只能是一场闹剧或悲剧的前奏或者可能二者兼而有之。知识将永远统治无知；因而准备成为他们自己主人的人们一定要用知识所赋予的力量武装自己。"[③] 金融监管施行的目的之一，就在于克服金融市场信息的不完全性，信息的缺乏往往是导致监管失败的原因，因而监管的效果如何，很大程度上取决于监管是否减轻了市场讯息的不完全。无论是监管政策的确定，还是监管规则的制定，抑或监管方式的选择，都必须以充分的信息为前提和依据，不仅监管施行过程需

①　Office of Regulation Reform, Principles of Good Regulation, http://www.dsrd.vic.gov.au.

②　M. E. Beesley. *Privatization, Regulation and Deregulation*. Rouledge, 1997. //张成福，毛飞. 论政府管制以及良好政府管制的原则. 北京行政学院学报，2003（3）.

③　Philip. J. Cooper. *Public Law and Public Administration*. 2nd Edition, Prentice Hall, Inc. Englewood Cliffs, New Jersey, 1988, p. 311.

要不断的信息反馈，而且监管效果的评估也需要以充分的信息为基础。从某种意义而言，金融监管的整个过程就是一个信息收集、整理、转化、反馈的过程，信息的不充分、不完全、失真、扭曲、迟滞都会导致监管的失效和失灵；良好的金融监管需要在监管的各个环节上保证信息的充分与真实以及信息流通渠道的畅通。而只有在开放的监管制度保证与发达的监管技术支持下实现金融监管的信息化，良好金融监管的目标才有实现的可能性。

总之，良好的金融监管应当是绩效导向的监管（performance-oriented regulation）。与合规性监管（prescriptive regulation）相比，绩效导向的金融监管更为强调风险的防范，更为注重监管的效率，更为重视成本与收益的核算。而对监管效益的强调，正是巴塞尔新资本协议所倡导的评定监管优劣的关键性指标。

（3）透明（transparency）原则。亦称为开放（openness）原则，金融监管的透明性意味着监管规则制定过程与监管规则执行过程的透明化与开放化。封闭式的监管模式往往导致低效与腐败，而开放性则可以保持监管的健康与高效。政府监管是现代民主国家实现善政的工具之一，良好的监管治理（good regulatory governance）首先以开放性为特征。[1] OECD在考察了加拿大的监管改革之后指出，一种富有开放性的监管文化（regulatory culture）是良好监管的特质。[2] 因而"通过法规或行政规则而预先规定实施行政目的的方式方法，将该机构的典型运作方式公之于众"[3]，不仅可能，而且成为发达国家实现良好政府监管的诉求。金融监管服务于公共利益，监管如果没有实现透明化与开放性，金融监管就难以置于金融机构与社会公众的有效监督之下，从而使得金融监管既难以体现公共利益与金融机构意愿，又不能及时综合各方信息以减少疏漏，良好监管也就无从谈起。[4] 因此，金融监管的全过程都必须实现透明化，金融监管规则的制定过程必须广泛听取金融机构以及社会各阶层的意见；监管政策的出台与执行必须要杜绝"暗箱操作"，而应向全社会公开，接受金融机构和社会舆论的监督；金融机构和社会公

[1]　OECD. OECD Report on Regulatory Reform. OECD Praises Canada's Regulatory Reforms and Encourages Sustained Momentum，OECD Report Cites New Regulatory Challenges in Mature and Innovative U. K. Regulatory Environment，http://www. oecd. org.

[2]　同[1].

[3]　〔美〕E. 博登海默. 法理学：法律哲学与法律方法. 邓正来译. 北京：中国政法大学出版社，2004：370.

[4]　徐孟洲，侯作前. 市场经济、诚信政府与经济法. 江海学刊，2003（4）.

众有合法、顺畅的途径参与监管规则的制定与执行过程；监管结果必
须真实地公之于众。

（4）诚信原则（faith）。诚信原则最早系民法的基本准则，并有帝王
原则之美称，随着社会发展而逐渐为行政法普遍接受，进而同时成为行政
法和政府监管的基本准则。市场经济是信用经济，诚信更是金融市场的立
命之本。监管者因其诚信而引导市场的发展方向，并确保市场在有序、规
范中运转；金融机构因诚信而赢得存款人和投资者的青睐，使金融市场有
了稳健运行的基础；存款人和投资者则因为处在可充分信赖的监管体系和
市场环境中，才拥有了评判价值高低的基石，从而在分享"高风险，高收
益"的金融业发展所带来的收益的同时，建立起对金融市场的信任和信
心。反之，监管诚信的丧失和金融信用的缺失，不仅使金融市场的发展举
步维艰，而且往往成为引发金融危机的导火索和催化剂。1997 年 7 月泰
国金融风暴的迅速升级、蔓延，终于在东南亚地区演变成灾难深重的金融
危机，就是监管信用危机引发金融危机的惨烈例证①，可以说，金融危机
在很多情况下实质上就是一种信任危机。② 因此，良好金融监管应当坚持
诚信原则。首先，监管规则应力求简明，而非越多越好、越细越好，过多
过细的监管规则只能给社会公众和金融机构带来痛苦，并对监管政策的执
行制造障碍。良好金融监管制定的监管规则应力求条文简洁、表述准确、
意义明晰、通俗易懂，尽量避免规则重复，防止出现规则漏洞或者产生理
解歧义，以达到既有利于监管的实施又方便社会公众和监管机构的理解。

---

① 近些年来，美国经济高速增长，美元对世界其他货币的比值大幅度升值，而泰国等东南
亚各国由于对经济结构不合理，经济增长质量不高，泰铢存在着高估的现象。但由于公
众对泰国政府和中央银行的强力干预满怀着期待与信任，仍然一直保持着对泰铢的信
心。1997 年 7 月，泰国政府突然宣布实行浮动汇率制，公众信心受到沉重打击，加之国
际投机商大量抛售泰铢并散布谣言，致使公众对政府干预的能力彻底丧失信心，金融监
管的公信力全面崩溃，不仅导致泰铢大幅度贬值，股市大幅下挫，而且这种信心危机迅
速蔓延、传到亚洲其他国家和地区。金融风暴所到之处，公众惶惶，政府惶惶，无论
当局如何竭尽全力，都无法挽救公众兵败如山倒的信心和预期。由于对金融监管诚信的
丧失，公众对于监管当局所作的种种努力根本不作配合，而是按照自己的预期纷纷采取
自我保护措施，不仅使当局的救市政策有如螳臂挡车，而且对金融危机如同火上浇油。
金融风暴就这样在金融监管诚信的丧失和蔓延中深化、升级，最终演变为东亚金融危
机。到 1997 年 10 月份，东亚金融危机涉及欧美股市。在 10 月 23 日，纽约股市日跌幅
高达 72%，日跌点数超过 1987 年 10 月 19 日"黑色星期一"股市暴跌的点数。同日，
东京、伦敦、巴黎、法兰克福等地的股市均大幅下跌，连拉美股市也遭受大幅下挫。这
些地区股市的震荡和下跌都源于东亚金融危机。金融危机导致人们对这些国家的监管能
力和经济前景变得悲观和失望，争相抛售手持的当地股票，进而影响全球股市的人气。
② 林平. 银行危机监管论. 北京：中国金融出版社，2002：49.

其次，监管规则应保持相对稳定性，不能朝令夕改，令金融机构、存款人、投资者和社会公众无所适从。制度经济学认为，人类在与他人的交往中受制于两种知识的不足：一是关于未来人们只有不确定的知识，二是人们在了解资源、潜在交易伙伴及他们的精确特征上具有"横向不确定性"。制度恰恰具有减少世界的复杂性、简化"识别负担"（cognition task）的关键功能，使复杂的人际交往过程变得更易理解和更可预见，从而减少交易成本，提高效益。但是，如果制度不稳定，缺少可信赖性，那么，制度的执行成本就会大大提高。① 因此，监管制度和监管规则的稳定对于金融监管的有效有着不可或缺的重要价值和作用。最后，监管机构的监管行为必须符合理性，不得做出主次颠倒、得不偿失、劫贫济富等非理性行为。对于已经依法实施的监管行为，监管机关应维持其法律效力，不可随意撤销或者变更。若因监管行为所依据的法律、法规、行政规章修改或者废止，或者监管行为施行所依据的客观情况发生重大变化，为了公共利益和监管目标的需要，监管机构可以依法变更或者撤回已经生效的监管行为，但由此给社会公众和金融机构造成损失的，监管机关应当依法给予补偿。

（5）协调原则（harmonization）。现代政府监管涉及的领域相当广泛，监管规则之间相互联系、监管机构之间互相配合，形成了一个庞大的监管体系。监管之间的重叠与矛盾、监管规则与现行法律、政策之间的冲突往往是监管失灵的主要原因。因此，良好的政府监管要求监管体系内部、监管体系与现行法律、政策体系间的兼容与协调②，金融监管当然也不例外。具体而言，良好金融监管的协调性原则主要表现在以下几个方面：一是新的监管规则必须与现行的其他监管规则相协调，同一行业或领域中的监管规则不得相互矛盾，不同行业或领域中的监管规则力求相互兼容；二是监管规则必须与通行的国际监管规则相一致，这是监管协调原则在金融全球化时代的必然体现；三是监管机构之间尽量避免功能重叠，力求权限职责相互协调；四是监管机构在实施监管政策过程中应防止重复监管、避免权力冲突，保证各监管机构之间的协调合作关系。监管体系内部的协调一致与体系内外的和谐互动是实现良好金融监管的必要条件。

（6）责任原则（obligation）。权利与义务、职权与职责相统一，是现代法治的应有之义。依法实施金融监管，既是监管机构的职权，也是监管机构在法治时代所必须履行的义务和职责。因而加强监管约束，强化监管

---

① 徐孟洲，侯作前. 市场经济、诚信政府和经济法. 江海学刊，2003（4）.
② 张成福，毛飞. 论政府管制以及良好政府管制的原则. 北京行政学院学报，2003（3）.

责任，加大监管责任追究力度，保持金融监管中的权责统一和均衡，不仅是法治原则在金融监管领域中的必然要求，而且是各国金融监管实践所证明、建立良好金融监管所必须遵循的原则。为此，首先应当完善监管救济制度，畅通监管救济渠道。具体包括：第一，监管司法救济制度。这是最主要的、具有宪法意义的监管救济途径。司法救济的实质在于以司法权制约金融监管权，其理论基础是宪法上的分权制衡原则。在现代宪法国家，包括金融监管权在内的行政权原则上都要受到司法权的制约。同时，由司法权的被动性、中立性、最终性等特点所决定，司法救济也往往是实现法治秩序的最后屏障。第二，司法外救济。由于司法救济具有费时耗力、成本高昂等缺陷，为了保证救济控制的综合效能，在司法救济这一主要的监管救济途径之外，不少国家还创设了其他一些辅助性的救济途径，主要有：行政救济制度（狭义）、行政监察教导员制度、立法机关的个案救济制度等。其次，应当建立监管侵权责任赔偿制度。政府要以公共利益为依归①，政府监管的目的在于实现公共利益，提高全社会的福利总量，在监管过程中不可避免地要损害部分公民的权益。英国研究者提出补偿最受损失者原则，旨在最小化监管带来的社会成本，这与罗尔斯的正义原则相契合，自然也是良好政府监管，包括良好金融监管应当坚守的价值选择和监管原则。

3.4　结论：全球化进程中金融监管作用的理性审视

通过上面的分析，我们发现，绝大多数的银行危机发生在金融全球化以后，两者在时间上存在着先后性，银行危机或金融危机似乎与金融全球化是一对孪生兄弟。但是，这并不意味着，金融全球化必然会带来银行危机或者金融危机。金融全球化虽然导致金融体系脆弱性的加剧，但这只是增加了金融机构遭遇风险的机会，完善有效的金融监管体系则会将金融危机爆发的概率降低到最低。比如，欧洲股市规模比拉美、中东及非洲国家的总和还要大得多②，为什么这些年来金融投机家未能在那里造成灾难性的后果，引起大的金融和经济危机？因为欧洲除了经济基础本身较好外，

---

①　徐孟洲，侯作前. 市场经济、诚信政府与经济法. 江海学刊，2003（4）.

②　statista 及 globaleconomy 统计数据. https://www. statista. com/statistics/323113/distri-bution-of-the-security-services-market-worldwide/；https://www. theglobaleconomy. com/rankings/stock_market_turnover_ratio/，[2022-08-06].

金融体制和金融监管法律健全也是重要因素。这并不是说欧洲不存在发生金融危机的风险，而是说欧洲主要市场有着较强的经济制约力和健全的金融监管体系防范金融风险。再如智利，1991 年智利实行资本储备金制度，规定所有外来资本必须将其中 30% 无息存入其央行一年，这对于长期资本来说，投资成本略有增加；但是对于短期投机资本来说，成本较高。由于近 1/3 的资本受央行直接管理，投机者不敢轻举妄动，因此，在 1994 年年底墨西哥发生金融危机时，作为近邻的智利却安然无恙，个中缘由正如智利圣地亚哥大学的格里高利教授所指出的："外资对智利的投资并未因资本储备金制度而减少，只是结构上起了变化，短期资本受到限制，长期投资一直在增长。同时，政府有更大的余地执行货币政策，比如在保持高利率时，不用担心外资大量涌入，也不用担心本币过度贬值。"[1]

所以，金融全球化对世界各国都是机遇与挑战并存，一国经济增长的质量决定着国内金融环境与国际金融环境接轨成功与否。一国不能因为金融全球化存在风险而拒绝融入金融全球化的进程，而是应在融入金融全球化的同时要加强有效的金融监管。IMF1997 年度报告指出，金融全球化对整个世界经济的繁荣起了重要作用，各国政府对于金融全球化采取的态度不应是抵制，而应该思考如何使它们的经济能从金融全球化中获益。[2] 实践证明，不受任何监管的全球化，只会加大金融风险与金融危机爆发的可能性。金融全球化需要在一个平稳、健康的金融环境中推进。如果实施金融全球化的市场条件较为成熟，在金融全球化的进程中又有健全而且行之有效的金融监管措施及防护性手段，金融全球化是能够产生良好的经济增长效应的。

因此，金融全球化与金融监管在本质上并不矛盾，金融全球化并不意味着金融活动可以不受任何来自政府的监督与管理。相反，金融全球化对金融监管提出了更高的要求，它需要各国政府在更高的层次上对金融监管制度作进一步的改进和完善，需要各国加强国际金融监管的协调和合作，来防止金融危机的传染效应。所以，问题的关键在于设计合宜的金融监管制度，确立良好金融监管的原则，提高金融监管的质量，以充分发挥金融监管在推进金融全球化进程中的优势与作用，在保障金融市场稳健运行的基础上，最大限度提高金融效率，实现金融资源的优化配置，促进金融业的高质量发展和经济的可持续增长。

---

[1]　Joseph J. Norton，A *"New International Financial Architecture?"-Reflections on the Possible Law-Based Dimension*，50 INTLLAW 891.

[2]　International Monetary Fund，23 Annual Report 1997（1997）.

第 4 章　考察反思：中国金融监管
运行实证分析

随着入世过渡期的完成，中国金融业已经实现对外开放，中外金融机构在金融市场上享受同等国民待遇，展开激烈的市场竞争。这种开放的竞争环境和全新的竞争格局，对我国金融监管体制及其运行的有效性提出了严峻的挑战。而囿于监管理念的滞后、监管结构的失衡和监管治理的薄弱，我国现行的金融监管体制运行效率有限，不仅阻碍了金融机构在全球竞争力的提高，而且加剧了金融业的风险累积，一定程度上成为制约我国经济发展的"瓶颈"。因此，立足于金融全球化的立场，考察中国金融监管运行的现状，探寻其成因，分析其症结，无疑是重构全球化视野下中国金融监管体制的根本前提。

4.1　低效运行：中国金融监管运行的现状考察

金融全球化的实施，旨在通过解除金融压抑，提高金融体系的运行效率，促进经济增长。是故，金融体系运行效率的高低，已成为衡量一国金融全球化程度及其金融监管现代化的重要指标。而在我国，正是金融监管运行效率的低下，不仅使我国金融机构缺乏应有的国际竞争力，而且导致金融风险隐患的激增，从而成为影响我国金融稳定乃至影响国家安全的重大突出问题。

4.1.1　竞争力低下：中国金融监管低效运行的表征之一

在经济全球化、金融一体化、市场开放化不断发展的大趋势下，金融机构国际竞争力的强弱，不仅是有效防范金融风险的根本途径，而且已成为一国金融监管运行效率高低的主要表现形式。为此，近年来不少国家开始把改善金融业运行的效率、增强其竞争力作为金融监管优先考虑的目标。如英国在 1998 年推出的《金融服务市场法案》提出的"好监管" 6 项原则中，确保并不断提高金融机构的竞争力，是实施金融监管以及选择新型监管方式所必须考虑的重要指南；FCA（英国金融行为监管局）明确将金融创新与提升金融服务业竞争力作为监管考量的目标[①]，政府更是特别要求"脱欧"之后必须致力于金融竞争力的提升。[②] 美国 2009 年出台的《金融监管改革：新基础》（Financial Regulatory Reform：A New Foundation）立足于 2007 年次贷危机的惨痛教训，开始对金融监管进行全面改革。而无论布什政府的"改革蓝图"还是奥巴马政府的"改革新基础"，归根到底都是服务于国家利益、修复金融体系、增强美国金融业的国际竞争力。[③] 同样，中国金融机构国际竞争力的不尽如人意，不仅在一定程度上凸显了金融监管机制的缺陷，而且成为影响我国金融安全与稳定的重大潜在威胁之一。

自 2001 年加入世贸组织以来，中国金融体制改革的力度明显加大，通过剥离不良资产，引进境外投资者并加速国有商业银行上市等改革措施大刀阔斧的施行，中国银行业改革已经取得一定的成效，不仅建立健全了银行金融机构体系，而且银行运行稳健程度明显提高。中国银监会 2007 年 1 月发布的统计数据表明，截至 2006 年 12 月末，商业银行不良贷款余额和比例继 2002 年、2003 年、2004 年、2005 年后连续第五年"双降"。截至 2020 年年末，全国商业银行不良贷款余额 2.7 万亿元，不良贷款比例 1.84%，比年初下降 0.08 个百分点。[④] 不仅如此，银行业综合盈利能力和防范风险能力也得到进一步提高。2020 年年末，全国银行业总资产同比增长 10.1%，较上年末提升 2.0 个百分点。其中，商业银行贷款占总资产比重回升至 55.2%，资金同业空转明显减少。2020 年，通过发行优先股、永续债、二级资本债等工具补充商业银行资本 1.3 万亿元，中小银行资本补充渠道持续拓展，风险抵御能力有所增强，全国商业银行资本充足率 14.7%，较年初提升 0.1 个百分点；地方法人银行经营总体稳健；东

---

① FCA 官方公报. https://www.fca.org.uk/firms/innovation/innovation-pathways，[2022-08-01].

② 路透社 https://uk.practicallaw.thomsonreuters.com/w-012-5194? comp=pluk&transitionType=Default&contextData=(sc.Default)&firstPage=true，[2022-08-01].

③ 景春梅等. 美国金融监管改革及其影响. 经济学动态，2010（8）.

④ 2006 年我国主要商业银行不良贷款实现持续双降. 中国金融网，[2007-01-21]；中国人民银行货币政策分析小组. 中国区域金融运行报告（2021）. 2021：13.

部、西部和东北地区法人银行资本充足率分别较上年年末提高 0.3 个百分点、0.8 个百分点和 1.0 个百分点，中部地区较上年年末下降 0.2 个百分点。[①]

　　基于银行业改革所取得的上述成就，许多评级机构提升了整个中国主权信用评级。[②] 2005 年，标准普尔宣布，鉴于中国政府对金融业的积极改革以及国有企业利润率的提升，正式调升中国主权信用评级；惠誉公司发表声明宣称，将中国的长期外币评级由"A−"上调至"A"，为惠誉评级体系中第六高的等级，使中国的外币评级与智利、希腊和韩国处于同一水平。2020 年 9 月，即使受到新冠疫情的冲击，穆迪依旧将中国长期本外币发行人的评级维持为 A1。[③]

　　但同时，我们不能不看到，我国银行在资本收益率、资产收益率、人均利润率等反映经营效益的指标排名中都属于中等水平。受《21 世纪经济报道》之邀，南方科技大学推出 2019 年亚洲银行竞争力排名。排名结果显示，来自中国、印度、日本、韩国、马来西亚、新加坡、泰国、中国香港地区、中国台湾地区的 244 家样本银行中，竞争力排名亚洲前 15 名的银行中，有 3 家中国香港地区银行，8 家中国内地银行，1 家印度银行，3 家日本银行，分布并不均匀。而收益排名前 15 中，虽有 9 家中国内地银行，但比 2018 年减少了 3 家。此外，收益排名前 15 中还有 3 家印度银行，2 家中国香港地区银行和 1 家泰国银行。经过走访分析，研究者发现，香港地区 3 家银行，即香港上海汇丰银行、花旗银行（香港）和中国银行（香港）之所以能够位列此次竞争力排名香港地区的前三位，且中国内地"四大行"跻身"总榜"前四，根本原因在于中国培育出了更加有利于发展银行竞争力的监管环境和市场条件；而部分银行资产回报率之所以尚不尽如人意，则主要源于现行监管体制的传统缺陷以及由此所导致的监管机制的运行不畅。

[①] 中国人民银行货币政策分析小组. 中国区域金融运行报告（2021）. 2021：14.

[②] 中国人民银行金融稳定分析小组. 中国金融稳定报告（2006）. 北京：中国金融出版社，2006：29. 资信评级是对个人、经济体与金融工具履行各种经济承诺的能力及可信任程度的综合评价。各家评级机构评级指标及其标识不尽相同，如"高品质"的长期债务等级，标准普尔标识为 AA+、AA、AA，穆迪为 Aa1、Aa2、Aa3。评级有所谓的"主权上限原则"，即凡是美国以外发行者的证券评级，均以所属国家政府信用等级为上限。在给公司评级时，评级机构主要考虑其偿债能力的因素，但对主权国评级，还需考虑政治、社会、文化等定性因素，如"政治局面的稳定性，社会和经济的凝聚力，与世界经济的整合程度"等.

[③] 穆迪新闻公报：https://www.moodys.com/researchdocumentcontentpage.aspx? docid=PR_432470，[2022−07−28].

　　至于证券业，随着 2005 年上市公司股权分置改革的顺利推进以及证券公司综合治理的全面展开，证券市场历史遗留问题逐步得到解决，证券市场基本稳定，投资者信心逐渐恢复，机构投资者投资规模增长迅速，投资者结构更趋合理。2005 年，合格境外机构投资者（QFⅡ）由原来的 27 家，经批准增至 32 家，批准外汇投资额度由 40 亿美元增至 54.95 亿美元，QFⅡ共持有证券资产近 300 亿元，占其总资产的 90％[①]；截至 2020 年，金融业准入负面清单正式清零，QFII 和 RQFII 投资额度限制取消；国际债券指数提供商彭博和摩根大通均已将中国债券纳入其主要指数，富时罗素也于 2021 年 10 月将中国债券明确纳入其主要指数。[②] 此外，通过对高风险上市公司的清查处置，仅在 2022 年前 8 个月，超过 40 家上市公司平稳退市，上市公司优胜劣汰格局初步形成。

　　不过，令人担忧的是，中国证券从业机构至今仍未走出"靠天吃饭"的困境，与国际大券商相比，中国券商的竞争能力和抗风险能力仍然明显不足。随着 2005 年证券市场的持续调整和市场融资功能的弱化，证券市场存在的各种问题开始充分暴露，沪、深两市股票指数分别在同年 6 月份和 7 月份降至低点，上证综指一度跌破 1 000 点；而 2006 年裹挟着大量违规信贷资金的 10 万亿元"流动性过剩资金"疯狂助推股市，重演"全民炒股"风潮而使全行业亏损的证券业在新一轮牛市中大赚 180 亿元的"繁荣景象"；而在经历 2015 年"股灾"和 2020 年年初暴发的新冠疫情的"催化"下，中国股市的持续波动更使中国证券市场的金融风险隐患日益凸显。有数据表明，2022 年全年 A 股主要股指均收跌。截至 2022 年 12 月 30 日收盘，上证指数收报 3 089.26 点，年下跌 15.13％；深证成指收报 11 015.99 点，年下跌 25.85％；创业板指收报 2 346.77 点，年下跌 29.37％。其间，从 7 月至 10 月，A 股市场更是出现了罕见的整体市值持续 4 个月下跌。沪指在 10 月 31 日触及 2 885.09 点，成为 2022 年下半年的市场底部。截至 10 月 31 日收盘，沪指收报 2 893.48 点，月跌幅 4.33％；深证成指收报 1 0397.04 点，月跌幅 3.54％；创业板指收报 2 265.08 点，月跌幅 1.04％。而作为 A 股第一高价股的贵州茅台，10 月股价环比跌幅更是高达 27.9％。[③]

---

① 中国人民银行金融稳定分析小组. 中国金融稳定报告（2006）. 北京：中国金融出版社，2006：53，46.

② 中国人民银行货币政策分析小组. 中国区域金融运行报告（2021）. 2021：14.

③ 钟国斌. 10 月 A 股收官 沪指跌超 4％. 深圳商报. 2022-11-01，A05 版；费天元. 调整蓄势 以待来年——2022 年 A 股市场盘点. 上海证券报. 2022-12-31，005 版。

4.1.1.1　金融体系竞争力理论与指标体系

从根本上说，金融体系竞争力的提高表现在两个方面：其一，金融体系自身能力的提高；其二，金融体系对经济发展的促进作用得以实现，两者缺一不可。如果一个国家或地区的金融体系具有竞争力，其金融体系一定是由发育良好的、国际化和一体化程度相当高的金融部门组成，健全的金融体系带来金融市场的高效率，合理而有效地配置金融资源，提高金融资源的配置效率，促进经济的发展；经济发展对一国提高金融体系的国际竞争力提出了进一步的要求，促进该国金融体系的国际竞争力向更高的层次发展，从而进一步促进该国总体经济国际竞争力的提高，金融和经济处于一种良性的循环中。① 近年，关于金融体系竞争能力的理论主要是围绕着金融与经济的关系来演绎的。美国耶鲁大学经济学家雷蒙德·W. 戈德史密斯（Raymond W. Goldsmith）在《金融结构和金融发展》一书中，考察了金融结构和金融发展二者与经济增长的关系，他的结论是："在大多数国家，如果对近数十年间进行考察，就会发现经济发展与金融发展之间存在大致平行的关系。随着总量和人均实际收入及财富的增加，金融上层结构的规模和复杂程度亦增大。在统计资料充分的几个国家中，我们甚至还发现，经济飞速增长的时期也是金融发展速度较快的时期，当然，历史上也有过例外的情形。"② 根据戈德史密斯的经济发展与金融结构变化

---

① 张荔. 金融自由化效应分析. 北京：中国金融出版社，2003：47. 应当指出的是，这一观点虽然代表了包括奥地利经济学家熊彼特在内的多数经济学者的看法，但并没有包括持否定意见的一派学者的见解。例如，著名经济学家罗宾逊夫人就反对熊彼特所坚持的金融部门引导产业部门并激发技术创新行为和企业家精神的论断，认为是企业领导而金融追随，经济发展为某种特定形式的金融安排创造了需求，而金融体系只是自动和被动地对这些需求作出反应，这就否认了金融体系对于经济增长的积极作用。有些经济学家不相信金融与经济的关系是至关重要的说法，著名经济学家卢卡斯断言，经济学家过分夸大了金融因素在经济增长中的作用；而发展经济学的研究者则经常以故意忽视金融来表示他们对于金融体系作用的嘲讽态度。在一本包含有三位诺贝尔奖获得者的《发展经济学前沿》的论文集中，并没有涉及金融在经济发展中的作用问题，而且在尼古拉斯有关发展经济学的综述中，也没有讨论金融体系问题，甚至在列示他所忽略的问题的清单中也未提及金融问题。20 世纪末期金融危机的全球性蔓延更加使人们对金融体系的作用产生了疑虑。不过，鉴于金融体系在现代经济中的巨大影响，对金融体系在经济发展中的作用视而不见不仅不现实，而且事实上，金融体系在现代经济中居于核心地位已是不可否认的经济现实。Joan Robinson (1952). "The Generalization of the General Theory", *Rate of Interest and Other Essay*, London：MacMillan，p. 86；Robert E. Lucas (1988). "On the Mechanics of Economic Development", *Journal of Monetary Economics*，July，22 (1)，pp. 3-42；Gerald M. Meier & Dully Seers (1984)：*Pioneers in Development*，New York：Oxford University Press. Nicholas Stern (1989). "The Economics of Development：A Survey", *Economics Journal*，September，99 (397)，pp. 597-685.

② 〔美〕雷蒙德·W. 戈德史密斯. 金融结构与金融发展. 周朔等译. 上海，上海三联书店，1994：34-40.

关系的理论，在经济金融发展的基础上，金融监管体系的结构也必然与金融体系的结构相对应，较为简单的金融结构自然对金融监管体系的结构的要求也较为简单。而相对于一个金融市场发达、金融机构和工具多样化、金融创新层出不穷的金融体系而言，金融监管任务要复杂得多，金融监管体系的规模和复杂程度也会加大。

国内外与银行竞争力相关的研究大体有四类：一是世界经济论坛（world economy forum，WEF）和瑞士洛桑国际管理发展学院（International institute for management development，IMD）国家竞争力中的金融体系指标及其测评；二是国外金融监管机构和金融分析师广泛采用的CAMELS 评级模型；三是有关专业报刊，如英国《银行家》（The Banker）杂志、《欧洲银行家》等对世界大银行的指标排名和比较；四是国内专家学者提出的银行业竞争力指标体系和分析。其中，WEF 和 IMD 是国际竞争力排名的权威，两家机构于 1994 年 9 月联合发表了"1994 年国家竞争力报告"，修改了国际竞争力的定义和评价准则。它们认为："国际竞争力是指一国或公司在世界市场上均衡地生产出比其竞争对手更多财富的能力。"① 为了更好地衡量金融体系国际竞争力，瑞士国际管理发展学院（简称 IMD）的学者多年来一直在《世界竞争力年鉴》中针对金融体系国际竞争力的指标体系进行详细的分析，并根据具体的情况进行动态的调整，不断更新与变化指标体系的构成。他们认为，一个完整的金融体系是由资本市场与货币市场构成的，这两个市场的运行状况决定着金融体系竞争力的强弱。2021 年《世界竞争力年鉴》在测定金融体系竞争力强弱时设立了三大类共 12 个指标来进行具体的分析。较之于 1998 年的 20 个指标，新增指标特别强调对银行效率的评价，有 6 个指标是用来衡量银行部门的效率的。具体而言，这三大类指标分别是：（1）银行部门的效率，衡量银行部门在货币市场的运行效率；（2）股票市场的活力，反映一国整个资本市场现在和未来的活力；（3）管理能力及管理效率。②

从 IMD2021 年《世界竞争力年鉴》对 64 个国家或地区金融体系国际竞争力的分析中可以看出，发达国家及我国香港地区的金融体系国际竞争力居于前列，前 6 位国家或地区依次是瑞士、美国、中国香港、荷兰、芬兰、瑞典；英国、德国和加拿大等国也都居于前列。随着金融全

① 香港中文大学工商管理学院，北京大学光华管理学院．"2006 年亚洲银行竞争力排名"学术报告．资料来源：中国金融网，[2006-11-29]．
② 资料来源 IMD．世界竞争力年鉴（2021）．p.36．

球化的不断推进，新兴工业国或地区的金融体系竞争力也有相应地提高，除了跻身前六的中国香港，新加坡也位居第 13 名，如果没有 1997 年亚洲金融危机的影响，新兴工业国金融体系竞争力的排名还要好些，如日本、韩国、马来西亚、印尼等国的金融体系竞争力均因受亚洲金融危机的影响而较"东亚经济奇迹"时代有较大的下降。例如，日本从 1994 年到亚洲金融危机的 1997 年，其金融体系的竞争力一直处于全球前 5 名以内，而到 2021 年则只列第 15 位；阿根廷金融体系的国际竞争力下降更快，名列倒数第 3 位。转轨国家金融体系竞争力的排名则存在着一定的差异，波兰和匈牙利处于上升状态，而捷克和俄罗斯则进一步下降。拉丁美洲的一些国家如墨西哥、委内瑞拉等国受自身金融危机的影响以及次贷危机的牵连，在考察的 64 个国家或地区中分别位居第 53 位和第 64 位。①

　　分析影响新兴工业国或地区与转轨国家的金融体系竞争力的因素，可以发现，适度的且成功的金融自由化是有助于金融体系竞争力的提高的。"在一个适当的管理框架下建成的自由化能够创建一个更为促进金融市场配置资金的作用发挥。"② 新兴国家或地区的金融体系竞争能力的变化很大程度上是由于某些国家在金融全球化进程中忽略了一些条件的限制，过快地推进了自由化的进程，如在条件不具备或不完全具备的条件下贸然地开放资本账户，或在金融全球化进程中过度地放松了对金融体系的监管，使金融体系完全暴露在风险之中而削弱了金融体系的竞争力。对于转轨国家来说，从计划经济向市场经济转轨本身也包含着从金融压抑到金融深化与自由化的进程，从理论的层面来看，这些国家的金融体系的竞争力应得到改善。目前的问题主要是这些国家金融化进程出现的诸如过快的速度、监管的过度放松等问题，增加了金融体系的不稳定性，这些负面效应降低了金融体系的效率，也削弱了金融体系的竞争力。

4.1.1.2　中国金融机构的竞争力：基于有效竞争的经济学分析

　　根据产业组织理论，规模经济是指出于经济组织的规模扩大，导致平均成本降低、效率提高的情况，然而规模的进一步扩大会导致行业垄断，这就是著名的马歇尔困境，即规模经济与竞争活力的两难选择。一般的分析认为银行业的规模经济效应较为显著，是一个具有自然垄断倾向的行

---

① 资料来源 IMD. 世界竞争力年鉴（2021）. pp.52-53.

② 〔美〕R. 巴里·约翰斯顿，V. 桑德拉加. 金融部门改革的次序——国别经验与问题：中译本. 北京：中国金融出版社，2000：3.

业，垄断结构引致的垄断行为所产生的掠夺性定价、高进入壁垒必然损害有效竞争，从而带来社会福利的净损失。[1] 而金融机构在效益的驱使下，必然追求规模经济，但规模不是越大越好，从规模经济到规模不经济有一个适度规模区间，竞争活力取决于市场竞争度，市场集中和进入壁垒是衡量市场竞争的两个标准，它们分别与市场竞争度负相关。有效竞争的三个决定变量用函数关系表示为：有效竞争＝f（规模经济，市场集中，进入壁垒）。[2]

所以，实现有效竞争就是保持三方力量的动态均衡，从而实现效率的最大化。下面以银行业为例，借助有效竞争这一概念，对全球化趋势下中国金融机构的竞争力进行简要分析。

（1）规模经济分析

对规模经济进行研究的方法中最具代表性的是施蒂格勒提出的生存竞争法。这种方法有一个基本假设，即不同规模厂商的竞争会筛选出效率最高的企业，把中国的银行分为大、中、小三类，计算各规模等级的银行在不同年份的产出占总产出的比重。表4－1、表4－2分别列出了中国3家国有商业银行1985—2021年的税前利润和资产回报率情况，以及4家国有商业银行的资本变动情况。

表4－1　1985—2021年3家国有商业银行盈利情况表

年份	中国工商银行		中国银行		中国建设银行	
	税前利润（亿元）	资产回报率（%）	税前利润（亿元）	资产回报率（%）	税前利润（亿元）	资产回报率（%）
1985	71	2.13	59	3.67	27	1.60
1986	84	1.97	67	3.28	34	1.48
1987	109	2.21	69	2.59	24	0.86
1988	106	1.89	80	2.37	44	1.30
1989	152	1.97	103	2.39	51	1.25
1990	133	1.42	115	1.83	57	1.10
1991	159	1.42	150	1.88	50	0.75
1992	161	1.12	175	1.85	40	0.49
1993	82	0.44	162	1.48	26	0.24
1994	42	0.22	232	1.46	29	0.21
1995	47	0.21	204	1.23	38	0.22
1996	58	0.22	234	1.32	28	0.13
1997	30	0.10	183	0.95	15	0.06
1998	34	0.11	114	0.56	21	0.10

---

[1] 应当指出的是，关于垄断性的银行市场结构对经济的影响，究竟是负面影响还是正面影响，目前还存在诸多争议。

[2] 张强，李乐. 基于开放竞争思维下的银行监管新问题研究. 金融研究，2003（5）.

续表

年份	中国工商银行		中国银行		中国建设银行	
	税前利润 （亿元）	资产回报 率（%）	税前利润 （亿元）	资产回报 率（%）	税前利润 （亿元）	资产回报 率（%）
1999	39	0.13	115	0.55	74	0.30
2000	51	0.14	116	0.51	85	0.32
2001	59	0.14	108	0.46	52	0.19
2002	65	0.64	138	0.41	224	0.42
2003	339	0.65	299	0.74	377	0.70
2004	544	0.66	373	0.66	512	1.31
2005	629	0.71	539	0.71	554	1.11
2006	715	1.01	676	0.95	657	0.92
2007	1 151	1.21	900	1.09	1 008	1.15
2008	1 453	1.20	863	1.00	1 197	1.31
2009	1 672	1.32	1 111	1.09	1 387	1.24
2010	2 154	1.44	1 421	1.14	1 752	1.32
2011	2 723	1.45	1 690	1.17	2 191	1.47
2012	3 087	1.44	1 877	1.19	2 514	1.47
2013	3 385	1.40	2 128	1.23	2 798	1.47
2014	3 616	1.30	2 315	1.22	2 991	1.42
2015	3 632	1.20	2 316	1.12	2 985	1.30
2016	3 633	1.14	2 224	1.05	2 952	1.18
2017	3 646	1.11	2 229	0.98	2 998	1.13
2018	3 724	1.08	2 296	0.94	3 082	1.13
2019	3 918	1.00	2 506	0.92	3 266	1.11
2020	3 921	1.02	2 464	0.87	3 366	1.02
2021	4 249		2 766	0.89	3 784	1.04

资料来源：笔者根据相关银行年报，经计算形成此表。因中国农业银行 1985—2003 年的原始数据无法收集、计算，故表 4-1 未将其列入。

不难看出，80 年代中期，中国银行业的盈利水平还是相当不错的，1985—1990 年的 3 家国有商业银行的资产回报率相对稳定在 1.1%～2.1%，其中中国银行的资产回报率曾超过 3%。但从 90 年代开始，盈利水平大幅下降，资产回报率明显降低，从而从一个侧面反映了贷款质量下降的事实。相较发达市场经济国家的银行业，中国银行业这一阶段盈利水平的低下则更为凸显。据英国《银行家》杂志报道，2000 年度，中国最大的银行——中国工商银行的资产回报率为 0.13%，中国盈利水平最好的银行——中国银行的资产回报率为 0.51%；而同期美国花旗银行集团的资产回报率为 2.22%，美洲银行的资产回报率为 1.93%，英国汇丰控股的资产回报率为 1.4%。而从 2003 年国有银行进行股份制改革以来，十年间，3 家国有商业银行的资产回报率以 0.6%～1.5% 的增速稳步上升，其中中国工商银行的资产回报率增长幅度最大；自 2014 年伊始，其盈利增长又趋减缓，甚至在个别年度出现负增长，资产回报率开始逐年下降。不

过，中国银行业此时的盈利水平，相较发达市场经济国家的银行业，已无
明显差距。《银行家》杂志显示，2021 年度，中国工商银行的资产回报率
为 1.02%，中国银行的资产回报率为 0.89%；同期美国花旗银行集团的
资产回报率为 1.0%，美洲银行的资产回报率为 1.1%，英国汇丰控股的
资产回报率则只有 0.5%。

表 4 - 2　1985—2021 年 4 家国有商业银行资本变动情况　单位：亿元

年份	工、农、中、建四行合计		净资产占比（%）
	总资产	净资产	
1985	8 618	817	9.5
1986	10 966	874	8.0
1987	13 122	965	7.4
1988	15 535	1 161	7.5
1989	19 843	1 298	6.5
1990	26 388	1 458	5.5
1991	32 177	1 652	5.1
1992	40 658	1 853	4.6
1993	50 714	2 066	4.1
1994	61 762	2 513	4.1
1995	68 771	2 602	3.8
1996	79 516	2 787	3.5
1997	87 822	3 062	3.5
1998	93 435	5 532	5.9
1999	103 149	5 147	5.0
2000	110 860	5 457	4.9
2001	118 951	6 056	5.1
2002	142 051	4 212	3.0
2003	163 035	7 200	4.4
2004	178 594	6 684	3.7
2005	205 556	8 853	4.3
2006	236 289	12 782	5.4
2007	273 232	15 052	5.5
2008	312 827	18 587	5.9
2009	390 430	21 263	5.4
2010	450 662	27 422	6.1
2011	512 661	31 814	6.2
2012	574 399	36 908	6.4
2013	627 174	41 588	6.6
2014	685 797	50 053	7.3
2015	751 663	58 151	7.7
2016	828 200	63 796	7.7
2017	887 322	69 429	7.8
2018	947 990	77 367	8.2
2019	1 031 929	88 577	8.6
2020	1 130 851	96 725	8.6
2021	1 212 170	106 614	8.8

资料来源：笔者根据相关银行年报，经整理、计算形成此表。
注：资料口径为四行境内本外币业务合计数。

从表 4-2 可以看出，从 1985 年到 1997 年，中国四大国有商业银行的资本（净资产）相对于银行的总资产一直处于下降趋势，同期银行资产增长了 8.8 倍，而资本占总资产的比重却从 1985 年的 9.5% 下降到 1997年的 3.5%。鉴于这种情况，中国人民银行 1997 年专门发行 2 700 亿元特别国债用于补充 4 家银行的资本金，结果不负众望，1998 年 4 家银行资本占总资产的比重上升为 5.9%，但在 1999 年之后，在总资产持续增加的情况下，由于盈利水平的下降，资本金没有持续得到补充，资本比率又开始下降。直到 2004 年，这一情况才开始得到根本改善，四家国有商业银行的净资产占比逐年稳步攀升。截至 2021 年，银行资产增长了 6.8 倍，资本占总资产的比重则已从 2004 年的 3.7% 上升为 2021 年的 8.8%。

据此，我们可以得出结论：中国四大国有商业银行在 2004 年前几乎都存在规模不经济。那么，导致国有商业银行规模不经济的原因是什么呢？是规模太大越过了适度规模区间吗？显然不是。不经济的根源在于当时处于高度垄断和行政干预之下的国有银行，其巨大的规模并非由规模收益长期转化而来，其垄断地位亦不是在市场竞争、优胜劣汰中形成，而是人为安排的结果，是行政的意愿。由此带来的另一个问题是产权制度的不合理。国家作为所有者和出资人，无偿出借自身信誉给银行提供隐形担保，导致银行在经营过程中风险管理缺失，内控制度不健全；同时由于委托人—国家，代理人—银行经理之间存在严重的权责不对等、信息不对称，加之缺乏有效的激励和监督机制，导致委托、代理关系名存实亡，效率在层层传递过程中被大打折扣甚至为负。[①]

正基于此，中国政府从 2003 年年底开始进行国有独资商业银行股份制改革试点工作。经过改革，三家试点银行 2005 年以后的资本充足率、资产质量和盈利能力等财务指标均较改革以前有明显改善，财务状况亦呈现出较强的可持续性。从资本充足率看，截至 2021 年，中国银行、中国建设银行、中国工商银行分别为 16.53%、17.85% 和 18.02%，均超过了《巴塞尔新资本协议》资本充足率的要求；从资产质量上看，三家试点银行的不良贷款比例分别降至 1.33%、1.42% 和 1.42%，不良贷款拨备覆盖率分别达 187.05%、239.96% 和 205.84%，大额风险集中度分别为12.8%、12.83% 和 14.2%，基本符合监管要求；从盈利能力来看，三家试点银行的总资产回报率分别是 0.89%、1.04% 和 1.02%。尽管如此，与有着悠久市场化历史、处于国际领先地位的欧美先进银行相比，中国银

---

①　张强，李乐. 基于开放竞争思维下的银行监管新问题研究. 金融研究，2003（5）.

行业无论是核心竞争力水平还是规模经济程度无疑仍然有待提升，中国银行业的商业化、市场化改革显然还有一段漫长的路程要走。

（2）市场集中度分析

判断一个市场的垄断或者竞争程度，通常使用市场集中度，它是指某一特定市场上少数几个最大企业（通常取前四名或前八名）所占的市场份额。此外，赫芬因德指数也是考察市场结构的一个常用指标。通过表 4-3 和表 4-4 的比较分析可以看出，中国银行业的市场集中度较高，不仅四大国有商业银行市场控制力强大，而且行业呈现出很强的垄断色彩。表 4-5 显示，经过多年改革，这种状况并没有得到根本解决。2005 年年底，中国银行业金融机构共有 3 家政策性银行、4 家国有商业银行、12 家股份制商业银行、115 家城市商业银行、599 家城市信用社、27 036 家农村信用社、60 家农村合作银行、12 家农村商业银行、4 家金融资产管理公司、59 家信托投资公司、74 家财务公司、12 家金融租赁公司、5 家汽车金融公司以及众多邮政储蓄机构。[①] 截至 2020 年年底，除农村金融机构外，上述结构并没有发生根本性变化，银行业金融机构包括 3 家政策性银行、6 家国有商业银行、12 家股份制商业银行、130 家城市商业银行、1 559 家农村商业银行、27 家农村合作银行、582 家农村信用社、1 642 家村镇银行、20 家民营银行及其他、42 家外资法人银行、256 家企业集团财务公司、25 家汽车金融公司、68 家金融租赁公司以及 28 家消费金融公司。[②] 在市场竞争结构方面，尽管竞争性市场体系基本建立，但从表 4-3 与表 4-5 来看，国有商业银行在市场竞争中仍旧占据着垄断性的地位，四大国有商业银行与股份制银行相比，无论在资产总额、所有者权益还是存款总额、贷款总额等市场份额指标方面，均处于遥遥领先地位，2007 年、2008 年的比重均在 70% 左右，2017 年、2018 年虽略微有所下降，但 4 家国有商业银行资产仍占全部银行业资产的 59% 左右，存、贷款两方面的市场集中度都高居 60% 以上。其中，贷款总额占全部银行贷款总额的 62%，存款总额占全部银行存款总额的 64%。股份制商业银行在各个指标方面仍然难以同国有商业银行形成真正意义上的竞争关系，银行业的垄断倾向仍然比较突出。

根据结构—行为—绩效的传统产业组织理论的基本范式，市场集中度

---

① 中国人民银行金融稳定分析小组. 中国金融稳定报告（2006）. 北京：中国金融出版社，2006：25.

② 中国人民银行金融稳定分析小组. 中国金融稳定报告（2021）. 北京：中国金融出版社，2021：70.

越高，大企业的市场支配力越强，从而获得的行业利润越高。但事实上，我国银行业的市场集中度与绩效并无内在联系，在一定程度上表现出负相关。与规模不经济相似，较高的市场集中度也不是市场作用的结果。这种畸形发展起来的高集中度必将带来垄断惰性、金融压抑、静态平衡等一系列问题①，因而银行监管应在确保安全的前提下，逐步减少行政干预，引入市场约束监管；鼓励银行采用低成本、高歧异性战略，增加产品的差别化程度。

表 4-3　中国商业银行的市场结构

指标名称	市场集中度（%）						赫芬因德指数*					
	1997	1998	2007	2008	2017	2018	1997	1998	2007	2008	2017	2018
资产总额	93.2	89.8	67.06	66.16	58.58	58.89	0.24	0.21	0.126	0.121	0.104	0.104
利润总额	41.9	55.6	70.41	69.10	65.25	65.01	0.12	0.18	0.140	0.136	0.123	0.122
存款总额	73.4	89.4	69.02	68.44	63.52	63.64	0.22	0.35	0.131	0.129	0.117	0.118
贷款总额	70.0	91.6	65.25	63.83	62.16	60.91	0.23	0.26	0.120	0.114	0.112	0.108

资料来源：笔者根据《中国金融年鉴》及各银行年报，经整理形成此表。

表 4-4　欧洲十国银行业的市场结构与竞争强度

指标名称	市场集中度			赫芬因德指数			银行数目		
	1994	2007	2019	1994	2007	2019	1994	2007	2019
英国	0.60	0.41	0.31	0.15	0.05	0.09	68	105	100
德国	0.31	0.22	0.31	0.60	0.02	0.01	121	1 656	1 312
法国	0.51	0.52	0.49	0.12	0.07	0.06	119	18	17
荷兰	0.82	0.86	0.85	0.17	0.19	0.20	31	33	24
芬兰	0.91	0.81	0.80	0.29	0.25	0.18	7	89	11
奥地利	0.49	0.43	0.36	0.11	0.05	0.03	39	692	411
意大利	0.33	0.33	0.48	0.07	0.03	0.07	41	57	46
瑞典	0.70	0.61	0.55	0.23	0.09	0.09	5	15	97
丹麦	0.85	0.64	0.66	0.30	0.09	0.11	26	136	62
西班牙	0.45	0.41	0.67	0.09	0.07	0.10	59	165	61

资料来源：ECB 数据库 Banking structural statistical indicators。

---

　　* 赫芬因德指数和市场集中度是考察市场结构最常用的指标。其中，赫芬因德指数永远取值于 0 与 1 之间，完全竞争条件下赫芬因德指数为 0，相反，完全垄断条件下赫芬因德指数为 1。可见，赫芬因德指数数值越大，市场垄断程度越高；反之，赫芬因德指数数值越小，市场垄断程度越低，竞争越完全。

　　① 张强，李乐. 基于开放竞争思维下的银行监管新问题研究. 金融研究，2003（5）.

表 4 - 5　国有商业银行和非国有商业银行的市场份额比较（2019 年）

单位：亿元人民币

	资产总额 （百分比）	所有者权益 （百分比）	贷款总额 （百分比）	存款总额 （百分比）
六大国有 商业银行	1 167 770 69.28%	96 459 70.08%	665 910 69.25%	902 348 74.13%
股份制 商业银行	517 818 30.72%	41 174 29.92%	295 685 30.75%	314 936 25.87%
合计	1 685 588 100.00%	137 633 100.00%	961 595 100.00%	1 217 284 100.00%

资料来源：《中国金融年鉴》（2020 年）。2019 年国有商业银行的数据增加了邮政储蓄银行，故较往年更高。

（3）进入壁垒分析

进入壁垒的高低与该产业的规模经济、产品差别化程度以及行政和法规因素有关。其中，银行业的进入壁垒主要表现为行政壁垒，我国政府对银行业历来实施较为严格的管制，在市场准入方面，国家对建立新的银行和金融机构设立了较高的准入门槛，现存股份制银行设置分支机构的行为受到严格管制，其业务领域范围也受到某种程度的政策歧视。不过，与市场竞争结构方面的进展相比，中国金融改革在产权结构上的进展无疑更为缓慢。虽然随着民营经济的高速发展和整体规模的不断扩增，尤其是民营资本进入我国银行业的相关制度和政策不断优化完善，民营资本进入银行领域日益呈现出广阔的发展前景，但总体而言，真正非政府所有的私人银行和民间金融机构在银行业金融机构中的占比仍然很低。这样，不仅导致准入成本相当高，而且因行业竞争的不充分，致使银行业务范围较为狭窄，业务收入水平和盈利能力增长有限。

表 4 - 6 是对我国商业银行与西方银行业务经营范围所作的比较。从中可以发现，经多年市场改革，我国商业银行业务经营范围尤其是投行业务范围仍较有限，这在很大程度上影响了整个银行业的收益水平。

表 4 - 6　我国商业银行与西方商业银行经营范围的区别（2022 年）

业务范围	西方商业银行	我国商业银行
传统的商业银行业务	所有业务	绝大部分业务
信托业务	所有业务	代理信托资金的收付、合作发行信托理财产品
基金业务	所有业务	基金托管业务、代理销售开放式基金
保险业务	所有业务	代理销售保险、代理收取支付保费业务、银保通
投资银行业务	所有业务	部分业务
证券经纪业务	所有业务	代理发行证券、银证通、银证转账、银期通

资料来源：笔者根据中外商业银行收入结构比较研究（邹江，张维然，徐迎红. 国际金融研究，2004（12）），结合 2021 年现状修订形成此表。

　　表4-7、表4-8是我国香港上海汇丰银行和德意志银行与内地主要股份制商业银行的收入结构情况表。通过比较分析可以看出,我国银行在收益方面绝大部分来源于利息收入,而中间手续费收入明显低于德意志银行。这与我国金融法治尚在完善之中,采取的监管方式过于严格,致使银行业务创新不足不无紧密关系,随之带来的则是业务收入水平的较为单一和盈利能力的提升缓慢。

表4-7　香港上海汇丰银行和德意志银行收入结构情况

商业银行		净利息收入	佣金及手续费收入	其他营业收入	营业收入	佣金及手续费收入占比(%)
香港上海汇丰银行(亿美元)	2019年	305	120	285	710	16.90
	2020年	276	119	236	631	18.86
	2021年	265	131	243	639	20.50
德意志银行(亿欧元)	2019年	137	95	—1	231	41.13
	2020年	131	139	38	308	45.13
	2021年	111	109	35	255	42.75

注:以上资料来源于香港上海汇丰银行和德意志银行2019年、2020年、2021年年报。

表4-8　我国内地部分股份制商业银行收入结构情况表

单位:亿元人民币

商业银行		利息收入	中间业务收入	其他收入	总收入	中间业务收入占比%	其他收入占比%
交通银行	2019年	1 441	436	452	2 329	18.72	19.41
	2020年	1 533	451	483	2 467	18.28	19.58
	2021年	1 617	476	604	2 697	17.65	22.40
中信实业银行	2019年	1 273	486	117	1 876	25.91	6.24
	2020年	1 505	303	139	1 947	15.56	7.14
	2021年	1 479	383	184	2 046	18.72	8.99
光大银行	2019年	1 019	232	77	1 328	17.47	5.80
	2020年	1 107	244	75	1 426	17.11	5.26
	2021年	1 122	273	133	1 528	17.87	8.70
华夏银行	2019年	724	102	21	847	12.01	2.55
	2020年	820	106	27	953	11.08	2.92
	2021年	796	93	70	959	9.65	7.32

续表

商业银行		利息收入	中间业务收入	其他收入	总收入	中间业务收入占比%	其他收入占比%
广东发展银行	2019 年	596	92	75	763	12.06	9.83
	2020 年	628	113	64	805	14.04	7.95
	2021 年	555	122	72	749	16.29	9.61
招商银行	2019 年	1 731	715	251	2 697	26.51	9.31
	2020 年	1 850	795	260	2 905	27.37	8.95
	2021 年	2 039	944	330	3 313	28.49	9.96
上海浦东发展银行	2019 年	1 445	248	214	1 907	12.99	11.22
	2020 年	1 386	340	238	1 964	17.29	12.12
	2021 年	1 360	291	259	1 910	15.25	13.56

注 1：表 4 - 8 系笔者根据相关银行 2019—2021 年年报整理、计算形成。
注 2：中间业务包括佣金及手续费收入、汇兑损益。
注 3：其他收入指金融机构往来收入、其他营业收入、投资收益和营业外收入等。

与进入壁垒相对应的一个概念是退出壁垒，当企业在产业前景不好或已出现资不抵债意欲退出市场时，由于受到诸多因素的阻碍，资源难以转移出去，这种情况即意味着退出壁垒较高。高退出壁垒无疑隐性地提高了进入壁垒。中国银行业同样具有高退出壁垒，主要表现为相关制度、法规、设施的不完善，严重制约了有问题银行的处理进程。

较高的进入壁垒与退出壁垒为垄断势力提供了一把保护伞，大大降低了竞争活力，制约了有效竞争的形成。因而有学者建议[1]：银行监管应逐渐放松对准入的行政限制，促使进入牌照的市场价值的形成；同时通过市场方式扩充退出渠道，实现资源的有效转移，降低退出的沉没成本；考虑到银行业是一个具有较大外部性的产业，且信息不对称广泛存在，在降低壁垒的同时，应同时建立公共安全网，形成对银行、公众、监管三方风险分散与风险补偿机制。

4.1.2 风险潜增：中国金融监管低效运行的表征之二

欧洲中央银行的威耶伯根（Wijinergen）曾这样描述过正在酝酿中的严重的银行危机，"银行业的痛苦是……静悄悄的痛苦"[2]。在这一点上，

---

[1] 张强，李乐. 基于开放竞争思维下的银行监管新问题研究. 金融研究，2003 (5).

[2] Van Wijinbergen, S (1998). *Bank Restructuring and Enterprise Reform*. European Bank，Working Paper No. 29.

中国金融业的情况非常类似。在经济体制转型过程中，在中国金融运行高速扩张的背后，金融风险也在悄悄地累积。尽管信息不对称的存在必然导致金融业成为一个高风险的行业，金融监管的主旨不必要也不可能消灭所有的金融风险，但将金融风险控制在金融监管者可容忍的范围和金融机构可以承受的区间内，却是金融监管义不容辞的使命。而令人遗憾的是，严格管制在中国金融业的多年强力推行，带给金融业的，不是金融风险的有效控制和逐渐消弭，相反，却是旧有风险的累积和新型风险的不断生成。① 从外部看，我国金融信誉和信用在提升我国在亚洲的影响力和责任的同时，使得未来面临外部"刻意"炒作的投机风险也将不可避免地发生，从而可能加剧我国金融业的结构性扭曲，金融调节难度将不利于我国经济的稳健运行和金融安全；从内部看，我们有时表现得过于"自信"和"自满"将会不利于我国金融改革的实效和收益，并将形成外部冲击的"突破"。其中，尤以制度风险、信用风险、操作风险、合规风险和市场风险对中国金融安全构成的威胁最为巨大。

4.1.2.1　全球化趋势下中国金融业的制度风险

制度风险，一般指金融机构所采纳的习惯、道德、法律、规章等方面的缺陷和缺位，导致金融活动不确定性的损失。众所周知，中国金融改革进程基本上是按照完善市场竞争结构和产权结构两条主线展开的，但是在经济转型过程中，金融部门改革与其他公共部门改革表现出明显的不对称性和不平衡性。在"市场结构（structure）—企业行为（conduct）—经济绩效（performance）"分析框架中，市场结构决定企业在市场中的行为，企业行为又决定市场运行的经济绩效，而市场结构则包含市场份额、市场集中度和市场进入壁垒三个主要变量。根据前面的分析，以这三个变量来衡量中国的银行体系，则中国的银行体系尚处于不完全发达状态，四大国有商业银行的市场份额和市场集中度指标都处于较高水平，国家对银行体系设置的市场进入壁垒又极大地限制了竞争性市场结构的发育。市场经济的垄断性和产权结构的单一性使得银行部门缺少改善经营管理、提高资产质量和防范金融风险的内在激励，政府一直将国有商业银行作为国有

---

① 从金融风险产生的根源着手，有学者多年前归纳指出，我国至少存在以下九大金融风险：一是金融结构失衡与融资形式畸形发展使风险集中于银行；二是金融风险与财政风险相互传感放大；三是非正规金融规模庞大成为金融安全隐患；四是机制转化中金融机构的风险突出；五是资本项目管制有效性严重弱化；六是人民币汇率机制缺陷导致国民福利损失；七是利率风险日益凸显；八是房地产业的金融风险不容忽视；九是金融开放过程中的"拉美化"风险。参见徐孟洲，徐阳光. 金融安全亟待完善相关法律制度. 团结，2006（1）.

企业的资金提供者和整个宏观经济调控的中介，国有商业银行承担了大量政策性贷款和社会稳定职能（参见表 4 - 9 和表 4 - 10）。① 世界银行报告指出："中国的渐进改革得益于金融的相对稳定……政府虽然以丧失效率为代价对非盈利的国有企业给予补贴和增加低息贷款，但由于高额国民储蓄，迄今为止中国还能承受这一代价而且没有使经济从根本上受到动摇。"②

表 4 - 9　银行对国有企业贷款占贷款总量的比重（1990—1998 年）③

年份	1990	1991	1992	1993	1994	1995	1996	1997	1998
所占比重	81.15	81.29	80.39	80.23	80.54	81.33	80.85	80.19	80.59

资料来源：中国社会科学院经济研究所课题组. 总量态势、金融风险和外部冲击. 经济研究，1998（3）.

表 4 - 10　中国政策性贷款及其比重（1991—1996 年）

	1991	1992	1993	1994	1995	1996
政策性贷款合计(亿元)	6 781.7	7 410.9	9 322.6	11 485.2	14 159.7	16 440.1
国家银行贷款总额(亿元)	18 044.1	21 615.5	29 461.1	32 441.3	39 393.6	47 434.7
政策性贷款比例(%)	37.58	34.29	35.23	35.40	35.94	34.66

资料来源：中国社会科学院经济研究所课题组. 总量态势、金融风险和外部冲击. 经济研究，1998（3）.

但其实，中国高储蓄的背后是政府对资本市场和其他金融市场的一定抑制，这些抑制措施使得居民的投资渠道和投资选择单一，导致居民进行强迫性的储蓄，申言之，中国居民储蓄在资本市场受到严格管制的情况下是缺乏利率弹性的。尽管利率市场化改革一直在推进，我国名义上的存贷

① 这些政策性贷款和社会稳定义务包括向处于困境的国有企业发放救助性贷款，补贴国有企业的巨额亏损，提供流动资金向下岗职工发放工资，向贫困地区发放社会救济贷款，支持缺乏经济效益的公共投资项目，以优惠利率向国家重点建设项目发放贷款等。根据中国社会科学院金融研究所的报告，按照中央政府指令发放的专项贷款和规定贷款占中国工商银行全部信贷资金的 2/3 左右，其自行决定的贷款只占 1/3，而这 1/3 的贷款发放过程中还要受到各级地方政府的干预，因此，中国工商银行真正能够独立支配的贷款只占信贷总额的 20%。徐滇庆. WTO 与国有金融体制改革. 北京大学中国经济研究中心讨论稿系列 NO.C2000014，[2000—10].

② 世界银行. 2020 年的中国：新世纪的发展与挑战：中译本. 北京：中国财政经济出版社，1997：25.

③ 1990—1996 年对国有企业贷款的数值为工业生产企业贷款、物资供销企业贷款、商业企业贷款和固定资产贷款之和，1997 年、1998 年对国有企业贷款的数值为工业贷款、商业贷款和中长期贷款之和。

款利率也已进入市场化定价时代，但央行在利率定价过程中仍然有着重要的影响。[1] 资本市场的抑制导致企业过度依赖银行贷款，这将产生双重后果：一方面企业陷入过度负债，增加了企业的破产风险；另一方面，银行获得大量廉价资本来源，削弱了银行谨慎贷款的动机，导致银行资产质量的下降和金融风险的累积。可以说，正是国有企业资金运用效率的低下以及内部激励机制和约束机制的缺陷，从根本上导致了国有商业银行的大量不良资产。而同时，信贷市场上的利率管制和资源配给歧视以及价格歧视创造了大规模的租金市场，根据童屹立（2020 年）的研究，利用 2012—2018 年度 A 股上市公司的财务面板数据，基于 Anderson，Baker，Huang 和 Jana kiraman（2006 年）提出的模型，在信贷寻租方面中国企业非生产性支出占营业收入比重估测平均达到 3.65%。[2]

　　从表 4-11 中的各银行资产利润和收入利润数值以及表 4-12 中的各银行不良贷款情况来看，早年四大国有商业银行和其他非国有商业银行的盈利能力相差悬殊，这说明国有银行部门的改革滞后严重影响了其资本配置效率，而新兴股份制银行却在不公平的竞争环境中具有较高的盈利能力。随着波澜壮阔的国有银行股份制改革的推进，大型国有银行的盈利能力有了大幅提升，资产质量也得到了持续改善。2003 年年末，银行业主要金融机构不良贷款余额为 2.44 万亿元，不良贷款率高达 17.8%。[3] 到 2022 年第三季度末，商业银行不良贷款余额为 2.99 万亿元，不良贷款率仅为 1.66%。[4] 其中，大型国有银行的不良贷款率比非国有商业银行更低。但是，从国际比较的角度来看，中国国有银行在自身产权性质约束和国家的金融抑制政策下形成了僵化的经营机制和内部激励机制，相对于那些规模庞大、经营业绩良好的发达经济体的大银行而言，中国银行业的国际竞争力仍然较为有限。国际银行业已经进入混业经营时代，日本于 1998 年通过了金融改革法案；美国于 1999 年 11 月通过了《金融服务现代化法案》，废除了长期以来限制美国金融业混业经营的"格拉斯—斯蒂格尔法"；而德国和英国等欧洲国家早已允许混业经营。这些举措标志着国际金融业的主流已经由严格的分业经营和分业监管转变为以全能银行为基

---

①　黄益平. 以金融创新支持经济高质量发展. 新金融评论，2019（4）.

②　童屹立. 信贷寻租、经济政策不确定性和全要素生产率. 上海：上海财经大学，2020：14-19.

③　左希. 中国银行业国际影响力和地位显著提升. 金融时报，2021-12-03，第 4 版.

④　数据来源. 2022 年商业银行主要监管指标情况表（季度）. 中国银行保险监督管理委员会网站，http://www.cbirc.gov.cn/cn/view/pages/ItemDetail.html? docId=1054675&itemId=954&generaltype=0，[2022-12-30].

础的混业经营阶段，由于全能银行包括商业银行、投资银行、保险、证券等多种金融业务，因而具有较强的国际竞争能力。2009 年 6 月，美国政府公布了近百年来规模最大的金融监管方案，涉及银行业、金融机构、金融市场等多个方面，进一步充实了此前美国财政部推出的金融监管改革框架内容。而作为《多德—弗兰克法案》的核心内容，2013 年 12 月 10 日，美国五大金融监管机构批准了最终版本的沃克尔法则，旨在限制金融机构从事自营交易和投资对冲基金、私募股权基金等高风险活动，同时建立了合规项目。[①] 而中国银行业仍在实行较为严格的"业界隔离"政策，政府监管部门强调银行、证券和保险业务的分割，这虽然便于政府的监管，但从长期来看却损失了银行的效率，从而削弱了银行业的国际竞争能力。

表 4－11　国有商业银行和非国有商业银行的盈利能力比较（2005 年）

	股权收益率	资产收益率	收入利润率	人均利润
四大国有商业银行	2.84%	0.13%	1.88%	0.26 万美元
股份制商业银行	16.8%	1.11%	11.28%	3.80 万美元

表 4－12　国有商业银行和非国有商业银行的不良贷款情况比较
（2022 年第三季度）

	大型商业银行	股份制商业银行	城市商业银行	民营银行	农村商业银行
不良贷款余额（单位：亿元）	12 043	5 164	4 803	159	7 615
不良贷款率	1.32%	1.34%	1.89%	1.47%	3.29%

资料来源：2022 年商业银行主要指标分机构类情况表（季度）。

此外，在证券市场上，较之西方国家的上市公司，中国的上市公司具有独特的生成机制和股权结构。上市公司大多脱胎于国有企业[②]，且国家股、法人股占公司总股本的 70% 左右。由于国有股一般由专司国有资产

---

① 魏鹏. 次贷危机十年：美国银行业的变革. 现代商业银行，2017（7）：6.
② 大多数国有企业由于高负债、低效益，在传统的间接融资渠道中已经接近极限。政府部门财务困难重重；中央财政赤字严重、国库券发行猛增；银行不良资产居高不下，债务风险严重，社会信用下降、国家信用风险增加。因此，在必须要支付的改革成本、经济运行的费用方面，不可能继续在财政和银行信用方面寻求足够的资金支持。在这种背景下，股份制度和股票市场自然而然成为必然选择。有一种很有影响力的主张，就是利用一部分人的投机心理，把居民存款大量地转换为股票，用居民储蓄来支付多年来的历史遗留问题和改革成本，解决国企的财务困难，化解国家的金融风险和通货膨胀的潜在风险。于是，"股市救国企"的思路就应运而生。财政部财政科学研究所. 研究报告，2002（8）.

管理之责的政府官员行使股东权，其对公司享有的权力并非个人出资形成的经济授权而是一种行政授权，公司的经营绩效与其个人经济利益没有直接联系，他们只行使"廉价投票权"和"廉价决策权"，对于公司的经营活动不承担责任。在国有资产缺少真正意义上的人格化代表、产权主体虚置的情况下，上市公司作为股份制企业，其外部形式更重于内在实质，与规范运作的股份公司存在相当大的差距。一些上市公司的决策与监督机制不规范，股东大会、监事会形同虚设，"内部人控制"现象严重。由于国内没有职业经理人市场，公司决策层实际上由政府委派而非股东自由选择。这样，上市公司的委托代理关系难以符合市场化要求，公司经理更多的是对作为控股股东的政府负责，小股东的利益则被置于相对次要的位置，甚至不予考虑。"一股独大"的股权结构，使政府可以轻易地凭借大股东地位对公司施加干预和控制，经理层不能站在企业家的立场上考虑和处理问题。如果说股份制改革前，国有企业尚可依据《全民所有制工业企业法》拥有相对经营自主权，从而具有一定的独立性，那么，仅仅具有外部形式的股份制改造，却使政府凭借控股股东地位将上市公司完全纳入其掌握之中，上市公司应有的独立性则因此丧失殆尽，良好的公司治理结构更无从形成。

以"康美药业财务造假案"为例，公司治理的重大缺陷无疑是这一A股史上最大造假案的产生根源。2018年年底，中医药行业的领头羊康美药业爆出2016至2018年年报存在重大财务造假的丑闻，惊动整个资本市场。其后，康美药业发布会计差错更正公告，2018年之前康美药业财务报表账实不符达14处，2017年财报中更是虚增货币资金近300亿。公告发布后其股价表现"断崖式"下跌，数月间市值蒸发近900亿元，对企业自身以及投资者产生了恶劣的影响，严重破坏了资本市场的健康生态。年报信息显示，截至2018年，康美药业董事长及其关联人所持有的股份为40.27%，而其他股东持股相当分散，最多仅为5%，公司股权高度集中，"一股独大"十分显著。不合理的股权结构导致股东大会和独立董事职能虚化，监事会运行极不规范，利用公开信息统计显示，自2005年以来康美药业董事会提交股东大会的44条议案，股东大会的决议都是同意，没有一条反对意见。

同样，2015年"股灾"和2018年"股权质押风险爆雷"，也是由于自营证券业务规模庞大，财务弹性小的证券公司资金链越来越吃紧，在多种因素的共同作用下，最终发生断裂。而其中，委托理财资金、挪用客户保证金既是吹大泡沫的猛药，更是诱发资金链条断裂的最大力量。2019

年伊始，多家上市券商因踩雷股权质押"问题股"，相继发布资产减值计提公告，合计计提减值额逾 20 亿元，对券商业绩带来巨大冲击，也对证券市场造成了恶劣影响。上市公司大量股权质押一度引起市场集中爆雷，这其中控股股东扮演着非常重要的角色。某些控股股东禁止股权质押本身便是为了谋取私利、利益输送而损害公司；而即便一些控股股东进行股权质押是为了缓解融资困难的问题，但当其进行高比例股权质押时，一旦发生信贷违约以及流动性紧张等情况将致使质权方抛售其质押股份，进而引起股价的剧烈波动，甚至发生爆仓风险。而这些情况的大量产生，无疑暴露了上市公司内部监督和约束机制的不足。

上述案例表明，上市公司独立性的丧失和公司治理结构不健全，恰恰是我国上市公司质量普遍偏低的重要原因。这是因为，一方面国有股"一股独大"的局面，导致所有者不到位，董事会内部不能充分体现多元投资主体的利益，股东大会形同虚设，监事会有名无实，少数高管大权独揽，可以为所欲为地侵害公司和中小股东的利益。据统计，自 2001 年 6 月至 2004 年的股市缩水，已蒸发财富 4 000 亿元人民币，而 2015 年的"股灾"更是造成整个 A 股市场三分之二市值蒸发。证券市场的公信力急剧下降，以致发生严重的股民信任危机。另一方面，大股东通过上市公司的交易轻而易举地将上市公司变成其提款机，乐视网、康得新、凯迪生态等案件都是近年来大股东掏空行为导致上市公司和中小股东利益严重受损的典型例子。其中，2017 年被调查的乐视网被曝自 2007 年以来连续十年年年财务造假，其大股东贾跃亭及关联方欠款达 75.31 亿元。而 2018 年被调查的康得新公司，其控股股东康得集团仅非经营性资金占用金额一项就总计达到 500 多亿元，此外还有数额巨大的违规担保、抽逃资金等行为，掏空行为的恶劣程度令人发指。实践中，大股东挖上市公司墙脚的办法常见的主要有：其一，以借债的名义，调走上市公司的资金；其二，以分红派息的名义，分掉上市公司的资产；其三，担保贷款；其四，不良资产高位套现；其五，高额的管理费用。上交所在 2021 年度一线监管情况通报中表示，2021 年上交所推动 70 余家公司完全或部分解决资金占用、违规担保问题，涉及金额 570 余亿元，全年实施纪律处分 34 单，处分上市公司 33 家，相关责任人 232 名。① 根据证监会通报的 2021 年案件办理情况，证监

---

① 全面贯彻"零"容忍，一线监管"严"当头——上交所 2021 年度一线监管情况通报. 上交所官网，http://www.sse.com.cn/aboutus/mediacenter/hotandd/c/c_20220301_5695925. shtml，[2022-11-06].

会全年办理大股东违法占用担保案件 73 起，同比增长 69％。有的虚构工程款、投资款占用上市公司资金达 58 亿元；有的实际控制人未经公司董事会或股东大会审议，擅自以上市公司名义为关联企业提供担保合计约 18 亿元。① 大股东大量占用上市公司资金，必然导致上市公司发展后劲严重不足，以致一些上市公司股票上市后"一年绩优、二年绩差、三年亏损"。在一般的证券市场中，上市公司亏损风险属于非系统性风险，而在我国，上市公司资产质量低劣、业绩递减已不是个别、偶发现象，其实已经具有相当的普遍性，其所带来的风险已难以通过投资组合形式加以回避，以至于转化为较难分散和转移的制度性风险。

由此可见，中国在经济转型过程中出现的制度性金融风险，与市场经济发达的西方国家金融制度中产生的金融风险在性质上是不同的。在发达的市场经济中，其金融体系的市场化程度较高，金融体系（金融机构和金融工具）比较完善，金融部门已经成为自主经营、自负盈亏的市场竞争主体，在这种市场化金融制度下产生的金融风险，属于典型的市场风险（market risks）。而在中国这样的转型经济体，金融体系仍旧遗留着大量传统计划经济下的行为特征，竞争的市场化和产权的多元化不充分，金融体系处于压制状态，银行等金融机构成为计划经济下资金配置的代理人和转型过程中制度变迁成本的承担者，因而在这种非市场化的金融制度下产生的金融风险，属于典型的制度性风险（institutional risks）。② 这种制度性风险不仅导致金融市场价格机制扭曲，公司治理缺乏共同利益基础，国有资产管理体制改革深化严重受阻，而且随着新股发行上市不断积累达到一定程度，就有可能引发系统性和区域性风险，甚至比市场风险产生的后果更突然、更猛烈、更惨重。

囿于此，清理大股东占用上市公司资金，成为中国证券市场从 2006 年伊始就努力治理的一件大事。截至 2007 年 2 月 16 日，沪市共有 220 家上市公司完成了清欠工作，11 家上市公司部分完成清欠工作，合计清欠金额 218.03 亿元，完成清欠公司家数比例为 94.42％，已清偿资金比例为 87.30％。2022 年 1 月 28 日，证监会、公安部、国资委、银保监会公布

---

① 证监会通报 2021 年案件办理情况. 证监会官网，http://www.csrc.gov.cn/csrc/c100028/c1921138/content.shtml，[2022-11-06].

② 有学者强调，在市场化风险（market risks）和制度性风险（institutional risks）之间作出明确的区分是非常必要的，这种区分不但可以使我们清晰地认识经济转型过程中的金融风险的真正根源，而且有助于提醒经济转型国家针对制度性风险的独特性质而采取相应的风险防范措施以化解制度性风险。笔者以为，这一见解值得重视。王曙光. 金融自由化与经济发展. 北京：北京大学出版社，2004：236-237.

《上市公司监管指引第 8 号——上市公司资金往来、对外担保的监管要求》，制度化地进一步从严规制资金违法占用、违规担保等行为。至于2005 年 4 月 29 日启动的股权分置改革试点工作，则是为解决长期制约中国资本市场发展的制度"瓶颈"而推出的另一重大举措。截至 2006 年年末，沪深两市已完成或者进入改革程序的上市公司共 1 301 家，占应改革上市公司的 97％，对应市值占比 98％，未进入改革程序的上市公司仅 40家。股权分置改革任务基本完成。① 不过，中国证券市场发展的制度坚冰虽然已经打破，道路已经开通，但距离制度性风险这一长期历史遗留问题的有效解决，无疑还需要经历一个较长的发展过程。尤其是当前注册制改革已经拉开帷幕，在进一步促进我国证券市场的市场化水平、提高资源配置效率的同时，也随之产生新的制度风险点，对我国信息披露制度、投资者适当性制度、投资者保护制度的完善，以及监管体制的强化提出了更高的要求。

4.1.2.2　全球化趋势下中国金融业的信用风险

世界经济金融发展的历史表明，信用是市场经济尤其是金融市场有效运行的基石。良好的金融信用不仅是建立和规范金融市场的重要保证，而且是有效化解金融风险、防范金融危机的重要条件。然而，由于我国市场经济建立的时间较短，信用基础较为薄弱，加之信用制度不健全，当发达国家随着金融全球化的推进而纷纷进入"信用经济时代"时，信用的严重缺失在我国却发展到了触目惊心的程度。2014 年时任发改委财政金融司司长田锦尘在新闻发布会上指出，每年中国企业因为诚信缺失造成的经济损失超过了 6 000 亿元，对整个经济社会发展带来了严重负面影响。② 根据科法斯发布的调查报告，2018 年我国企业平均信用期限从 2017 年的 76天增长至 86 天，延续了 2015 年以来的持续上升趋势。逾期付款状况也在恶化：2018 年，62％的企业遭遇过逾期付款，40％称逾期金额在 2018 年有所增长。更令人担忧的是，遭遇超长期逾期付款（超过 180 天）金额在年营业额中占比超过 2％的受访企业比例从 2017 年的 47％增至 2018 年的55％。根据科法斯历年的调查经验，80％的超长期逾期付款无法追回。当此类逾期在企业年总营业额中的占比超过 2％时，便会对企业现金流构成

---

① 国务院官方公报：http://www. gov. cn/ztzl/gclszfgzbg/content _ 554986. htm，[2022－07－30].

② 发改委：中国企业每年因失信造成经济损失 6 000 亿. 中国新闻网，https://www. chinanews. com/gn/2014/07－09/6366382. shtml，[2022－11－07].

风险。① 2019 年新冠疫情暴发之后，中国企业面临的信用风险更是雪上加霜。

信用缺失的严峻态势对经济的可持续发展产生了严重的负面影响，其中，尤以对金融业的负面影响，以及由此导致的金融信用风险的激增最为令人担忧。② 为此，我国以坚决的零容忍态度加快了征信制度建设的步伐。而随着征信制度的建立与完善，个人信用缺失的态势得到明显遏制，信用风险则以新的形式继续存在：世界银行《2020 年营商环境报告》显示，在全球 190 个经济体中，中国的整体营商环境指数位列第 31 位，较2019 年提升 15 位，较 2018 年提升 47 位。但同时，中国的信贷可得性指数位列第 80 位，较 2019 年反而倒退了 7 位，较 2018 年度倒退了 12 位，融资约束已成为改善中国营商环境的最大阻碍。③

1. 中国银行业面临的信用风险

根据巴塞尔银行有效监管核心原则，银行风险包括信用风险、市场风险、操作风险、流动性风险和法律风险等 8 类风险。从统计资料的分析结果来看，巴塞尔银行有效监管的核心原则提及的 8 类风险，在我国都有，所不同的只是风险的严重程度有别而已。其中，最为突出的就是信用风险，不仅严重制约了我国银行业融入金融全球化的进程，而且成为我国潜在金融危机的最大风险源。

（1）信用缺失导致银行信贷资产质量进一步恶化。根据北京大学中国经济研究中心经济发展战略研究组（2000）提供的资料，截至 1997 年年底，我国银行不良贷款在全部贷款中所占比例累计达 25%，这与标准普尔公司的估计大体上一致。葛兆强、廖梅桂（1999）估计，1997 年年底国有银行不良资产的比例可能位于 25%～30%，如此高的不良贷款比率在国际上是少有的。实际上，我国银行的不良贷款比率甚至超过爆发金融危机的东南亚国家商业银行。比如，在金融危机爆发之前，泰国商业银

---

① 2019 年 3 月，国际信用保险及信用管理服务机构法国科法斯集团以 1500 家中国企业为调查对象，制作并发布了《2019 中国企业付款行为调查报告》。See CHINA PAYMENT SUR-VEY 2019: LONGER DELAYS AS GROWTH FALTERS, https://www.coface.com/News-Pub-lications/Publications/China-Payment-Survey-2019-Longer-delays-as-growth-falters, accessed November 9, 2022.

② 贷款和投资是金融机构的主要业务活动。贷款和投资活动要求金融机构对借款人和投资对象的信用水平做出判断。但由于信息不对称的存在，金融机构的这些判断并非总能正确，借款人和投资对象的信用水平也可能会因各种原因而下降。因此，金融机构面临的一个主要风险就是交易对象无力履约的风险，即信用风险。项俊波. 金融风险的防范与法律制度的完善. 金融研究，2005（8）.

③ 熊鹏翀，纪洋，朱孟楠. 征信制度建设与企业融资约束. 国际金融研究，2022（4）：23-33.

行的不良资产比率为 7.9％、马来西亚为 6.4％、印尼为 17％。①

此后，随着金融体制改革的深化和金融机构内部管理的加强，尤其是四大资产管理公司对银行不良资产的成功剥离，我国银行类金融机构的资产质量趋于好转，不良贷款绝对量和相对水平一时呈现下降趋势。然而，银保监会公布的历年数据表明，自 2012 年以后虽然不良贷款率保持基本稳定，但不良贷款总额开始迅速提升，由 2013 年的 5 921.3 亿元升高至2017 年的 17 057 亿元，增长了 11 135.7 亿元，至 2021 年已增高为 2.8 万亿元。同时也应当看到，不良资产的下降与我国经济扩张中贷款增幅较大有着密切的关系。② 根据央行历年公布的统计数据，近 5 年来，每年新增人民币贷款均在 10 万亿元以上，并且增加额逐年增长，至 2021 年全年新增人民币贷款已接近 20 万亿，贷款规模的扩大在一定程度上稀释了不良贷款率。而在银保监会公布的同期数据中，2017 年以来，我国商业银行年末不良贷款率一直保持在 1.7％以上，其间还呈现一段时间的缓慢增高趋势。不难看出，我国商业银行贷款风险虽然总体可控，但情况不容乐观。

更为令人忧虑的是，不良贷款并不等同于不良资产。国际通行标准认为，金融机构不良资产率警戒线为 10％，银行的信用性中间业务，如担保性中间业务、融资性中间业务，在一定条件下可能转化为表内业务，形成新的风险资产。特别是担保、备用信用证、跟单信用证、承兑票据等金融工具的共同特征是银行向交易活动中第三者的现行债务提供担保，使银行承担了与贷款完全相同的信贷风险，而现行统计没有包括这部分不良资产。③ 普华永道发布的《2022 年中国不良资产管理行业改革与发展白皮书》指出，2021 年中国不良资产整体规模约为 5.88 万亿元。其中非银行金融机构的不良资产总额为 1.57 万亿元，同比增幅高达 38％，远远超过同期商业银行的不良贷款增幅。④ 因此，如果把非信贷类资产的损失计算在内，当前我国部分金融机构不良资产恐已接近国际警戒线 10％。可以说，我国金融业时下最大的风险就是不良贷款风险的雪球越滚越大。

（2）信用缺失导致金融机构贷款结构进一步扭曲。我国宏观经济运行

---

① 葛兆强，廖梅桂. 国有银行不良债权的经济学分析. 中国人民大学复印报刊资料. 金融与保险，1999（3）；北京大学中国经济研究中心经济发展战略研究组. 中国金融体制改革的回顾和展望. 北京大学中国经济研究中心讨论稿系列，NO. C2000005，［2000-04］.

② 项俊波. 金融风险的防范与法律制度的完善. 金融研究，2005（8）.

③ 王志洁. 深化金融改革　维护金融安全. 商业研究，2005（2）.

④ 普华永道. 2022 年中国不良资产管理行业改革与发展白皮书. https://www. pwccn. com/zh/press-room/press-releases/pr-120822. html，［2022-11-07］.

目前存在的突出问题是：短期贷款投放过严，给企业生产经营活动带来新的困难。据央行公布的数据，2021 年全年企（事）业单位贷款增加 12.02 万亿元，其中，短期贷款增加 9 468 亿元，中长期贷款增加 9.23 万亿元①，贷款偏"长"避"短"的倾向清晰可见。从贷款投向行业看，不合理结构性特征继续蔓延。据央行公布的数据，新冠疫情暴发之前的 2019 年，金融机构人民币各项贷款全年增加 16.81 万亿元。这 16.81 万亿元新增信贷主要投向了个人住房按揭贷款、房地产业、交通运输业及批发零售业等四大信贷领域，房地产贷款占比接近 50％。② 从眼前短期利益看，这种信贷投向结构能够对拉动经济建设起到立竿见影之效，但从长远看，这种信贷结构却不尽合理，并潜滋暗藏着不少经济隐患。而贷款结构的不合理，必然带来实物资源和金融资源的错配，从而影响资源运用的效率，给银行业稳健经营带来挑战。尤其是目前看似蒸蒸日上的房地产贷款业务，可能蕴藏着房地产泡沫。20 世纪 90 年代高速增长的日本经济，正是由于房地产泡沫的破裂，导致银行面临的信用风险急剧增加，呆坏账水平大幅度上升，并进一步拖累证券市场，加上日元升值等因素，最终步入了长达十多年的低迷期。此外，美国 20 世纪 80 年代的储贷危机、1997 年亚洲金融危机以及我国近年来的金融风险，几乎都与银行业过度涉及房地产有关。新冠疫情暴发之后，在病毒流行和国际冲突等诸多外生因素的冲击之下，2022 年下半年我国多个城市出现房贷"断供潮"，房地产行业长期积累的金融风险不仅已经初步暴露，而且已经成为我国宏观经济稳定的重大威胁和系统性风险的重大隐患，其中，恒大事件的暴发，可谓重重地敲响了这一警钟。

2021 年 6 月，恒大被曝出部分商票逾期未兑付的消息，7 月又出现广发银行宜兴支行冻结恒大相关公司存款新闻，此后事件进一步发酵。恒大作为一家资产达到 2 万亿元以上的房企，如因流动性问题倒闭，将产生广泛和深远的负面影响③：第一，影响地方政府税收收入。截至 2020 年年底，恒大应付土地增值税 749 亿元，而广东省 2019 年的土地增值税收入只有 1 403 亿元。第二，影响债券市场稳定。2021 年上半年恒大优先票据和债券存量余额为 1 778 亿元，而 2020 年债券市场总体违约额为 2 315 亿

① 2021 年金融统计数据报告. 中国人民银行官网 http://www.pbc.gov.cn/goutongjiaoliu/113456/113469/4446000/index.html，[2022-11-08].
② 2019 年金融机构贷款投向统计报告. 中国人民银行官网 http://www.pbc.gov.cn/goutongjiaoliu/113456/113469/3965314/index.html，[2022-11-08].
③ 胡滨. 中国金融风险报告（2021）. 北京：中国社会科学出版社，2022：201-202.

元，恒大一家倒闭在债券市场的影响接近于去年整个市场的影响。第三，形成大量银行不良贷款。2021 年恒大半年报显示，恒大的银行贷款 3 520 亿元，主要涉及民生银行、中国农业银行、浙商银行、光大银行、中国工商银行等，国有和股份制银行占比较大，冲击银行体系稳定。第四，影响上下游企业正常经营。目前恒大上下游合作企业接近上万家，若恒大倒闭将对经济平稳健康运行造成冲击。第五，影响社会稳定。恒大存在大量已售未交楼的商品房，若恒大倒闭将导致数百万业主面临无法收楼的风险，严重影响社会稳定。为此，人民银行和银保监会在 2021 年 8 月 19 日约谈了恒大高管。作为中央银行和金融监管机构，直接约谈一家并非金融机构的实体企业，这在历史上是极为罕见的。

　　而事实上，这不过是冰山一角，房地产行业的风险远比市场感受的严重得多。首先，从不良率来看，中国工商银行、中国银行、中信银行、光大银行、浦发银行在 2021 年的房地产贷款不良率较高，分别为 4.29%、4.91%、3.31%、3.10% 和 3.03%，均是正常时期的 3～4 倍。[①] 其次，在银行开发贷方面，国有银行中国工商银行和交通银行的不良余额成倍上升，股份制银行中的中信银行和招商银行也表现出这样的趋势，这说明房企违约早有苗头，只是在 2021 年集中爆发而已。

　　（3）信用缺失导致银行盈利能力进一步下降。信用基础的薄弱和信用缺失的普遍，使得银行无法获得客户相对全面、真实的信息，从而缺乏发现优质信贷客户、甄别客户信用级别并采取与之相适应的风险管理方式的能力。这样，一方面促使银行出现"慎贷""惜贷"现象，银行宁愿不贷或少贷，也不愿冒险，特别是对急需资金的中小企业贷款，慎之又慎，转而把相当一部分资金上存央行，导致银行资金的逆向流动，而资金滞留体内，势必造成银行资产盈利能力的降低；另一方面，"逃废债"现象日益猖獗、层出不穷，致使银行资金和利润受损。尤其自 P2P 网贷行业 2018 年中期风险集中爆发后，恶意逃废债现象在互联网金融行业愈加严重。2019 年 3 月 25 日，北京互联网金融行业协会发布"关于扩大借款主体逃废债名单征集范围的公告"，表示将对拒不还款的失信人发起公益诉讼，并公开发布所有诉讼信息。[②] 在 2 月 2 日到 3 月 22 日的短短一个多月内，该协会便分三批公布了 18 965 条逃废债信息，涉及 27 家网贷平台、18 894

---

①　胡滨. 中国金融风险报告（2021）. 北京：中国社会科学出版社，2022：207.

②　关于扩大借款主体逃废债名单征集范围的公告. 北京市互联网金融行业协会官网，https://www.bjifia.com.cn/html/xinwenzixun/xiehuizixun/2019/0305/223.html，［2022-11-08］.

名恶意逃废债行为人、71 家企业，合计逾期金额约 23.77 亿元。[①]

可见，高不良贷款比率、低资产盈利能力和扭曲的金融贷款结构的综合作用，使得中国银行体系异常脆弱。加之现有银行业体制性问题所形成的高信贷风险还在不断产生新的不良资产，不难想见，如果一个突发事件使得公众预期对银行业特别是国有银行的资产流动性和偿债能力产生忧虑，银行挤兑就有可能发生，金融危机乃至于社会动荡和社会危机的引发也就在所难免。尽管这种情况目前发生的可能性很小，但潜在威胁的存在却是不容否认的客观现实。

2. 中国证券业面临的信用风险

2005 年年底，沪、深两市上市公司共计 1 381 家，股票总市值约 3.2 万亿元，其中流通市值约 1.1 万亿元。[②] 而截至 2021 年年底，两市上市公司数量已达 4 682 家。2020 年，仅仅 A 股市场通过首次募集发行筹集的资金就超过了 1 400 亿元，直到 2022 年 6 月，A 股融资规模一直位列世界第一。可以说，中国证券市场为经济发展作出的贡献是有目共睹的。

然而，与证券市场的高速发展极不相称的是，中国证券市场上的违规行为屡屡发生：庞氏骗局难以避免[③]；无法承兑企业债券的大量发行；炒

---

① 深圳市钱诚互联网金融研究院. 27 家网贷平台逃废债信息大公开 涉近 1.9 万人. 搜狐网 https://www. sohu. com/a/304059535_351022，[2022-11-08].

② 中国人民银行金融稳定分析小组. 中国金融稳定报告（2006）. 北京：中国金融出版社，2006：45.

③ 所谓"庞氏骗局"，实质上是将后一轮投资者的投资作为投资收益支付给前一轮的投资者，依此类推，使卷入的人和资金投入不断增多，以此抬升股价，依靠后一轮的资金投入来给前一轮的投资者提供收益，并以此来不断吸引新的资金。这种庞氏骗局在我国证券市场也存在，从而使下线资金推动型股价上涨成为我国证券市场所潜藏的重大风险来源。一轮又一轮的资金投入将会使投资者不顾公司业绩而不断抬高股价，形成巨大的泡沫。下线资金不但包括个人和机构投资者的自有合规资金，亦有不少来自银行和保险部门的非合规资金。据有关人员估算，到 2000 年年底，进入股市的银行信贷资金存量高达 4 500 亿元至 6 000 亿元人民币，占流通市值的 28% 到 37%、金融机构贷款总额的 4.5% 到 6%。保险资金即使是合规的部分也有数以百亿元计。这些资金一方面吹大了泡沫，同时也承受着巨大的风险。一旦泡沫突然破裂，数千亿的银行资金和数百亿的保险资金要么被长期套牢，使银行不良资产比例迅速上升 4.5 到 6 个百分点，保险公司不良资产比例上升几个百分点到十几个百分点；要么银行资金和保险资金承受巨大损失撤离股市，给银行带来数百亿乃至上千亿的亏损，给保险公司带来数十亿乃至上百亿的亏损。这种金字塔形的庞氏骗局如果涉及人员太多，不仅会引发严重的金融问题，而且会酿成严重的社会问题。1996 年至 1997 年，阿尔巴尼亚发生过类似的庞氏骗局，吸引了相当一部分人和 20 亿美元的资金，这相当于阿尔巴尼亚当年国内生产总值的 30%，当 1997 年下线资金供给不足时，愤怒的抗议者抢劫了银行，焚烧了建筑物，政府不得不动用军队来平息骚动，最后引起社会政局的剧烈动荡。国务院发展研究中心金融改革与金融安全系列研究报告之七. 有关我国证券市场的监管转向、整顿和软着陆的政策建议参见张文魁. 关于证券市场有争议的几个问题. 金融与保险，2001 (12)；贺小勇. 金融全球化趋势下金融监管的法律问题. 北京：法律出版社，2002：166-167.

壳游戏在上市公司和券商中的热衷和盛行……统计数据显示，从 2018 年到 2021 年，中国每年都有上千家上市公司披露财务重述公告，2020 年以后上市公司披露的财务重述公告中涉及财务更正的占比每年均在 40% 以上，涉及财务舞弊的重述报告更是显著增加，由 2018 年的占比 0. 37 大幅上升为 2021 年的 0. 73，增长了将近 1 倍。2021 年，中文媒体发布的证券类新闻正文中涉及财务舞弊的共计 3 447 条，涉及上市公司 778 家。此外，近 5 年来证监会查办的财务违规事件数量也在逐年增加，仅 2022 年前 8 个月就有 117 家上市公司涉及财务违规 901 起，相较 2021 年全年 182 家上市公司违规 515 起，增加了 386 起。① 尽管 2019 年《证券法》及相关行政法规已经建立起较为完善的财务报表信息披露制度，但獐子岛案、康美药业案等虚构财务信息造成投资者重大损失的情况仍然时有发生。而新股"变脸"，则可说是中国证券市场独具的风险特色了。某些上市公司上市还未满月，就频频发布业绩预警或预亏公告，大玩变脸戏法，愚弄广大投资者；伴随着新股业绩的迅速滑坡，新股次新股接二连三地跌破发行价，已成沪深股市积重难返的弊端；至于新公司的股权转让，更是令人目不暇接，惠泉啤酒在上市不到半年的时间，就发生了控制权转移。新股迅速"变脸"的频繁发生，不仅表明新股包装上市的现象仍然存在，中国股市已存在严重信用危机，而且导致了股市融资功能的弱化，进而使得中国股市在很大程度上已经沦落为上市公司脱贫解困的工具。

　　近年来，中国股市更是屡屡曝出惊人黑幕与恶性事件，从天威视讯内幕交易案、保千里信息披露违法违规案到承兴系供应链融资骗局，从徐翔案、鲜言案、远大石化操纵期货市场案到九好集团财务造假事件，从上市公司高管到证券公司，从券商到监管部门官员，基本诚信的严重缺失已经浸染到了股市的方方面面。而自 2000 年年初第一篇客观详尽地分析 22 家证券投资基金大量违规、违法操作事实的报告公开以来，基金黑幕就一直是中国证券市场的焦点问题，基金的违规行为更是早已成为市场上公开的秘密，并一直上演到现在。基金黑幕的本质是"做业绩"，通过对敲、倒仓、分仓等庄家行为，封闭式基金可以高位接开放式基金的仓位，帮助开放式基金变现；新开放式基金也可以高位接老开放式基金的仓位，帮助老开放式基金变现。在利益输送成为中国基金业的潜规则，做业绩成为中国基金公司生存的主要法宝与法则的现实面前，诚信的盈利与发展途径被弃

---

　　①　以上数据均来自中国经济金融研究数据库（CSMAR）的子库——中国上市公司会计差错更正研究数据库。

之如敝屣，在证券市场上几乎没有立锥之地。

本来，优胜劣汰是市场竞争的一般法则，然而当市场竞争环境恶化时，则会出现与之相反的结局。分析"格雷欣法则"——劣币驱逐良币现象可以看出，两种实际价值不同但面额相同的货币在流通时，实际价值高的货币——良币，必然被融化、收藏或输出，从而退出流通；相反，实际价值低的货币即劣币则会继续保持流通，甚至充斥整个市场。在市场经济中，信用好的企业与信用差的企业无法区分，就会导致优良企业退出市场或者自动放弃优良原则。可见，以"优质"取胜并非无条件的当然逻辑，相反，优胜劣汰法则的正常运行，需要有扶优惩劣的制度—信用机制保驾护航。

正是基于此，习近平总书记指出："迫切需要建立以信用为核心的新型市场监管体制。"而对于投机性质浓厚的证券市场，信用则不仅是立命之本，更是发展之魂。因此，中国证券市场信用的严重缺失，必然使得股市自身的健康规范发展难以为继，致使其不但根本无法担当起推动经济发展的重任，反而成为孕育新的金融风险的"沃土"。而一旦信用问题得到改善，市场必将迎来立竿见影的变化，参见表4-12。公开的统计资料显示，截至2020年6月30日，仅仅半年内，A股首发企业数量就达119家，同比增长80%，IPO募资总规模共计1 392.7亿元，同比增长超过130%，创近5年以来新高，仅次于2015年股灾前的大牛市。而截至2022年9月，A股包括IPO在内的股权融资规模更是达到了史无前例的1.22万亿元人民币。

表4-13　中国股票市场状况（2017—2021年）

单位：万亿元

项目	2017年	2018年	2019年	2020年	2021年
股票市价总值	61.46	43.49	59.29	69.21	82.63
股票流通市值	44.75	35.30	45.52	57.37	64.81
股票成交金额	112	90.17	127.4	207	257.21

资料来源：表4-13系笔者收集《中国统计年鉴》、《上海证券交易所统计年鉴》，中国上市公司市值管理研究中心《A股市值年度报告》，中国证券业协会数据库，中国人民银行Wind数据库，和讯网中的数据并整理而成。

3. 其他金融业面临的信用风险

自1980年恢复国内保险业以来，保险业作为我国新兴的朝阳产业，取得了飞速的发展。保费收入从1980年的4.6亿元人民币，增长到2012

年的 1.55 万亿元，再到 2021 年的 4.49 万亿元人民币，近十年年均增长率为 12.55% 左右，远高于同期国内生产总值的增长速度，呈现出高速增长态势。[①] 与此同时，保险信用也出现了许多令人担忧而亟待规范之处，例如，保险营销中的夸大其辞，保险公司之间的相互诋毁，保险理赔的长期拖延，至于投保人骗保的现象，更是时有发生。

　　较之保险业的快速发展，同属新兴业务的金融租赁业在我国的发展则经历了严重滞后和迎头赶上两个阶段。金融租赁业 20 世纪 50 年代起源于美国，80 年代初被引入我国，截至 90 年代末，发展一直十分缓慢。从年租赁交易量的排名来看，最发达的西方七国长年稳居前十名，我国在 21 世纪前的年租赁额不仅不足美国的 1%，而且 10 年累计的租赁总额还不足韩国 1 年的业务量；而在 1997 年，中国金融租赁业居然呈零增长……[②] 金融租赁业在 21 世纪前 20 年的发展不仅已远远滞后于我国经济的总体增长，而且与同期的保险业发展相比更是形同冰火两重天。2005 年至今，经过从顶层设计到企业法人治理结构完善，我国金融租赁业开始腾飞。2021 年，我国融资租赁新增业务额达到 2 414 70 亿美元，占全球租赁新增业务总额的 17.72%，已成为仅次于美国的世界第二大租赁市场。但在市场渗透率方面，我国 2021 年却只有 7.9%，而发达国家多在 10% 以上，美国则连续多年高达 30% 以上，与发达国家相比不仅仍有较大的发展空间，而且从侧面表明我国融资租赁与实体产业结合的广度还有待拓展。至于融资租赁合同余额，截至 2021 年 6 月末，全国约为 63 030 亿元人民币，较之 2020 年年末，减少约 2 010 亿元，下降 3.1%。[③] 这固然与新冠疫情的流行及其给经济带来的严重影响有关，但大量调查研究发现，导致中国金融租赁业发展"大而不强"的顽症不是别的因素，而是自在我国发展伊始就形影相伴的承租人的欠租[④]，其所折射出的同样是金融信用的严重缺失。而这，才是导致股东对金融租赁业信心不足，从而在根本上制约金融租赁业稳健快速发展的症结所在。

---

　　① 中国人民银行金融稳定分析小组. 中国金融稳定报告（2006）. 北京：中国金融出版社，2006：61；中国保险业协会统计数据：http://www.iachina.cn/col/col41/index.html，[2022–09–27].

　　② 高雷，曹永锋. 我国金融信用缺失与金融评估体系建设. 中国流通经济，2006（5）.

　　③ 上海金融发展实验室，广州融资租赁研究院，零壹租赁智库. 中国融资租赁行业发展报告 2022.

　　④ 业内统计资料表明，仅仅在 1991 年至 1996 年的 5 年间，中外合资租赁公司的欠租金额就高达 5 亿美元。高雷，曹永锋. 我国金融信用缺失与金融评估体系建设. 中国流通经济，2006（5）.

4.1.2.3　全球化趋势下中国金融业的操作风险

根据巴塞尔银行有效监管核心原则，金融机构面临的操作风险：一是来自信息技术系统的重大失效或各种灾难事件而给金融机构带来的损失；二是源于内部控制及公司治理机制的失效，金融机构对各种失误、欺诈、越权或职业不道德行为未能及时做出反应而遭受损失。从我国金融业暴露出的操作方面的问题来看，源于金融机构内部控制和公司治理机制失效而引发的操作风险占了主体，成为我国金融业所面临的风险的一个突出特征。① 分析近几年金融机构发生的各类案件可以发现，操作风险的形成，固然是多种因素综合作用的结果，但以下四个方面却是更为主要的原因。

1. 金融机构管理层腐败的日趋严重

近年来，我国银行业成为金融职务犯罪的重灾区，仅近年查处的金融高官、"大鳄"就有：恒丰银行蔡国华、中信银行孙德顺、中国银行林传伟、国家开发银行何兴祥、招商银行田惠宇、中国建设银行张龙等。仅2022年前11个月，中央纪委国家监委就公布了25条党纪政务处分银行高管的公告，涉及11家银行的25名银行高管。而在已公布的调查结果中，几乎都涉及权钱交易、权色交易、大额敛财、收受贿赂等腐败行为，其中不乏"靠接管吃接管""靠行吃行"的反面典型。

银行业不仅相继曝出金融大案，而且涉案金额越来越大，动辄上千万元、亿元、几十亿元，其金额之高，令人震惊，给国家、社会甚至个人造成巨大经济损失。

——2021年1月5日，天津市第二中级人民法院一审公开宣判中国华融资产管理股份有限公司原党委书记、董事长赖小民受贿、贪污、重婚一案。经审理查明：2008年至2018年，赖小民直接或通过特定关系人非法收受、索取相关单位和个人给予的财物共计折合人民币17.88亿余元（其中1.04亿余元系未遂），还利用职务便利，伙同特定关系人侵吞、套取单位公共资金共计人民币2 513万余元，数额特别巨大，给国家和人民造成特别重大损失。一审判决以受贿罪、贪污罪和重婚罪，对赖小民数罪并罚判处死刑，剥夺政治权利终身，并处没收个人全部财产。赖小民上诉后，天津市高级人民法院裁定驳回上诉，维持原判。经最高人民法院核准，2021年1月29日上午，天津市第二中级人民法院依法对赖小民执行死刑。

---

① 项俊波. 金融风险的防范与法律制度的完善. 金融研究，2005（8）.

——2021 年 1 月 7 日，河北省承德市中级人民法院一审公开宣判国家开发银行原党委书记、董事长胡怀邦受贿一案。经审理查明：2009 年至 2019 年，胡怀邦利用职务上的便利，为相关企业和个人在获取银行贷款、企业经营、职务晋升等事项上提供帮助，直接或者通过其特定关系人非法收受财物共计折合人民币 8 552 万余元，数额特别巨大。据此，一审法院以受贿罪对胡怀邦判处无期徒刑，剥夺政治权利终身，并处没收个人全部财产。①

——2021 年 8 月 12 日，上海市第一中级人民法院一审公开宣判中国工商银行上海分行原行长顾国明受贿一案。经审理查明：顾国明在 2005 年至 2019 年间，利用担任中国工商银行股份有限公司上海市分行副行长、行长、党委书记等职务便利，为相关单位和个人在办理融资贷款、项目配资、承揽工程等事项上提供帮助，谋取利益，共计收受贿赂折合人民币 1.36 亿余元，数额特别巨大，使国家和人民利益遭受特别重大损失。据此，一审法院以受贿罪，对顾国明判处无期徒刑，剥夺政治权利终身，并处没收个人全部财产。②

——2021 年 8 月 27 日，山东省高级人民法院二审公开宣判恒丰银行原董事长蔡国华国有公司人员滥用职权、贪污、挪用公款、受贿、违法发放贷款一案。二审审理查明：2014 年至 2016 年，蔡国华违规在恒丰银行发放核心员工奖励薪酬、推行员工股权激励计划，造成恒丰银行损失共计人民币 8.9 亿余元。2014 年至 2017 年，蔡国华利用职务便利，非法占有恒丰银行公共财物共计折合人民币 1 018 万余元。2015 年至 2016 年，蔡国华擅自决定将恒丰银行 48 亿元资金以信托贷款形式转入其个人实际控制的公司使用，进行营利活动，谋取个人利益。2006 年至 2017 年，蔡国华利用职务便利为八家单位或个人在银行贷款、项目承揽、企业经营等方面提供帮助，索取或非法收受他人财物共计折合人民币 11.8 亿余元（其中 10.7 亿余元系未遂）。2017 年 4 月至 8 月，蔡国华授意银行工作人员违规发放贷款 35 亿元，给恒丰银行造成特别重大损失。据此，二审法院裁定驳回蔡国华的上诉，维持原判，核准以国有公司人员滥用职权罪、贪污罪、挪用公款罪、受贿罪、违法发放贷款罪并罚，判处蔡国华死刑，缓期二年执行，剥夺政治权利终身，并处没收个人全部财产，在其死刑缓期执

---

① 无期徒刑！国家开发银行原党委书记、董事长胡怀邦受贿一案公开宣判. 中国法院网，https://www.chinacourt.org/article/detail/2021/01/id/5708013.shtml，[2022-12-18].
② 工商银行上海分行原行长顾国明被判处无期徒刑. 上海市第一中级人民法院网站，https://www.a-court.gov.cn/xxfb/no1court_412/docs/202108/d_3744511.html，[2022-12-18].

行二年期满依法减为无期徒刑后，终身监禁，不得减刑、假释。①

——2022 年 8 月 23 日，北京市第三中级人民法院一审公开开庭审理了国家开发银行原副行长何兴祥受贿、违规出具金融票证、违法发放贷款、隐瞒境外存款一案。公诉机关北京市人民检察院第三分院指控：2006 年至 2021 年，何兴祥利用担任中国银行海南省分行行长、中国银行山东省分行行长、中国农业发展银行副行长、国家开发银行副行长等职务便利，为有关单位和个人在贷款审批、人事安排等方面提供帮助，直接或通过其亲属非法收受他人财物折合人民币 6 636 万余元。2012 年至 2014 年，何兴祥在担任中国银行山东省分行行长期间，违规为有关企业出具信用证、保函人民币 63.49 亿余元、美元 1.04 亿余元；违规向有关公司发放贷款人民币 18.23 亿余元。2010 年至 2021 年，何兴祥明知国家工作人员在境外的存款应当依照国家规定申报，实际控制其亲属账户共计折合人民币 3 369 万余元而隐瞒不报。何兴祥的行为依法应当以受贿罪、违规出具金融票证罪、违法发放贷款罪、隐瞒境外存款罪追究其刑事责任。庭审中，何兴祥当庭表示认罪悔罪，法院将择期宣判。②

随着金融腐败现象的迅速蔓延和渗透，证券业当然不可能是一方净土。实际上，从近几年曝光的证券业腐败案来看，无论是发案数量、涉案金额，还是风险后果、社会影响，都大有急起直追银行业腐败之势。

——2018 年 9 月 20 日，北京市高级人民法院二审公开宣判证监会原发行监管部处长李志玲受贿罪一案。二审审理查明：2003 年至 2015 年间，李志玲利用其担任证监会发行监管部审核二处主任科员、审核四处主任科员、助理调研员、副处长、处长、监管六处处长，负责公司首次公开发行股票、再融资申请的财务审核的职务便利，为有关公司取得融资核准批复提供帮助，共计收受或索取人民币 4 584 万元、奔驰牌汽车 1 辆、浪琴牌手表 2 块、面值 5 000 元的资和信商通卡 11 张，数额特别巨大。据此，北京市高级人民法院二审裁定驳回李志玲的上诉，维持原判，核准以受贿罪判处李志玲无期徒刑，剥夺政治权利终身，并处没收个人全部财产。③

---

① 恒丰银行原董事长蔡国华二审宣判. 山东省高级人民法院网站，http://www.sdcourt. gov.cn/nwglpt/_2343835/_2532828/7389978/index.html，[2022-12-18].
② 国家开发银行原副行长何兴祥受贿、违规出具金融票证、违法发放贷款、隐瞒境外存款案一审开庭. 中共中央纪律检查委员会网站，https://www.ccdi.gov.cn/yaowenn/202208/t20220823_213180.html，[2022-12-18].
③ 李志玲受贿案. 北京市高级人民法院（2017）京刑终 244 号刑事裁定书.

　　——2018 年 9 月 28 日，河北省邯郸市中级人民法院一审公开宣判证监会原党委委员、副主席姚刚受贿、内幕交易一案。一审审理查明：2006年至 2015 年，姚刚利用其担任证监会主席助理、副主席等职务上的便利，为相关单位在并购重组、股份转让过程中股票停复牌、避免被行政处罚等事项上提供帮助，通过其近亲属非法收受他人财物共计折合人民币 6 961万余元。2007 年 1 月至 4 月，姚刚利用其担任证监会主席助理兼发行监管部主任的职务便利，获悉相关公司重组上市的内幕信息，使用由其实际控制的他人股票账户在关联股票停牌前买入，复牌后卖出，非法获利共计人民币 210 万余元。据此，河北省邯郸市中级人民法院以受贿罪和内幕交易罪，判处姚刚有期徒刑 18 年，并处罚金人民币 1 100 万元。[①]

　　——2021 年 10 月 21 日，山东省潍坊市中级人民法院一审公开开庭审理了证监会重庆监管局原党委书记、局长毛毕华受贿一案。公诉机关潍坊市人民检察院指控：1998 年至 2017 年 5 月，毛毕华利用其担任证监会发行监管部主任科员、发行监管部发行监管处副处长、稽查局副局长、稽查总队副总队长、总队长、重庆监管局党委书记、局长的职务便利，为有关单位或者个人在申请公开发行股票审核、案件调查等方面谋取利益。1998年 11 月至 2020 年春节前，非法收受财物共计折合人民币 4 734 万余元，依法应当以受贿罪追究其刑事责任。庭审中，毛毕华当庭表示认罪悔罪，法院将择期宣判。[②]

　　——2022 年 6 月 2 日，广东省深圳市中级人民法院一审公开宣判证监会原发行监管部副主任童道驰受贿、内幕交易一案。一审审理查明：2004年至 2020 年，童道驰利用其担任证监会上市公司监管部副主任、发行监管部副主任、资本市场改革发展工作小组办公室负责人、国际合作部副主任、主任，中共海南省委常委、三亚市委书记的职务便利，为有关单位和个人在公司上市、企业经营、融资借款、职级晋升等事项上提供帮助，直接或通过特定关系人非法收受财物共计折合人民币 2.74 亿余元。2006 年8 月至 2007 年 4 月，童道驰利用其担任证监会发行监管部副主任的职务便利，获悉相关股票内幕信息，指使其近亲属及关系密切人员在相关信息尚未公开前买入相关股票共计 3 165 万余元，非法获利共计 338 万余元。最终，深圳市中级人民法院以受贿罪和内幕交易罪，判处童道驰死刑，缓期

————————

　　① 中国证监会原党委委员、副主席姚刚受贿、内幕交易案一审宣判. 中国政府网，http://www. gov. cn/xinwen/2018-09/28/content_5326372. htm，[2022-12-18].

　　② 被控受贿 4 700 余万，中国证监会重庆监管局原局长毛毕华今受审. 微信公众号"山东高法"，https://mp. weixin. qq. com/s/p2FzdI8S0MtC0Ws2fpW0Fw，[2021-10-21].

二年执行，剥夺政治权利终身，并处没收个人全部财产。①

2. 金融机构内部工作人员违规操作泛滥成灾

随着市场竞争日趋激烈，某些商业银行分支机构为了开拓业务、占领市场，不惜以牺牲内控为代价，重业务发展、轻内部管理，重市场开拓、轻合规建设，对影响银行资金安全方面的问题重视不够、防范不力；有的银行甚至为了争客户、拉关系而不择手段，以贷引存、高息返利、业务提成等不正当竞争泛滥，金融安全防范措施形同虚设。从近年来发生的商业银行职务犯罪情况看，无一例外均与内部管理松弛、有章不循、违章操作、违规经营有关。据纪检监察和公安经侦部门掌握的情况，有的金融机构将多项可相互制约的工作职能交由一人承担；有的单位检查监督不到位，甚至在业务工作繁忙时干脆放弃监督。据统计，仅 2018 年至 2020 年 3 年间，全国各级人民法院审结的金融机构从业人员犯罪案件高达 1 573 件，平均涉案金额高达 717.48 万元，涉案金额百万元以上的案件占比超过五成。② 其中，一个典型的案例是，2015 年 3 月 25 日，作为吉林省蛟河市农村商业银行天岗开发区支行工作人员的李某，明知借款人王某 1、王某 2 分别申请的"保石捷"联保贷款的用途不是生产经营，仍然利用借新还旧的方式分别为王某 1、王某 2 违法发放贷款 200 万元，共计 400 万元；2016 年 1 月，在明知借款人郝某（蛟河市天赢石业有限公司法人）申请的贷款同样不是用于生产经营的情况下，李某故伎重施，以借新还旧的方式通过向他人借款以帮助郝某倒贷。贷款偿还后，李某又虚构天赢石业有限公司申请贷款用途的事实并伪造《矿山柴油购销协议书》，分别于 2016 年 1 月 25 日、1 月 26 日、1 月 27 日为天赢石业有限公司违法发放贷款 800 万元、700 万元、100 万元，共计 1 600 万元，并在贷款受托支付到林某账户后，将新发放的贷款偿还之前替郝某倒贷向他人所借的款项。李某违法发放贷款共计 2 000 万元，最终被法院判决认定构成违法发放贷款罪。③

2022 年，河南省禹州新民生村镇银行、上蔡惠民村镇银行、柘城黄淮村镇银行、开封新东方村镇银行等 5 家河南村镇银行、2 家安徽银行发

---

① 中共海南省委原常委、三亚市委原书记童道驰受贿、内幕交易案一审宣判. 中共中央纪律检查委员会网站，https://www.ccdi.cn/yaowenn/202206/t20220602_196899.html，[2022-12-18].

② 中国金融机构从业人员犯罪问题研究白皮书（2018-2020）. 中国司法大数据服务网，http://data.court.gov.cn/pages/uploadDetails.html? keyword=中国金融机构从业人员犯罪问题研究白皮书（2018-2020）. pdf，[2022-12-18].

③ 吉林省蛟河市人民法院（2020）吉 0281 刑初 8 号刑事判决书.

生储户无法正常取款问题，后续发酵令全国震惊：该案乃河南新财富集团投资控股有限公司操纵河南、安徽等多家银行，通过内部工作人员与外部人员勾结、利用第三方平台以及资金掮客等方式非法吸收并占有公众资金，篡改原始业务数据，掩盖非法行为所致，不仅所涉受害者众多，而且涉案总额高达400亿元。而在该案东窗事发前，几家涉案银行就曾因内部工作人员的违规行为受到行政处罚：2018年11月，因贷款审查严重不尽职，严重违反审慎经营规则，柘城黄淮村镇银行被监管部门给予行政罚款25万元；2019年6月，因贷前调查严重不尽职、员工违规出借账户为客户过渡资金，禹州新民生村镇银行亦被罚款50万元。① 可以说，正是银行内部工作人员违法违规操作的泛滥成灾，才是导致该案及其同类案件发生且社会危害如此严重的根本原因。有鉴于此，北京银保监局2021年4月29日特别出台规范性文件，完善并加大了辖内银行业金融机构违法违规责任人员的内部问责力度。

随着资本市场的稳健运行和注册制改革的稳步推进，中国证券公司的数量也逐年递增。尽管作为资本市场的"看门人"，证券公司发挥着日益重要的作用，但其内部控制体系却并不完善。以组织机构为例，证券公司拥有复杂的组织结构和人员岗位，由此导致职责划分难度较大，个别人员身兼多职，各个岗位未能实现责任最大化。② 2022年年初，证监会组织对8家证券公司投行内部控制及廉洁从业情况开展专项检查，检查发现部分证券公司存在内控制度和保障机制不健全、内控把关不严格等问题，个别证券公司存在内控组织架构不合理、岗位职责利益冲突、投行团队"承包制"管理等较为严重的问题。③

证券公司经营管理中的制度真空和管理漏洞的大量存在，无疑为证券从业人员违规操作大开了方便之门。据初步统计，截至2022年12月18日，现有的140家证券公司中④，因证券违规而曾经受到中国证监会行政处罚的证券公司就有18家⑤，诸如海通、广发、方正、恒泰、华泰、平安和招商证券等国内知名证券公司都有过证券违法行为的记录，不少公司

---

① 宋戈，肖世清. 河南村镇银行取款难案一批嫌犯落网. 每日经济新闻，[2022-06-20].

② 李振林. 证券公司内部控制体系建设研究. 全国流通经济，2022（7）.

③ 证监会通报证券公司投行业务内部控制及廉洁从业专项检查情况. 中国证监会网站，http://www.csrc.gov.cn/csrc/c100028/c6698496/content.shtml，[2022-12-18].

④ 数据来源于中国证券业协会网站的信息公示. 证券公司信息公示. 中国证券业协会网站，https://jg.sac.net.cn/pages/publicity/securities-list.html#，[2022-12-18].

⑤ 数据来源于中国证监会网站公开的行政处罚决定. 中国证监会网站，http://www.csrc.gov.cn/csrc/c101971/zfxxgk_zdgk.shtml? channelid=17d5ff2fe43e488dba825807ae40d63f，[2022-12-18].

领导层都受到过行政处罚。仅 2022 年前 11 个月，就有网信证券、中德证券和招商证券 3 家证券公司因违规经营而被中国证监会行政处罚，共被没收业务收入 37 160 377 元，被罚款 43 120 754 元。与此同时，3 家证券公司中的 9 名从业人员一并受到了行政处罚，共被罚款 53 万元。[①] 而被中国证监会处以市场禁入的，仅 2022 年公布的就有 12 份市场禁入决定书，共计 30 人，除了上市公司的董监高和中介机构人员外，证券公司的从业人员也不乏在列。例如，前广州证券上海分公司机构部总经理唐云就在 5 月 19 日被证监会处以 10 年证券市场禁入。经证监会查明：唐云作为证券公司的从业人员，直接参与设立并购基金收购微创网络股权过程，知悉鑫茂科技收购微创网络股权等相关内幕信息。在内幕信息公开前，唐云控制使用"章某驰"等 24 个账户大量买入鑫茂科技股票，买入股数高达 12 521.25 万股，买入金额高达 94 461.20 万元，严重扰乱证券市场秩序，在市场上造成了极为恶劣的影响。[②]

其中，借他人名义持有、买卖股票作为证券公司从业人员违规操作的典型表现形式，历来是证券公司或监管机构的重点打击对象，但总有人漠视法律、铤而走险，导致借他人名义持有、买卖股票的现象屡禁不止。经中国证监会上海证监局查明：2013 年 9 月 24 日至 2020 年 6 月 3 日，上海海通证券资产管理有限公司员工刘某在担任上海海通证券资产管理有限公司研究员、投资经理、权益投资部副总监（主持工作）期间，先后利用"秦某珍"海通证券信用账户、"许某兰"海通证券信用账户、"周某玲"海通证券信用账户、"王某华"海通证券普通账户及"毛某东"海通证券信用账户持有、买卖股票，通过刘某个人使用的手机和电脑设备委托下单共计 24 623 笔，累计交易金额 14 682 496 752.69 元，盈利 54 638 669.34元。2022 年 6 月 22 日，上海证监局公开发布行政处罚决定书，认定刘某违反了 2019 年《证券法》第 40 条第 1 款关于禁止从业人员借他人名义持有、买卖股票的规定，责令刘某依法处理非法持有的股票，没收其违法所

---

①　中国证监会行政处罚决定书（网信证券、刘平等 6 名责任主体）. 中国证监会网站，http://www.csrc.gov.cn/csrc/c101928/c4278423/content.shtml，[2022-12-18]；中国证监会行政处罚决定书（中德证券、杨丽君、王鑫）. 中国证监会网站，http://www.csrc.gov.cn/csrc/c101928/c6392633/content.shtml，[2022-12-18]；中国证监会行政处罚决定书（招商证券、陈轩璧、俞新平）. 中国证监会网站，http://www.csrc.gov.cn/csrc/c101928/c5778237/content.shtml，[2022-12-18].

②　中国证监会市场禁入决定书（唐云）. 中国证监会网站，http://www.csrc.gov.cn/csrc/c101927/c3010339/content.shtml，[2022-12-18].

得 54 638 669.34 元，并对其处以 54 638 669 元罚款。①

　　长期以来，代客理财是证券公司从业人员违规操作的另一典型表现形式，为此，2019 年《证券法》第 136 条第 2 款明确规定："证券公司的从业人员不得私下接受客户委托买卖证券。"尽管代客理财一直是监管的重点，但这一违规操作乱象时有发生，未见明显好转。2019 年 11 月 14 日，中国证监会认定上海华信证券有限责任公司在其经营活动中严重违反《证券法》，包括将 6 亿元自有资金为股东提供融资；以购买和租赁房产名义向股东关联方划款 3.9 亿元提供融资；以证券资产管理客户的资产为股东提供融资。为此，证监会直接撤销了华信证券的全部证券业务许可，一时间引发了证券业的巨大震动。② 2021 年 6 月 17 日，上海证监局认定兴业证券股份有限公司上海金陵东路证券营业部证券经纪人赵某，在 2010 年 12 月 1 日至 2019 年 8 月 22 日期间，私下接受客户方某委托，为其操作"沙钢股份""圣济堂""天目湖"等多只股票交易，累计成交金额共计 15 099.7 万元。③ 据此，上海证监局对赵某处以罚款 30 万元。

　　3. 金融诈骗等金融违法犯罪居高不下

　　公开资料显示，从 2019 年到 2021 年，全国检察机关起诉金融诈骗、破坏金融管理秩序犯罪的人数逐年增加：2019 年全国共起诉 40 178 人，同比上升 25.3%；2020 年全国共起诉 4.1 万人，同比上升 3.2%；2021 年全国共起诉 4.3 万人，同比上升 3.3%。④ 2017 年至 2022 年 8 月间，全国法院审结破坏金融管理秩序罪、金融诈骗罪一审刑事案件共 11.71 万件，18.63 万名被告人被判处刑罚；审结非法集资一审刑事案件 6.02 万件，10.87 万名被告人被宣判。⑤

　　近年来，全国法院先后审判、处置了北京"e 租宝"、"昆明泛亚"、上海"阜兴"等一批重大金融犯罪案件。2014 年 6 月至 2015 年 12 月，安

---

　　①　中国证券监督管理委员会上海监管局沪〔2022〕3 号行政处罚决定书. 中国证监会上海证监局网站，http://www.csrc.gov.cn/shanghai/c103864/c4034936/content.shtml，[2022-12-18].

　　②　中国证监会行政处罚决定书（华信证券）. 中国证监会网站，http://www.csrc.gov.cn/csrc/c101928/c1042380/content.shtml，[2022-12-18].

　　③　中国证券监督管理委员会上海监管局沪〔2021〕5 号行政处罚决定书. 中国证监会上海证监局网站，http://www.csrc.gov.cn/shanghai/c103864/cbe197b633e8144d89fd83334d3d29e17/content.shtml，[2022-12-18].

　　④　2020 年、2021 年和 2022 年最高人民检察院工作报告. 最高人民检察院网站，https://www.spp.gov.cn/gzbg/，[2022-12-18].

　　⑤　最高法发布人民法院依法惩治金融犯罪工作情况暨典型案例. 最高人民法院网站，https://www.court.gov.cn/zixun-xiangqing-372751.html，[2022-12-18].

徽钰诚控股集团、钰诚国际控股集团有限公司在不具有银行业金融机构资质的情况下，利用"e租宝"平台、芝麻金融平台发布虚假融资租赁债权项目及个人债权项目，包装成"e租年享""年安丰裕"等若干理财产品进行销售，以承诺还本付息等为诱饵，通过电视台、网络、散发传单等途径向社会公开宣传，向115万余人非法吸收资金762亿余元。其中，大部分集资款被用于返还集资本息、收购线下销售公司等平台运营支出，以及挥霍或其他违法犯罪活动，造成集资款损失380亿余元。2017年11月，北京市高级人民法院作出二审判决，认定"e租宝"创始人丁宁等构成集资诈骗罪等罪，对其判处无期徒刑，剥夺政治权利终身，并处没收个人财产50万元，罚金人民币1亿零1万元。

2011年11月至2015年8月，昆明泛亚公司董事长、总经理单九良与主管人员经商议策划，以稀有金属买卖融资融货为名违规推行"委托受托"业务，承诺给付固定回报，向社会公开宣传，诱使社会公众投资，变相吸收巨额公众存款1 678亿余元，涉及集资参与人13万余人，造成338亿余元无法偿还。2019年7月，云南省高级人民法院经二审审理，以非法吸收公众存款罪等罪数罪并罚，判处单九良有期徒刑18年，并处没收个人财产人民币5 000万元，罚金人民币50万元。

2014年9月起，阜兴集团董事长朱一栋与总裁赵卓权等人通过虚构投资标的、夸大投资项目价值、向社会公开宣传等方式，以高收益、承诺到期还本付息等为诱饵，设计销售债权类、私募基金类等理财产品，向社会公众非法集资。至2018年6月，阜兴集团非法集资565亿余元，案发时未兑付本金218亿余元。其间，朱一栋等人集中资金、持股、持仓优势或者利用信息优势联合、连续买卖"大连电瓷"股票，并通过控制上市公司信息的生成或者信息披露的内容、时点、节奏，误导消费者作出投资决策，影响证券交易价格或者证券交易量，操纵证券市场。上海市高级人民法院作出二审判决，以集资诈骗罪、操纵证券市场罪，对朱一栋判处无期徒刑，剥夺政治权利终身，并处罚金人民币1 500万元；以集资诈骗罪判处赵卓权无期徒刑，剥夺政治权利终身，并处罚金人民币800万元。①

通过对已结案的金融犯罪案件的分析可以发现，内外勾结，联手作案，"家贼难防"，已成为金融犯罪的显著特征之一。多年前，在对100个银行如何被骗的学术解读中，北京大学金融犯罪学专家白建军教授发现，

---

① 人民法院依法惩治金融犯罪典型案例. 最高人民法院网站，https://www.court.gov.cn/hudong-xiangqing-372731.html，[2022-12-18].

60％属于内外牵连型诈骗案件，造成的损失占 88.8％。在内外牵连型犯罪中，内外勾结类诈骗案所造成的损失巨大，占损失总额的 79.6％。其中，"家贼"和外贼勾结得逞率高达 91.7％，而纯粹的外贼作案得逞率仅为 32.5％。① 可以说，没有金融机构工作人员的"帮忙"，金融犯罪很难得逞。时至今日，这一现象仍未彻底改观。而金融工作人员贪污、受贿、挪用、严重渎职、违规放贷等违法犯罪行为，不仅严重破坏金融秩序，影响国民经济的健康发展，而且进一步加剧了不良金融资产的形成，导致金融机构不良资产率上升、抗风险能力急剧下降，进而为金融危机的发生埋下隐患。正如 1997 年亚洲金融危机的发生和 2008 年全球金融风暴的席卷，固然是多方面因素综合作用的结果，但金融系统抗风险能力的不足无疑是最根本的原因，而金融领域职务犯罪的蔓延，则是削弱金融系统抗风险能力的重要因素之一。

4. 操纵证券交易价格现象屡禁不止

我国证券市场自建立以来，一直深受操纵证券交易价格之害。据统计，2021 年全年，中国证监会共新增立案 273 件中，48 件为操纵市场案件，占比高达 17％以上。② 近年来，操纵团伙往往通过连续交易等手段操纵流通市值较小的股票，恶意"炒小、炒差、炒新"，造成相关股票价格在短时间内暴涨暴跌。例如，在 2019 年 6 月至 2020 年 12 月期间，私募基金实际控制人景某滥用杠杆交易操纵仁东控股，导致该股价格连续上涨后"闪崩"跌停，给投资者造成巨大损失。③ 之所以如此，是因为在一个被操纵的证券市场里，"一个人或一个集团有权规定所销售商品的数量或销售价格"④，不仅竞争被排除或者受到极大限制，市场操纵者和其他市场参与者都已不是本体意义上的自由竞争者，而且市场行情的发展演变也不再是自由竞争的结果，而是成了操纵者控制下的表演。这种表演，人为扭曲了证券市场的证券供求关系，使得受供求关系影响的证券价格不再围绕证券价值上下波动，进而使得证券市场的运行偏离价值规律而逐步陷于

---

① 李明. 看看中国"银鼠"的众生相. 中国新闻网，https://www.chinanews.com/news/2005/2005-03-01/26/545057.shtml，[2022-12-18].

② 中国证券监督管理委员会. 中国证券监督管理委员会年报（2021）. 北京：中国财政经济出版社，2022：52.

③ 证监会严厉打击操纵市场、内幕交易等证券违法活动. 中国证监会网站，http://www.csrc.gov.cn/csrc/c100200/c05e21eaef5f648f58865797e491dd3a6/content.shtml，[2022-12-18].

④ 新古典经济学派的代表人物马歇尔在其《经济学原理》中对于垄断的描述. //李开孟，徐成彬. 企业投资项目可行性研究与核准申请. 北京：冶金工业出版社，2007：471.

无序的混乱状态乃至于崩溃失灵。[①] 20 世纪 30 年代那场人类历史上迄今为止最严重、最惨烈的全球经济灾难，即缘起于在美国不断兴风作浪、泛滥成灾的股市操纵。

因此，操纵证券交易价格行为对证券市场的危害极为严重。2001 年查处的曾创百元股价的亿安科技事件，可以说是中国资本市场史上最为恶劣的操纵股价案了。亿安科技事实上的大股东通过自己的 4 个庄家，自 1998 年年底进入亿安科技前身"深锦兴"以来，逐步持有亿安科技股票 3 001 万股，占流通股的 85%，然后通过其控制的不同账户，以自己为交易对象，进行不转移所有权的自买自卖，影响证券交易价格和交易量，致使越来越多的股民跟进。亿安科技 1999 年年底的股东总数只有 2 000 多人，而到 2001 年年初，已达万余人。股价则于 2000 年 2 月达到 100 多元，最高为 126.31 元。2000 年 2 月 5 日，亿安科技自己持有的 3 000 多万股票，大部分都已在高位套现，股票余额只有 77 万股，实现盈利 4.49 亿元。

经过多年整治，操纵证券交易价格这一资本市场顽疾依旧屡禁不止。据中国证监会通报，2006 年 1 月至 11 月期间，周建明利用频繁申报和撤销申报手段，操纵"大同煤业"等 15 只股票价格，违法所得 176 万余元[②]；通过"抢帽子"手法[③]，即事先建仓，黑嘴公开荐股后抢先卖出，北京首放投资咨询有限公司（以下简称"北京首放"）总经理汪建中在 2007 年 1 月 9 日至 2008 年 5 月 21 日间，操纵证券市场共计 55 次，非法获利共计人民币 1.25 亿余元归个人所有。[④] 而年仅 30 岁出头的余凯等人，以同样的手法，在不到 2 年的时间里，从股市圈钱 7 000 多万元。[⑤]

操纵证券市场的查处风暴并未就此平息。2011 年 12 月，中国证监会再次通报了几起"抢帽子"交易案，其中，广东中恒信传媒投资有限公司、薛书荣、郑宏中等机构和个人以抢帽子交易方式操纵股票价格，交易

---

① 田宏杰. 规范关系与刑事治理现代化的道德使命. 北京：人民法院出版社，2020：327.

② 中国证监会证监罚字〔2007〕35 号行政处罚决定书（周建明），〔2007-12-17〕.

③ 早期的证券交易都是由证券交易员在交易池内喊价交易，他们用手势加上高声喊叫来报价，于是那些在日内短线炒作的交易员就要不停地举手报价，那情形就像一群人在伸手抢帽子一样，所以就把日内短线交易的手法称为"抢帽子"。王亮. "汪建中荐股案"法律问题分析. 兰州：兰州大学. 2012. 时至今日，抢帽子交易的内涵已发生了演变，专指利用股票分析、咨询服务和信息发布优势，在荐股前先行建仓，荐股后进行反向交易的证券市场操纵行为。

④ 中国证监会〔2008〕42 号行政处罚决定书（汪建中），〔2008-10-23〕；北京市第二中级人民法院（2010）二中刑初字第 1952 号刑事判决书，〔2011-08-03〕.

⑤ 张林. 余凯操纵证券案浮出水面. 法眼，2012（7）：58-60.

股票 552 只，累计交易金额约 571.76 亿元，非法获利 4.26 亿元，成为中国证监会迄今查实涉及股票规模最大、涉案金额最高、涉案人员数量最多的"抢帽子"交易案。2018 年，股市"黑嘴"廖英强因操纵证券市场被中国证监会罚没 1.26 亿元。① 2019 年，李某等人动用约 9 亿元资金操纵"金逸影视"股价，非法获利 1 亿余元；2021 年，在证券监管部门与公安机关联合查办下，操盘手、配资中介等 35 名涉案人员被追究刑事责任。②

而随着数字时代的来临，证券市场操纵手法升级换代的帷幕也随之拉开，面对天文数字般的巨额流通股市值，利用资金优势、持股优势等拉抬、打压股价等传统"坐庄"手法逐渐淡出操纵核心地位，取而代之且层出不穷的是各种新型的、成本更低、技术含金量更高的操纵形式和记录不断被刷新的巨额操纵大案。③ 在这其中，"徐翔案"可以说是近年来影响最大的操纵证券交易价格案件之一。2010 年至 2015 年间，徐翔单独或者伙同他人，先后与 13 家上市公司的董事长或者实际控制人合谋操纵上述公司的股票交易。在其中 11 家上市公司股票交易中，徐翔等人约定，由上市公司的董事长或者实际控制人选择一定的时机发布"高送转"方案、引入一定热点题材等利好消息。徐翔则基于该信息优势，用基金产品或者控制的证券账户在二级市场对上述公司股票连续买卖，以此抬升股价。同时，徐翔以大宗交易的方式，接盘上市公司股东减持的股票，并随后在二级市场全部抛售。减持公司股票的股东将获利与徐翔等人进行分成。在另外 2 家上市公司股票交易中，徐翔与上市公司实际控制人共同认购该公司的非公开发行股票后，以前述相同方式拉升股价，并通过抛售股票获利或实现股票增值。通过操纵股市，徐翔非法获取巨额利益 93 亿余元，严重破坏了正常的证券交易秩序。2017 年 1 月 23 日，山东省青岛市中级人民法院一审以操纵证券市场罪判处徐翔有期徒刑 5 年 6 个月，并处罚金 110 亿元。④ 这也是迄今以来罚金数额最高的操纵证券市场案件。

4.1.2.4 全球化趋势下中国金融业的合规风险

信息披露制度是金融市场法治建设中的一项重要内容。近年来，与监管执法部门对违规信息披露行为打击力度的不断加大形成鲜明对比的是，

① 中国证监会〔2018〕22 号行政处罚决定书（廖英强），［2018-04-03］。
② 2021 年证监稽查 20 起典型违法案例. 证监会网站，http://www.csrc.gov.cn/csrc/c100028/c2265190/content.shtml，［2022-11-10］。
③ 田宏杰. 规范关系与刑事治理现代化的道德使命. 北京：人民法院出版社，2020：320.
④ 纪律处分决定书（上海泽熙投资管理有限公司、上海泽熙资产管理中心（普通合伙）、徐翔、郑素贞、徐峻）. 中国证券投资基金业协会网站，https://www.amac.org.cn/selfdisciplinemeasures/cyry/hyjg/201706/t20170607_2509.html，［2022-12-18］。

违规信息披露案件数量呈逐年上升趋势。据统计，2013 年至 2018 年，证监会对信息披露违法案件作出行政处罚决定分别为 28 宗、25 宗、13 宗、54 宗、60 宗、56 宗；仅 2018 年，证监会各派出机构就累计对信息披露违法类案件作出行政处罚 81 件；2019 年至 2021 年，证监会立案调查信息披露违法案件的数量依旧居高不下，分别为 85 件、66 件、69 件。① 此外，市场上还不时曝出与信息披露违法相关的欺诈发行、中介机构违法等案件。与之相应，违规信息披露涉案金额、给投资者造成的损失、对市场信心和市场秩序造成的冲击也越来越大。可见，违规信息披露案件非但没有因为行政处罚力度的加大而得以缓解，相反，不但有愈演愈烈之势②，而且花样繁多、形形色色。

1. 上市公司信息披露存在虚假

"信息披露虚假，亦即信息披露虚假记载行为，通常表现为在披露报告中记载不存在的事实、做夸大或缩小记载等，具体包括：一是上市公司通过虚增收入、少计费用、利用 8 项计提等方式虚报公司利润；二是对资金往来或占用情况进行虚假披露；三是对关联交易资产收购等做虚假披露；四是对重大担保等相关行为做虚假披露。"③ 根据证监会公布的资料，仅在 2022 年，就有金正大、新疆亿路、仁东控股、同济堂、柏堡龙、神雾节能、沙钢集团、海航控股、胜利精密、希努尔（现已更名为雪松）等多家上市公司因虚假陈述、披露虚假信息而受到证监会行政处罚。④

20 世纪 90 年代，我国上市公司虚假信息披露现象十分严重。海南琼民源现代农业发展股份有限公司股票（以下简称"琼民源"）自 1993 年在深圳证券交易所上市以来，股价表现平平，交投并不活跃。令人惊讶的

---

① 数据来源：2016 年 2 月 19 日证监会新闻发布会. 中国证监会网站，http://www.csrc.gov.cn/csrc/c100029/c1000207/content.shtml，[2022-12-25]；证监会严惩上市公司信息披露违法行为，着力改善证券市场生态环境. 中国证监会网站，http://www.csrc.gov.cn/csrc/c100028/c1000998/content.shtml，[2022-12-25]；中国资本市场投资者保护状况白皮书（2018 年度总报告）. 中国证券投资者保护基金有限责任公司网站，http://www.sipf.com.cn/images/zwz/dcpj/tbzkpj/2021/08/18/E37927EDBEA7AB6A476F6482D0F11F54.pdf，[2022-12-25]；中国证券监督管理委员会. 中国证券监督管理委员会年报（2019）. 北京：中国财政经济出版社，2020：50；中国证券监督管理委员会. 中国证券监督管理委员会年报（2020）. 北京：中国财政经济出版社，2021：48；中国证券监督管理委员会. 中国证券监督管理委员会年报（2021）. 北京：中国财政经济出版社，2022：52.

② 田宏杰. 行刑共治下的违规披露、不披露重要信息罪：立法变迁与司法适用. 中国刑事法杂志，2021（2）.

③ 同②.

④ 中国证监会行政处罚决定. 中国证监会网站，http://www.csrc.gov.cn/csrc/c101971/zfxxgk_zdgk.shtml，[2022-12-25].

是，在 1996 年下半年，琼民源股价在短短 5 个月的时间里疯狂上涨了 4
倍。琼民源股价何以在证券市场上异军突起？1997 年年初琼民源公布的
1996 年年度报告和补充公告为人们揭开了琼民源股价疯涨的谜底。原来，
1996 年琼民源"实现利润 5.7 亿元，资本公积金增加 6.57 亿元"。而经国
务院证券委、审计署、中国人民银行、中国证监会自 1997 年开展的近一
年广泛深入的调查，琼民源财务资料所披露的上述内容严重失实。高达
5.4 亿元的虚构利润是琼民源在未取得土地使用权的情况下，通过与关联
公司及他人签订的未经国家有关部门批准的合作建房、权益转让等无效合
同编造的。所谓 6.57 亿元资本公积金，是琼民源在未取得土地使用权、
未经国家有关部门批准立项和确认的情况下，对 4 个投资项目的资产评估
而编造的。当证券监管部门和广大投资者对琼民源业绩提出质疑并要求公
司董事对其真实性负责时，全体董事竟集体辞职，并申请股票停牌，完全
置投资者利益于不顾。

　　至于一心想做成世界第一的"银广厦"，为了每年能够保住 10％的净
资产收益率的配股权资格，为了在 2001 年度能够顺利实现以每股 20 元至
30 元的高价再次配股圈钱的目标，在中介机构的"配合"下，炮制出一
个"神话"般的绩优上市公司，每年的业绩以 100％以上的速度递增，妄
想以此为诱饵，套取更多投资者的资金。经过调查，中国证监会新闻发言
人 2001 年 9 月 5 日披露："银广厦公司通过伪造购销合同、伪造出口报关
单、虚开增值税专用发票、伪造免税文件和伪造金融票据等手段，虚构主
营业务收入，虚构巨额利润 7.45 亿元，其中，1999 年为 1.78 亿元，2000
年为 5.67 亿元。"[1]

　　而与银广厦、郑百文等造假上市公司相比，蓝田股份因其公司乃我国
证券市场上的首个造假惯犯而堪称最精致的"假货"。以蓝田股份为核心
的"大蓝田"非但套牢银行贷款十几亿元，而且二期市场上流通市值"蒸
发"超过 25 亿元，商业银行和中小投资者成为"蓝田案"的最大受害者。[2]

　　近年来，尽管证监会的行政处罚力度不断加大，但上市公司虚假陈
述、披露虚假信息的问题依旧屡禁不止。例如，康美药业股份有限公司
（以下简称"康美药业"）因涉嫌信息披露违法被广东证监局立案调查发
现，2016 年至 2018 年，康美药业通过仿造、变造增值税专用发票等方式
虚增营业收入，通过伪造、变造大额定期存单等方式虚增货币资金，将不

---

① 中国证券监督管理委员会公告，2001（9）.
② 中国经济时报，2002-01-26.

满足会计确认和计量条件工程项目纳入报表，虚增固定资产，连续在"2016 年年度报告""2017 年年度报告""2018 年年度报告"中虚增营业收入，虚增营业利润，多计利息收入。① 同时，康美药业涉嫌未在相关年度报告中披露控股股东及关联方非经营性占用资金情况。事实证明，康美药业披露的相关年度报告存在严重虚假记载和重大遗漏。

而在证监会公布的 2021 年证监稽查 20 起典型违法案例中，涉及信息披露违法违规的案件就有 9 起，占比近 50%。其中，广州浪奇信息披露违法违规案、龙力生物信息披露违法违规案、亚太药业信息披露违法违规案等均是典型的上市公司虚假信息披露案件。② 2018 年至 2019 年，广州市浪奇实业股份有限公司（以下简称"广州浪奇"）通过虚构大宗商品贸易业务、循环交易乙二醇仓单等方式，虚增营业收入、营业成本和利润，并通过将部分虚增的预付账款调整为虚增的存货，虚增存货金额。基于以上方式，广州浪奇在"2018 年年度报告"和"2019 年年度报告"中累计虚增收入 129 亿元，虚增资产 20 亿元。③

2015 年至 2016 年，山东龙力生物科技股份有限公司（以下简称"龙力生物"）通过删除、修改、伪造大量会计凭证与相关单据，将部分募集资金从募集资金专户转入一般户，删除应付票据及部分债务对应的保证金账户等方式，在 2015 年年度、2016 年半年度和 2016 年年度报告中虚假记载银行存款项目。2015 年至 2017 年，龙力生物通过删除与借款相关的记账凭证等方式，在 2015 年年度、2016 年半年度、2016 年年度和 2017 年半年度报告中累计虚减借款本金 98 亿余元、虚减与借款相关的融资费用 6 亿余元。同时，龙力生物擅自改变首次公开发行股票所募资金的用途，在 2015 年度、2016 年半年度及 2017 年半年度"募集资金使用与存放情况专项报告"中虚假披露募集资金专户余额。④

2016 年至 2018 年，浙江亚太药业股份有限公司（以下简称"亚太药业"）收购的全资子公司上海新高峰生物医药有限公司，在未开展真实业务的情况下，确认来自安徽贤林生物科技有限公司等客户的销售收入，并

① 中国证监会行政处罚决定书（2020）24 号（康美药业股份有限公司、马兴田、许冬瑾等 22 名责任人员）.
② 2021 年证监稽查 20 起典型违法案例. 中国证监会网站，http://www.csrc.gov.cn/csrc/c100028/c2265190/content.shtml，[2022-12-25].
③ 中国证券监督管理委员会广东监管局（2021）21 号行政处罚决定书（广州市浪奇实业股份有限公司、傅勇国等 8 人）.
④ 中国证监会（2021）3 号行政处罚决定书（山东龙力生物科技股份有限公司、程少博等 18 名责任主体）.

通过武汉光谷临床医学科技有限公司等第三方主体实现资金流转，导致亚太药业在"2016 年年度报告""2017 年年度报告"和"2018 年年度报告"中累计虚增营业收入 4 亿余元，虚增营业利润近 2 亿元。①

2. 上市公司信息披露存在误导

"信息披露应力求简明，而非越多越好、越细越好，过多过细的信息披露只能使投资者和社会公众陷入'信息超载'的精神焦虑和判断抉择的犹疑痛苦，进而成为投资者和社会公众进行投资判断的障碍。良好的信息披露制度要求信息披露应力求条文简洁、表述准确、意义明晰、通俗易懂，尽量避免海量无效信息的重复，以使投资者和社会公众能够免于信息噪音的干扰和理解歧义，以达到既有利于信息披露的有效实施，又便于投资者和社会公众理解。而信息披露的误导性陈述则表现为，公司、企业在信息披露文件中或者通过媒体，做出使投资者对其投资行为发生错误判断并产生重大影响的陈述，或者选择性地发布其认为对公司有利、能够吸引更多投资的信息，但对投资有不利影响或者重大风险的信息则避而不谈。"② 例如，浙江杭可科技股份有限公司（以下简称"杭可公司"）在申请科创板首次公开发行股票过程中，对于部分不利于公司的信息在招股说明书中避而不谈，误导投资者和社会公众作出错误的投资判断。具体表现为：一方面，杭可公司未披露暂停执行合同情况及可能由此导致的存货跌价准备的风险。2018 年 12 月，作为杭可科技主要客户的比克动力暂停四期项目合同，而招股说明书对此未予披露。另一方面，杭可公司未披露比克动力应收票据到期无法承兑的情况。2018 年 10 月至 2019 年 6 月，比克动力共有 12 笔商业承兑汇票（合计 11 692.7 万元）到期未能承兑，其中 4 460 万元已通过电汇等支付，其余 7 232.7 万元尚未支付，上述情形与招股说明书披露严重不符。③

3. 上市公司信息披露不充分

信息披露不充分，又称"信息披露存在重大遗漏"，通常表现为在信息披露文件中，虽然公布了部分真实信息，但没有将应当记载的事项记载完全，由于信息的不完整而导致信息接收主体产生错误判断，并做出错误

---

① 中国证券监督管理委员会浙江监管局（2021）4 号行政处罚决定书（浙江亚太药业股份有限公司、任军等 18 名责任主体）.

② 田宏杰. 行刑共治下的违规披露、不披露重要信息罪：立法变迁与司法适用. 中国刑事法杂志, 2021（2）.

③ 关于对浙江杭可科技股份有限公司采取 1 年内不接受发行人公开发行证券相关文件的监管措施的决定. 中国证监会网站，http://www.csrc.gov.cn/csrc/c106064/c1564692/content.shtml，[2022−12−25].

投资决策。例如，中国证监会对康得新复合材料集团股份有限公司（以下简称"康得新"）经立案调查发现，康得新披露的"2015 年年度报告""2016 年年度报告""2017 年年度报告""2018 年年度报告"存在虚假记载和重大遗漏以及未及时披露重大事件等诸多违规披露信息行为。① 又如，华纺股份在 2001 年 7 月底刊登的招股说明书和 8 月 27 日刊登的上市公告中，均未披露上海市第二中级人民法院已于 1999 年 5 月 28 日判决该公司第一大股东华诚投资与中国华诚集团财务有限责任公司清偿所欠宝钢集团财务有限公司逾期债务 2 000 余万元人民币和 150 余万元美元债务且尚未执行判决等重大事宜。② 至于世界各国证券监管机构严格要求的关联交易信息的充分披露，在我国更是严重不足③：有的上市公司利用会计准则或其他政策法规的不完善，掩饰非正常关联交易；有的在关联交易信息披露中，重形式、轻实质；有的上市公司则在关联交易内容的披露上，仅披露关联企业与上市公司的关系，而对有关交易要素，如交易金额或相应比例、未结算项目的金额或相应比例、交易价格定价的详细依据等往往不予披露，即使披露，也往往不说明有关资产是否经过审计、评估，是否按照独立企业的交易原则予以作价等，使投资者很难了解关联交易的实际情况。

4. 上市公司信息披露不及时

信息披露制度要求上市公司将对投资者决策有重大影响的信息，及时向投资者和社会公众公开。信息披露的及时性能保证信息披露的公开、公平、透明，减少内幕交易，保护在获取信息方面处于不利地位的中小投资者的利益。但是，一些上市公司信息披露往往滞后。一是上市公司没有在法律规定的期限内披露定期报告，违反了信息披露制度的基本要求。例如，2006 年 8 月 20 日，天津环球磁卡集团有限公司与中信文化传媒集团已经签署重组协议，但直至 9 月 5 日，股份公司才在获悉此事后披露上述投资重组重大事宜。为此，上海证券交易所于 2006 年 9 月 28 日公开谴责 ＊ST 磁卡控股股东天津环球磁卡集团有限公司，并将惩戒计入上市公司诚信记录。④ 二是上市公司没有及时公布依法应当公布的临时报告，这

---

① 中国证监会（2020）71 号行政处罚决定书（康得新、钟玉等 13 人）；中国证监会（2021）57 号行政处罚决定书（康得新复合材料集团股份有限公司、钟玉）.

② 中国证券监督管理委员会公告，2001（9）.

③ 田宏杰. 刑行共治下的违规披露、不披露重要信息罪：立法变迁与司法适用. 中国刑事法杂志，2021（2）.

④ 王璐. ＊ST 磁卡信息披露滞后　遭上证所谴责. 中国金融网，[2006-09-28].

主要涉及公司重大事项的披露，包括不及时披露关联交易、重大对外投资、重大诉讼和仲裁、重要合同、重大担保等违规行为等。例如，2000年 6 月，猴王股份公司因重大事项信息披露不及时，受到深交所的公开谴责。猴王公司董事会公告显示，该公司自 1994 年以来，长期借款给大股东使用，金额达 8.91 亿元；1998 年以来，为大股东提供巨额担保，金额达 2.44 亿元；公司涉及重大诉讼事项 32 项，金额达 3.5 亿元，但公司董事会一直未对上述严重影响公司正常经营的行为及时予以披露。[①] 又如，2022 年，海南航空控股股份有限公司（以下简称海航控股）未及时披露非经营性关联交易和未及时披露关联担保，被证监会警告并给予罚款。经查，2018 年至 2020 年三年间，海航控股分别与海航集团等 65 家关联企业发生非经营性关联交易 1 198 笔、1 217 笔和 434 笔，同时分别向航空集团等关联方提供担保 66 笔、110 笔和 21 笔。海航控股应当及时披露上述信息，但却未按规定及时披露。[②]

5. 信息披露不持续

信息披露应保持相对稳定性，不能朝令夕改，令投资者和社会公众无所适从。制度经济学认为，人类在与他人的交往中受制于两种知识的不足：一是人们对于未来只有不确定的知识；二是人们在了解资源、潜在交易伙伴及他们的精确特征上具有"横向不确定性"。制度恰恰具有减少世界的复杂性、简化"识别负担"（Cognition Task）的关键功能，使复杂的人际交往过程变得更易理解和更可预见，从而减少交易成本、提高效益。但是，如果制度不稳定，缺少可信赖性，那么，制度的执行成本就会大大提高。[③] 因此，信息披露的持续和稳定对于市场行为的理性和政府监管的有效有着不可或缺的重要价值和作用。目前证券市场上常见的现象是，先有市场传言引起某公司股票发生异常波动，公司董事会先是发布辟谣公告，对传言矢口予以否认，投资者遂不再理会"谣言"，转而相信上市公司的正规披露。但令人啼笑皆非的是，时隔不久（通常仅为几个工作日或几个星期），上市公司又正式发布与前述市场"谣言"几无二致的信息公告。这种荒唐却在中国证券市场不断上演的闹剧，能否认定为"所披露的信息有虚假记载、误导性陈述或者有重大遗漏"，从而追究上市公司违规披露、不披露重要信息的责任呢？表面上，2019 年《证券法》以及其他

①　财经观察. 透视上市公司业绩荒漠化. 中国经济时报，[2000-09-25].
②　中国证监会（2022）46 号行政处罚决定书（海航控股及 11 名责任人员）.
③　徐孟洲、侯作前. 市场经济、诚信政府和经济法. 江海学刊，2003（4）.

证券监管规则似未予以明确规定，但从信息披露的持续性要求来看，将此类行为以违规披露、不披露重要信息行为论，在理论上当无疑问。①

6. 中介机构虚假证明推波助澜

如果说为了圈钱，上市公司造假已经到了疯狂的地步，那么，中介机构为了高额的中介费而出卖良心和职业道德，就更令人痛心忧愤。2001年10月29日，时任国务院总理的朱镕基在考察国家会计学院时指出：现在经济生活中一个突出的问题，就是不少会计师事务所和会计人员造假账，出具虚假财务报告。许多贪污受贿、偷税漏税、挪用公款等经济违法犯罪活动以及大量腐败现象，几乎都与财会人员做假账分不开。这已经成为危害市场经济秩序的一个"毒瘤"②。而这一毒瘤，至今仍未得以根治，中介机构在提供服务过程中违法违规的现象依旧十分严重。2021年，中国注册会计师协会组织各省、自治区、直辖市注册会计师协会在配合财政部门检查的基础上，对1 000家事务所开展行业自律检查。截至2022年2月28日，高达199家事务所和465名注册会计师因违规问题而受到各级注册会计师协会的行业惩戒。其中，53家事务所和116名注册会计师受到公开谴责；57家事务所和151名注册会计师受到通报批评；56家事务所和137名注册会计师受到训诫；其他33家事务所和61名注册会计师被采取约谈等监管措施。③ 2022年以来，截至12月25日，已经有5家会计师事务所受到了中国证监会的行政处罚，涉及注册会计师12名。④ 经调查发现，受到行政处罚的会计师事务所存在的问题，主要表现在两个方面。

一是会计师事务所对已经查明的上市公司财务会计信息虚假问题隐瞒未披露。例如，众华会计师事务所在对上海富控互动娱乐股份有限公司提供审计服务中，明知该公司2013年年度报告虚增利润2 767.63万元、

---

① 田宏杰. 行刑共治下的违规披露、不披露重要信息罪：立法变迁与司法适用. 中国刑事法杂志，2021（2）.

② 黄惠青、徐孟洲. 上市公司信息虚假与会计市场的恶性竞争. 甘肃政法成人教育学院学报，2002（3）.

③ 中国注册会计师协会会计师事务所执业质量检查通告第二十一号. 中国财政部网站，http://www.mof.gov.cn/zhengwuxinxi/caizhengxinwen/202203/t20220318_3796062.htm，[2022-12-25].

④ 中国证监会（2022）6号行政处罚决定书（堂堂所、吴育堂、刘润斌、刘耀辉）；中国证监会（2022）19号行政处罚决定书（信永中和会计师事务所、常晓波、白西敏）；中国证监会（2022）21号行政处罚决定书（众华所、李文祥、周敏）；中国证监会（2022）32号行政处罚决定书（大华所、李东坤、罗述芳）；中国证监会（2022）55号行政处罚决定书（希格玛所及相关责任人员）.

2014 年年度报告虚增利润 1.09 亿元、2015 年年度报告虚增利润 1.4 亿元而隐瞒不披露，连续 3 年出具了标准无保留意见的审计报告。① 又如，希格玛会计师事务所于 2017 年至 2019 年为永城煤电控股集团有限公司提供审计服务，明知该公司财务报告存在虚增货币资金等信息披露违法行为而予以忽略，并出具了无保留意见的审计报告。②

二是会计师事务所没有查出上市公司财务会计信息存在的虚假问题，存在重大疏漏。例如，深圳堂堂会计师事务所在执行新疆亿路万源实业投资控股股份有限公司其他应收款和营业外收入的函证程序时，对多处异常情况未予以应有的关注，未执行进一步审计程序消除异常情况，也未将异常情况在底稿中记录，导致审计报告存在虚假记载。③ 又如，信永中和会计师事务所（以下简称"信永中和"）在对乐视网信息技术（北京）股份有限公司（以下简称"乐视网"）92 家客户应收账款进行函证时，未对全部未回函的客户（56 家）进行替代测试，仅选取了 36 家未回函的客户执行了替代测试程序。而在对部分客户执行替代测试程序中，仅获取了应收账款明细表或乐视网广告业务系统部分销售订单，未获取其他相关、可靠的审计证据。上述未发函与未有效执行函证替代测试程序的 11 家客户均系 2015 年乐视网的虚假业务客户，共计虚增利润 32 797.51 万元，占当年披露利润总额的 442.2%。正是信永中和的重大工作疏漏，才导致乐视网的虚假财务会计信息未被查出。④

检视中国股市自起步以来发生的所有证券重大违规犯罪案件，不难发现，几乎都与中介机构的怠忽职守有着各种直接或者间接的关系。从琼民源、亿安科技、郑百文到康美药业、康得新、乐视网，哪一个没留有中介机构恶意包装、蓄意炒作的痕迹？更为荒唐的是，因为"银广夏"编制虚假财务报表，深圳市中天勤会计师事务所居然一夜之间成为业界的耀眼"新星"和"著名"事务所。⑤ 随着"梦幻"般的"绩优股"的一只只跌落，一个个在上市公司造假中助纣为虐的会计事务所才得以浮出水面，而其为上市公司出具失真财务报告、传递虚假信息、扰乱证券市场秩序的严重败德行为，在让广大投资者震惊和愤怒的同时，更多的是让投资者对作

① 中国证监会（2022）21 号行政处罚决定书（众华所、李文祥、周敏）.
② 中国证监会（2022）55 号行政处罚决定书（希格玛所及相关责任人员）.
③ 中国证监会（2022）6 号行政处罚决定书（堂堂所、吴育堂、刘润斌、刘耀辉）.
④ 中国证监会（2022）19 号行政处罚决定书（信永中和会计师事务所、常晓波、白西敏）.
⑤ 因为为"银广夏"的虚假财务报告出具标准的无保留意见，中天勤会计师事务所最终被吊销执业资格，有关责任人员被刑事追诉。黄惠青，徐孟洲. 上市公司信息虚假与会计市场的恶性竞争. 甘肃政法成人教育学院学报. 2002（3）.

为市场经济警察的会计师和证券市场严重丧失信心和信任。而上市公司和中介机构公信力的下降乃至于丧失，不仅使证券市场风险四伏，而且必然导致证券市场的失效。在这方面，俄罗斯和捷克 20 世纪 90 年代末所遭遇的证券市场危机的深刻教训，值得我们铭记和深思。①

4.1.2.5 全球化趋势下中国金融业的市场风险

经过多年努力，我国金融市场现已发展成为以货币市场和资本市场为主的多元素、多种类、多层级的市场体系。其中，货币市场主要包括同业拆借市场、回购协议市场、商业票据市场、银行承兑汇票市场、短期政府债券市场、大面额可转让存单市场；资本市场则主要包括由中长期银行信贷市场、证券市场（债券市场、股票市场）、期货市场、保险市场、融资租赁市场构成的原生资本市场和衍生品市场。随着分业经营模式在实践中被逐步突破，银行、信托、证券、保险机构都在不断推出各种横跨货币、资本等多个市场的金融产品或工具。这在提高金融机构竞争力的同时，也带来了风险在各金融机构和金融市场之间的相互传递，银行、证券、信托和保险等金融机构大力拓展的委托理财业务即其典型适例。尽管不同金融机构对委托理财业务有不同的称谓，也有不同的业务规则，但"委托理财"中的"财"既投资于股票市场，又投资于外汇市场，还投资于银行间债券市场这一事实本身就说明，委托理财业务或产品属于一种跨市场的金融产品。从对部分高风险证券机构的处置案例可以发现，一些证券公司从事委托理财业务所产生的巨额亏损，正是导致这些机构资不抵债的一个主要原因。② 由于证券公司广泛参与货币市场，这些证券公司的风险无疑会传递给其他市场参与者。对此，时任中国人民银行副行长的吴晓灵，2007年 6 月 9 日在第四届 SNAI-ASU 企业家高层论坛上指出，中国金融创新将从体制转型的推动进入一个微观主体需求推动的新时期，这些创新日益集中在代客管理资产业务上。由于我国的金融市场及其监管架构仍以分业经营、分业监管为主，各监管当局纷纷对自己所监管金融机构的代客管理资产业务制定各自的规则，导致同一代客管理资产业务在不同监管规则中的准入门槛不一致，而营销限制、收益分配以及信息披露方面的法规差异

---

① 20 世纪 90 年代末，因社会公众尤其是中小投资者对证券市场发生信任危机而纷纷远离股市，俄罗斯证券交易所的股价指数不断下挫，1998 年比前一年下降了 90%，证券交易极度萎缩，证券市场的融资功能丧失殆尽，大量企业衰败倒闭。在捷克，布拉格证券交易所 1995 年有 1 716 个公司挂牌上市，而到 1999 年年初只剩下 301 家，其 50 种主要股票指数的投资价值也下降了 60%。国务院发展研究中心金融改革与金融安全系列研究报告之七. 有关我国证券市场的监管转向、整顿和软着陆的政策建议.

② 项俊波. 金融风险的防范与法律制度的完善. 金融研究，2005 (8).

也给客户造成了很多误导，既造成了金融机构间的不公平竞争，也使投资人的理念混乱，在产品的选择上缺乏可比的评判标准。[①] 不仅如此，在这种监管模式下，由于监管理念不同，既有可能阻碍金融机构的创新，也有可能放松对自己所监管机构的监督。虽然银监会和保监会已于 2018 年合并为银保监会，从而为银行业与保险业之间各种竞争内耗的消除，有序推进银行业与保险业的共融共治共享迈出了具有里程碑意义的坚实步伐，但只要分业经营的基本格局保持不变[②]，分业监管模式的传统弊端和风险亦将继续存在。

我国金融业另一比较突出的市场风险，则主要来自多种形式的金融控股公司的经营活动。虽然我国金融业原则上实行分类经营和分业管理制度，要求"证券公司与银行、信托、保险业务机构分别设立"，但法律上既未直接禁止设立金融控股公司，也未对有关公司借道下属子公司从而使整个集团同时涉及两类以上金融业务的做法予以明文禁止。尤其是 2001 年成功加入 WTO 后，我国金融市场面临金融业对外开放和全球化竞争的压力和挑战激增[③]，而金融控股公司乃是引领 21 世纪的国际金融市场竞争的风向标。为此，国务院于 2002 年批准中信集团、光大集团和平安集团进行综合性金融控股公司试点，开启了中国式金融控股公司建设；2005 年，进一步批准商业银行启动设立基金公司的试点；2008 年，原则上同意商业银行入股保险公司；2013 年，准许持牌保险机构开始试点设立基金管理公司，从而宣告了大金融时代的到来，大量上市公司、互联网公司、产业集团纷纷进入金融行业，各类投资型、资产管理型或者平台型的金融控股公司如雨后春笋般涌现。随着互联网在我国的加速普及，金融控股行业借助"互联网＋金控平台"的优势，开始实现跨越式飞跃和革新式发展，"互联网＋"时代融合"O2O"各种商业模式的现代金融控股公司应运而生，蚂蚁金服、京东数科等持牌互联网金控公司就是其中的弄潮儿。[④] 而 2020 年 11 月 1 日《金融控股公司监督管理试行办法》（以下简称 2020 年《试行办法》）的施行，标志着监管制度层面对金融控股公司合法地位的正式确认。根据《试行办法》第 2 条，金融控股公司是指依法设

---

① 李良，吴晓灵. 加强代客理财产品监管. 中国证券报，2007-06-11.
② 李愿. 易纲谈系统重要性银行：坚持金融分业经营 支持绿色低碳发展可发挥巨大作用. 21 世纪经济报道，2021-10-22，第 7 版.
③ 王鹤立. 我国金融混业经营前景研究. 金融研究，2008（9）.
④ 温长庆. 中国进入控股公司的风险透视与监管应对——兼论中国金融监管的主框架. 金融论坛，2020（5）.

立，控股或实际控制两个或两个以上不同类型金融机构，自身仅开展股权投资管理、不直接从事商业性经营活动的有限责任公司或股份有限公司。①

从控制主体的角度，金融控股公司可分为六类：第一，银行类金融控股公司，主要指国内大型商业银行依托银行平台，通过参股、控股其他非银行类金融机构，以子公司分业经营方式实现涵盖银行、证券、保险、基金、信托等多个金融子行业的金融控股公司。工、农、中、建四大国有商业银行以及国家开发银行、交通银行均属此类。第二，非银行类金融控股公司，主要指以非银行类金融机构为母公司，通过向银行等其他类别的金融机构参股、控股，进而逐步形成的综合性金融集团。中国平安、光大集团以及四大资产管理公司均属此类。第三，大型央企、国企类金融控股公司，主要指大型央企或者国企通过产融结合方式涉足金融业务，以期推动产业和投融资的双轮驱动，在此过程中形成的金融控股集团。招商局集团、国家电网、五矿集团均属此类。第四，地方政府主导类金融控股公司，主要指以地方政府为大股东设立的综合性金融运营公司，对所在地方政府区域内的金融机构进行参股控股。上海国际、北京金控、天津泰达等均属此类。第五，民营系金融控股公司，主要指从事传统行业的大型民营企业通过收购金融牌照等方式逐步控制多类型金融机构，进而形成的综合性企业集团。中植系、明天系、泛海系等均属此类。第六，互联网金融集团类控股公司，主要指现在的互联网科技巨头通过兼并收购等方式获得多

---

① 按照金融控股公司的诞生地美国的实践，金融控股公司实际上由银行控股公司演变而来。1956 年《美国银行控股公司法》第 2 条规定：银行控股公司是指对任何银行具有控制权，或对于依据本法已经成立或即将成立的银行控股公司具有控制权的公司。依据该法，由银行控股公司转变而来的金融控股公司就可以通过控股银行、证券、保险及信托等两种或两种以上金融性子公司从事两种或两种以上金融业务，而不仅仅限于银行业务。尽管如此，该法并未对金融控股公司作出明确界定。而在具有金融控股公司规范经验的我国台湾地区，则将金融控股公司界定为："对一银行、保险公司或证券商有控制性持股，并依'本法'设立之公司。"需要注意的是，金融控股公司并不同于金融集团。金融控股公司是一个单一的独立法律实体，而金融集团是两个以上的独立法律实体的集合。金融控股公司及其各子公司的集合构成典型的金融集团，金融控股公司只是金融集团的一部分而已。巴塞尔银行监管委员会、国际证券联合会及国际保险监管协会对金融集团的定义为：金融集团是指这样的企业集团，其主要业务至少涉及银行、证券和保险当中的两个领域，从而接受两个以上监管部门的监管，需要满足不同的资本充足率。此外，金融控股公司也不同于全能银行。全能银行是以德国为代表的综合银行的典型，本身可以从事包括银行、证券、信托及保险等在内的多种金融业务；而金融控股公司则是为了摆脱分业经营的限制，由各个子公司进行银行、证券、保险等分业经营，其本身并不从事具体的金融业务，只是在整个金融集团的整体层面形成混业经营。详请参见闻德锋. 金融控股公司及其在我国的立法制度构想. 金融论坛，2004（8）.

种金融牌照，进而形成的为广大客户提供综合性金融服务的金融控股公司。蚂蚁金服、京东数科、度小满金融均属此类。[①]

金融控股公司在实践中的大量出现，一方面，以资本为纽带推动了机构和业务的融合，进而为企业提供全方位的金融服务，有着传统金融机构所没有的竞争优势；另一方面，也增加了控股公司在资本结构、组织结构、业务上的复杂性，尤其是所涉多种业务，由于各子行业和实体产业的监管标准、监管办法和监管重点各不相同，监管口径存在差异，难以形成协同，因而金融控股公司易生道德风险，甚至反向激励金融控股公司作出逆向选择，或者以资金腾挪等方式规避监管，或者寻求监管空白进行监管套利，导致金融风险隐患大量滋生。其中，非金融企业投资金融机构形成的金融控股公司，因跨部门协调难度大、时间长，尤易累积形成系统性金融风险。

总体而言，金融控股公司的系统性风险主要有三类：一是关联交易风险。此类风险使得金融控股公司风险趋于系统性和隐蔽性，如果隐藏公司财务报表的真实盈利水平和资本规模，还有可能引发违规金融活动。实践表明，正是金融控股公司与关联人之间进行的不正当关联交易，比如，将不正当过度融资、帮助非法资金进入资本市场作为金融控股公司"经营"的主要目标，加剧了风险传递和利益输送等各种市场风险和操作风险。因金融控股公司往往横跨产业和金融两大领域，涉及银行、证券、信托、保险等多个金融部门，资本运营在"融资—购并—上市—再购并—再融资"的架构内进行全链条循环，一旦资金链发生断裂，各金融机构往往是最大的受害者。二是财务风险。这是金融控股公司内部的微观风险，包括资本金不足、财务高杠杆、财务信息披露不实等，均会影响机构的稳健性、盈利性和流动性，给金融消费者带来不利影响。三是操作风险。主要表现为金融控股公司旗下各子公司之间的利益冲突，从而影响到整个企业的稳健经营。

具体到不同类型的金融控股公司，尤其是非金融企业投资金融机构所形成的金融控股公司，虽问题不同、程度有异，但均潜藏着相应的金融风险。[②] 比如，大型央企、国企类金融控股公司本来拥有大量实体产业，但在产融结合的过程中，因被金融业的高额利润所吸引，尤其在当前实体产

---

① 范云鹏，尹振涛. 金融控股公司的发展演变与监管研究——基于国际比较的视角. 金融监管研究，2019（12）.

② 同①.

业投资利润低的背景下，逐渐融入"脱实向虚"的行列，从而违背产融结合的本意，进一步放大了金融控股公司的风险。又如，地方政府类金融控股公司由于特殊的股东背景和设立需求，不仅可能受地方政府过多干预公司内部治理的影响，而且在一定程度上加剧了地方政府的债务风险。再如，有些民营系金融控股公司过度追求各类金融牌照，但缺乏相关运作经验，使得旗下子公司成为其循环注资、关联交易、股权代持等操作的载体，不仅在集团内部累积风险，还会对金融市场造成负面影响。还如，互联网金融集团类控股公司因商业闭环下的风险内部化、交易高频化、大数据化，不仅使得金融风险更加难以识别和预警，而且由于先进技术导致的金融准入门槛降低，可能催生出新的高风险客户，从而面临风险的交叉传递。

4.2　症结探寻：中国金融监管低效运行的根源分析

金融发展的历史表明：金融风险的高低以及金融危机的防范，实际上反映并受制于一个国家金融监管制度的设计安排及其实际运行。无论是亚洲金融危机的爆发，还是欧美诸国对金融风险的应对与防范，无不向世人充分表明，金融监管是一柄利弊兼有的双刃剑。在以自由化、开放化、国际化和一体化为基本特征的金融全球化趋势不断加剧的开放社会里，哪个国家能够实现金融的有效监管，哪个国家就能在为本国金融体系的安全运行提供有力保障的同时，实现金融业的健康有序发展；反之，哪个国家的金融监管体制失灵，金融风险就会像一匹脱缰的野马，对该国的经济、社会、政治体制造成毁灭性的重创。正是基于此，我国不仅大力推动金融体制改革，而且出台了一系列制度规范予以保障并配套施行。可以说，中国为实现金融监管现代化所做的努力是有目共睹的。但是，金融风险居高不下、监管运行效率有待提升的状况并未彻底根本改观。面对这一不尽如人意的事实，人们不禁陷入了深深的沉思：制约中国金融业健康有序发展的瓶颈究竟何在？是观念的误区，还是制度设计的偏差，抑或操作运行的失范？对于这一问题，不同学者从不同角度进行了有益的探讨，并提出了各自不同的看法。但笔者以为，正是金融监管理念的相对滞后、监管体系结构的不尽合理、监管治理机制的较为薄弱、监管范围的较为狭窄、监管方式的创新不足和监管规则的不够健全等多种因素的综合影响和交互作用，才从根本上导致我国金融核心竞争力不强、风险隐患按下葫芦又起瓢的现实困境。①

4.2.1　监管理念有失片面

监管理念涉及监管的目标和指导思想。应该说，各国金融监管的基本目标是一致的，就是有效防范金融风险，维护金融体系的安全稳健运行。但在不同时期和不同国家，金融监管理念的重心并不完全相同。我国2006 年《银行业监督管理法》明确规定，银行业监督管理的目标是促进银行业的合法、稳健运行，维护公众对银行业的信心，同时保护银行业公平竞争，提高银行业竞争能力。② 2017 年全国金融工作会议亦强调，立足于我国当前金融形势，必须坚持稳中求进的工作总基调，遵循金融发展规律，紧紧围绕"服务实体经济，防控金融风险，深化金融改革"三项任务，按照"回归本源，优化结构，强化监管，市场导向"四个原则，做好我国金融改革发展稳定工作，促进经济和金融良性循环，健康发展．防止发生系统性金融风险是金融工作永恒的主题。③ 但在金融监管实践中，却过于强调维护金融稳定，至于金融业竞争力的提高和监管成本收益的核算，则相对重视不够。为确保金融安全目标的实现，我国金融监管不仅对市场准入和机构合并均高标准、严要求，而且对金融机构的业务经营范围也严格管制，以保证金融市场的稳定。例如，通过施行《关于实施金融控

---

① 对中国金融业存在的问题，曾有不少机构和组织对此进行了分析和评论。一种悲观的论调认为中国有可能发生金融危机。2002 年 1 月瑞银华宝发布的"银行业改革的财政成本"研究报告认为，融资成本低是中国政府处置银行业不良贷款的关键，如果利率不大幅上升，则中国政府预算足以应对现有的问题；但如果新的不良贷款持续增加，宏观稳定失控，则形势容易迅速恶化。2002 年 8 月 7 日《亚洲华尔街日报》刊登菲力浦·塞格尔题为"中国已经具备爆发银行业危机的条件"的文章，称中国的不良贷款堆积如山，政府借款不断增长，很可能爆发全面的危机。2002 年 5 月 11 日标准普尔公司和穆迪公司在接受《纽约时报》访问时，也均对中国主要银行的贷款问题表示担忧，称中国的坏账规模可能几倍于日本。2002 年 11 月 14 日《远东经济评论》再次发表题为"走向毁灭的中国金融系统"的文章，指出中国银行系统的沉疴痼疾将危及中国过去20 年改革所取得的成就，如果中国政府不能清理银行系统堆积如山的呆账，并停止向无效益的国有企业贷款，中国银行系统的危机将危及中国经济的增长。刘士余．银行危机与金融安全网的设计．北京：经济科学出版社，2003：243－244.

应该说，这些评论，并不完全了解实情。虽然中国银行业不良资产所占比例较高、证券市场上的金融风险也比较突出，但是，从总体上看，中国金融业近期不会发生金融危机。不过，如果中国金融业存在的问题不能尽快解决，中国银行业以丧失清偿力为特征的潜在危机有可能转化为以流动性紧张为特征的危机，加之中国股市融资功能丧失而导致的严重信用危机，中国金融业早年确实面临崩溃的系统性风险。这已引起我国高度重视，并从战略的高度思考和研究中国金融监管低效运行的根源，以最大限度地消除中国金融业的风险，提高金融机构的竞争力。

② 在中国银保监会 2022 年 11 月 11 日发布的《中华人民共和国银行业监督管理法（修订草案征求意见稿）》中，此处内容并未作修改。

③ 陈华，陈荣．从第五次全国金融工作会议看金融监管趋势．中国发展观察，2017（15）：3.

股公司准入管理的决定》《保险公司分支机构市场准入管理办法》等一系列规定，严格限制金融控股公司、保险公司分支机构等金融机构进入市场；对外资银行在开设分支机构及交纳储备金等方面，均有特别的要求；等等。其中，尤以对比特币等加密资产的严格监管至为凸显。2021 年，与巴塞尔委员会在 6 月 10 日《对加密资产风险敞口的审慎对待》的讨论文件中对加密资产所持的开放讨论、酌情审慎纳入正规监管立场所不同的是，我国对加密资产的监管从态度模糊转向严厉禁止。6 月 21 日，中国人民银行发文要求银行业和非银行支付机构不得为加密资产提供包括开户、兑换、结算在内的任何服务，切断加密资产交易所和场外市场等所有交易渠道。在各国抓紧布局加密资产领域的情况下，我国这种严格监管模式，虽然有利于"防范个体风险向社会领域传递"，但却不利于金融模式的创新和密码学、分布式技术的发展。更为重要的是，一旦巴塞尔委员会讨论文件获得通过，加密资产步入国际监管正轨，中国的数字金融科技可能会因技术和业务的积累不足甚至缺乏[①]，而在这轮全球数字化竞争中从起跑线上就落后于人。

这种以限制竞争保障安全为指导思想，以直接控制业务范围和市场准入为手段的严格管制，虽然较好地维护了我国金融机制的稳定运行，但是这种金融安全的保障，却是以牺牲金融市场的发展为代价的。不仅如此，这种一味强化管制的监管制度市场敏感性低，不仅不利于激发金融机构的创新活力，而且难以及时发现有问题的金融机构并进行妥善有效的处理。监管过度和监管真空的并存，致使金融市场上的潜在风险不断累积，一旦开放金融市场，长期集聚起来的金融风险就有可能突然爆发，从而引发严重的金融危机。2015 年发生的中国股灾可谓典型适例之一。本来，严格监管下的中国证券公司经营杠杆上限，多年维持在 2.5～3 倍的水平。2014 年 8 月，监管体系开始放松，杠杆猛增至 5.5～6 倍；2014 年 11 月，央行降息降准，借钱炒股的门槛大大降低，大量散户、投资机构涌入股市，加杠杆借钱炒股，股市迅猛发展，呈现一派欣欣向荣景象。而在这种

---

① 随着中国人民银行 2022 年 6 月 21 日文件的发布，大量矿池离开中国本土，多家头部交易所停止为中国交易者提供服务。同时，云南、内蒙古等地开展了"挖矿"业务的全面清理，部分加密货币社交账号被封禁。而在同年 11 月 23 日，美联储、美国联邦存款保险公司、货币监理署共同发布《关于加密资产政策冲刺倡议及下一步行动的联合声明》，提出将在 2022 年内明确银行参与加密资产相关活动的法律法规边界，包括加密资产的保管与托管、为客户购买和销售加密资产提供便利、以加密资产为抵押发放贷款、发行和销售稳定币以及其他可能导致银行在资产负债表上持有加密资产，等等。胡滨. 中国金融风险报告（2021）. 北京：中国社会科学出版社，2022：85，87.

一片"大好"的形势下，潜藏着的是资产泡沫的急剧增加和不断放大。而习惯于严格监管的券商与股民，显然还不具备有效控制并化解杠杆资金带来的股市风险和资产泡沫所必需的足够自律、技能和经验。2015 年 6 月，股灾不可避免地爆发，证券市场顿时哀鸿遍野，或者千股跌停，或者只有跌停和停牌两种股票。几年后，时任证监会主席的肖钢在反思 2015 年股灾时直言①，市场本身有一种稳定机制，会让市场逐步趋于平衡。而要让市场发挥决定性作用，就需要纠正监管上的"父爱主义"，回归监管本位，加强监管统筹协调，强化违法违规行为监督，探索建立监督评价体系。

1997 年亚洲金融危机，则是并不久远的另一典型适例。事实上，在危机到来之前，东亚地区的通货膨胀率和政府财政预算都受到了控制，直到 1996 年，东亚各国的外汇储备还是稳中有升。国际货币基金组织在 1997 年的年报中还赞扬泰国和韩国的经济形势。但实际上，在这种一片"大好"的金融形势下，潜藏着的是金融业之间正常竞争的过度压抑，政银企结构的严重扭曲，以及由此导致的整个金融市场脆弱性加剧和不堪一击。当以自由化、一体化和国际化为特征的金融全球化浪潮席卷泰国时，为鼓励和吸引更多的外资以弥补本国的经常项目逆差和克服普遍存在的国内资本不足的约束，泰国政府较早地开放了资本项目，从而加剧了金融业的竞争。而习惯于严格管制的泰国金融管理者、经营者，显然缺乏足够的技能和经验去有效控制伴随金融自由化和激烈的金融业竞争所产生的信贷高风险和新兴业务风险。在这种情形下，金融危机的爆发成为必然。

与泰国的做法正好相反，众所周知，20 世纪 30 年代的世界经济大萧条是由金融危机引发的，作为一种反危机措施，许多国家都建立了以严格管制为特征的金融监管制度，其出发点是限制竞争、保障安全，甚至为了安全，不惜以牺牲竞争为代价。这种以安全为核心的监管理念以及以严格管制为特征的金融监管制度顺利运转了近半个世纪，对世界经济的稳定和增长发挥了不可低估的作用。但随着世界经济体系尤其是金融体系全球化变革所带来的金融业竞争的不断加剧，西方国家意识到，金融业的灵活性才是在竞争中生存和获胜的必要因素，而以安全为核心的传统监管理念以及由此建立的严格监管体制已经成为制约金融发展的羁绊。②

---

① 肖钢. 终结"牛市情结"——从 2015 年股市危机中学到了什么?. 中国政法大学商学院网站，http://sxy.cupl.edu.cn/info/1069/4615.htm，[2022-11-22].

② 盛学军. 冲击与回应：全球化中的金融监管法律制度. 法学评论，2005（3）.

　　为此，欧美发达国家及时更新监管理念，纷纷把提高金融业的竞争力确立为监管的唯一目标或者首要目标，在加快金融自由化改革、鼓励金融创新的同时，大力推进以审慎监管为核心的监管体制变革，不仅成功化解了金融风险，而且较好地抓住金融全球化的契机，实现了金融业的整体稳健快速发展。以德国为例，面对欧盟金融市场一体化和金融市场国际化的挑战，德国银行业监管机构果断作出决策，一方面提高银行业风险部位的关键标准，另一方面，给予银行业更多的自由和更大的自主发展空间，从业务范围到银行产品，从会计方法到内部风险模型的认可，尽可能地减少干预，给予经营和组织自由。[①] 正是由于上述举措的大力推行，德国不仅从二战的废墟中重生，创造了经济奇迹，而且其金融业也成为国际金融行业发展成功的典范。

　　他山之石，可以攻玉。虽然在我国金融市场自 2006 年年底全面开放，尤其是十八届三中全会要求加大"推动资本市场双向开放"后，中国资本市场制度型开放翻开了新篇章：行业机构外资股比全面放开，双向跨境投融资渠道持续拓宽，A 股、中国债券先后被纳入国际知名指数并不断提升比重……但毋庸讳言，以金融安全为核心的监管理念以及与之相应的严格监管模式，不仅是后疫情时代稳步统筹金融开放与金融安全亟须解决的时代之问，而且已成为我国金融业积极参与国际竞争，以高质量发展有效维护金融安全所必须突破的瓶颈。

4.2.2　监管结构相对失衡

　　我国现行金融监管体系过分强调监管当局的外在约束，而对金融机构内部风险控制措施和市场约束机制重视不够。可以说，在金融业不发达、各金融机构以传统业务为主的情况下，这种监管架构基本上是可行的。但随着金融全球化程度的提高，金融业务日趋同质化、复杂化和多样化，新型监管问题层出不穷，监管难度越来越大，监管者与被监管者、加强监管与放松管制的矛盾愈发突出，单一政府机构监管的体系架构不仅滞后于金融市场的发展，而且潜藏着较大的金融风险。

　　首先，政府监管主体的单一性，导致民间监管体系的贫弱。尽管民间监管组织在各国监管体系中的地位不尽相同，但各国都比较重视其在金融体系中所起的作用。以欧洲大陆国家为代表，比利时、德国、法国、卢森

---

　　① 丁宁. 德国金融行业发展与监管的历史——自由与监督的组合//吴志攀，白建军. 金融法路径. 北京：北京大学出版社，2004：505-506.

堡、荷兰等国的银行家学会和某些专业信贷机构的行业组织均在不同程度上发挥着民间监管的作用。再以英国为例，1986 年《金融服务法》（Financial Services Act）将金融服务的监管职能赋予了"证券与投资委员会"。除了制定监管法规条例以外，该机构的另一主要职能就是批准成立一系列行业俱乐部即"自律组织"机构，其成员为该行业中的各个金融机构，通过这些行业自律机构对其金融机构成员进行监督管理。这样，官方监管机构即证券与投资委员会与民间监管体系即行业自律组织相结合，监管与自律、直接监督与间接监管、柔性监管与刚性监管相并行，不仅实现了监管资源的优化配置，提高了监管效益，而且提高了监管方式的灵活性和权威性。相较之下，我国金融监管主体单一，特别是缺乏民间监管体系，没有形成一个各司其职、相互制约、互相协调的监管体系，这使得我国现行的金融监管制度不能有效地完成维护金融稳定，促进金融业稳健运行的监管目标。单一监管主体的存在，必然导致监管机构对金融机构经营状况知情权的垄断：一方面，不仅使金融业缺乏社会公众，特别是存款人和投资者的有效监督，弱化了金融机构建立内控制度的动力机制；另一方面，妨害了社会公众尤其是普通投资者、储蓄者等金融股东参与者对金融机构经营状况的知情权，加剧了公众和金融机构之间的信息不对称，增加了金融体系的内在脆弱性和不稳定性，为金融风险乃至于金融危机的发生埋下了隐患。

其次，政府监管主体的单一性，导致金融市场约束机制的失效。政府监管是政府对市场失灵最通常的响应，其目的是通过采取规制手段来解决市场失灵问题。但理论和实践证明，政府并不是全知全能、完美无缺的，它也会由于自己的缺陷而产生失误，即"管制失灵"（failure of regulation）。作为转型经济体或者说二元体制转轨经济国家[①]，我国现阶段金融监管不可避免地是一个混合体，既不可避免地带有原有计划经济的影子，又必然包括了构建市场经济体系的一些新的制度和措施。与市场经济国家相比，我国现行金融监管体系监管限制领域宽，监管限制措施严，监管影响程度深，突出表现为监管过度、弹性不足、金融压抑以及监管机构与被

① 二元体制转轨经济国家的提法来自经济学界，特指资源由计划配置向市场配置转型过程中呈现计划与市场特长周期并存的体制。有学者指出，我国二元体制渐进转轨了 40 余年。第一个 20 年，先从一元计划体制向二元计划体制逐步收缩、市场体制逐步扩大；第二个 20 年，二元计划体制和市场体制并存和胶着，现在处于胶着阶段；未来十余年将完成向一元社会主义市场经济并轨。周天勇. 二元体制转轨数理逻辑与未来经济增长仿真展望. 现代经济探讨，2022（4）；周天勇. 从转轨到并轨：超大规模二元体制经济学的内在体系. 探索与争鸣，2022（5）.

监管金融企业之间"政企合一"的制度性结构扭曲，不仅压抑金融市场发展和金融业务创新，阻碍金融市场机制的正常发挥，导致被监管金融企业竞争乏力和败德行为的大量出现以及不良金融运行成本的急剧增加，而且使得金融体制改革的制度需求和制度供给明显不足，并因金融市场透明度的匮乏和金融监管效率的低下而使投资者、存款人的合法利益得不到有力维护，进而导致金融市场公信力的下降和公众信任危机的发生。前者意味着金融监管损失了效率，后者意味着金融监管丧失了公平，两者的同时发生，则意味着金融监管的失灵。所以，金融监管非但不能将市场约束完全替而代之，相反，金融监管应当是在金融市场运行发生失灵的前提下，由监管当局对金融活动采取必要的干预，以弥补金融市场运行的缺陷和不足。由此观之，不仅市场约束是对金融机构和金融活动进行有效监管的先决条件，市场机制的正常发挥更是良好金融监管得以顺利施行的大力保障和监管失灵的有力防范。申言之，只有在市场约束失效时，监管当局的行政监管才是必要的。而我国现行金融监管制度在此方面多少有些舍本逐末，以行政监管代替了市场约束，将市场机制与政府监管之间的关系视为一种平行替代的对立关系，而不是相互补充的合作关系，金融监管力量的强化意味着市场机制力量的弱化，从而在强调法定权威监管机制运用的同时，忽视了市场约束机制和同业自律机制的作用。实际上，由于市场约束和政府金融监管的运行机制不同，两者的效率结果也就有了较大的差异。具体来说，市场约束的核心是通过信息的传递形成市场参与者利益的相互制约，具有公正、公开、快速的特征，因而有着较高的效率；而政府金融监管依靠的是行政权力，信息以文件的形式传递，时间较长、成本较高。这种高成本不仅来自监管当局庞大的行政费用，而且来自因信息传递的低速度而导致的效率损失。[①] 可见，我国现行金融监管体系运行效率和金融业竞争力的不尽如人意，这种单一政府监管主体的监管体系可说是"功不可没"。

最后，政府监管主体的单一性，导致监管权力的过于集中，从而因监管权滥用的难以避免而大量滋生金融腐败。早在启蒙运动时代，孟德斯鸠就在《论法的精神》中谆谆告诫人们：一切有权力的人们都容易滥用权力，这是一条万古不易的真理，权力的过于集中必然导致权力的腐败。而在我国，单一政府监管格局的存在，一是使监管权力集中于政府监管机构，加之长期以来，我国对金融机构一直实行严格的市场准入限制，金融

---

① 余俊，李扬. "竞争＋风险抑制"：我国银行监管的新体系. 湖北社会科学，2004（5）.

机构和上市公司作为一种"壳资源"，其"特许权价值"就显得尤为昂贵，负责审批这种"壳资源"的金融监管者就成了诸多利益体"寻租"的对象，监管者手中的审批权也随之身价倍增。在这种情况下，就难免会有某些金融监管官员在"暴利"的诱惑下铤而走险。上海财经大学和英国布鲁内尔大学曾经作过一项联合研究，该研究表明，在中国资本市场起步初期，上市公司中有 70% 的企业未给投资者创造价值①，主要原因之一就是中国股市的"寻租"特征。如注册制施行以前，中国证券市场的上市与发行当时都需要经中国证监会严格审核，在相当长一段时期内，发行还有限额控制，并分配给各省及有关部委，以致造成上市公司成为稀缺资源，并使一些公司不务正业，以倒买倒卖"壳"资源获得大量"租"金。② 二是在市场经济条件下，金融监管机构有关决策信息中有相当一部分属于高度核心机密，谁能够率先获得这些信息，谁就有可能在市场上占据先机，获取暴利。而囿于私利的驱使，一些金融监管机构工作人员就用这些机密决策信息换取"腐败收益"。三是由于传统的干部人事制度缺乏必要的约束机制，金融监管者与被监管者之间人员流动的随意性很大。③ 在我国，既有相当数量的金融监管部门的政府官员被任命到国有金融机构（甚至包括部分非国有金融机构）去当"行长"、任"老总"，又有大量金融监管官员主动"下海"经营非国有金融机构，还有少数金融机构负责人"上岸"到监管部门任职。久而久之，金融监管机构和金融机构陷入一张巨大的"关系网"中，为了共同的经济目标而逐渐成为"一家人"，私下进行"暗箱操作"，以牟取暴利。

　　正是基于此，二十大报告特别提出，必须"加强和完善现代金融监管"。而金融监管体系的结构性失衡，既是加强现代金融监管的难点，更是完善现代金融监管的重点。而在"加强金融机构公司治理和内部控制"，"督促金融机构全面细化和完善内控体系，严守会计准则和审慎监管要求"④ 的同时，强化外部监督，构建政府、社会、行业协会、消费者协会等多元监管体系，无疑是中国金融监管体系和监管能力现代化建设的重中之重。

---

① 佚名. 中国七成上市公司未给投资者创造价值. 社会科学动态，2002（5）：64.
② 慧丰. 加快政府职能转变. 国际金融报，2003-01-09.
③ 陈银锋. 论中国的金融监管与金融反腐败. 商场现代化，2005（5）.
④ 郭树清. 加强和完善现代金融监管. 党的二十大报告辅助读本. 北京：人民出版社，2022.

4.2.3　监管机制较为薄弱

近十多年来发生的包括东亚国家和地区、厄瓜多尔、墨西哥、俄罗斯、土耳其、委内瑞拉等国的历次金融危机表明，监管治理机制薄弱，如监管受到较严重的干预、监管豁免过于普遍等，一直是影响金融危机深度、规模的重要因素之一。因此，在亚洲与俄罗斯发生金融危机后，世界银行、国际货币基金组织等机构开始强调国际金融监管新架构的重要性，其中措施之一是加强了对金融监管当局治理结构问题的研究和评估，并在国际货币基金组织于 1999 年 5 月开始实施的对其成员国金融体系的稳健程度加以评估的"金融部门评估方案"（Financial Sector Assessment Program，FSAP）中开始尝试对参评国家的金融监管当局治理结构进行评估。现在，世界上有许多国家已经参加了 FSAP 的评估，并在评估建议的基础上对本国的监管治理进行了改进，取得了很好的效果。而直至 2009 年 8 月，我国才首次参与 FSAP 评估，历时 2 年 3 个月完成[①]；2015 年 10 月，我国再次接受了国际货币基金组织和世界银行的更新评估。[②] 尽管 2017 年 12 月 7 日公布的更新评估报告肯定了我国金融改革所取得的成效，并认为我国金融监管符合国际标准，但不得不承认的是，我国金融监管治理机制不仅仍较薄弱，而且一些结构性缺陷至今未能得到有效根治。

首先，金融监管机制在体制上的附属性，导致金融监管独立性和权威性的丧失。这是转型经济体政府角色冲突的直接产物。按照国际惯例，金融犯罪越隐蔽，其对金融活动的要求也越复杂和烦琐，因而违规行为也越易为当局所发现。但我国近年来查获的金融违规违法案件却表现出一种与之相反的情形：涉案当事人的腐败行为为纪检监察部门查实后，其违规金融操作才往往浮出水面。[③] 究其原因，是金融监管部门在监管机制上的附属性。具体表现在：第一，监管部门不能独立于政府部门，无论是监管规则的制定还是监管职责的履行，都往往比较多地服从政府甚至财政部的需要。尤其是设在各省（市）的金融监管机构，在监管实践中常常受到地方政府的制约，很难实现"超脱性"和"工作上的自主权"，一旦金融监管触动地方政府的利益，地方政府往往施加压力，致使监管机构很难重拳出

---

①　宜昌能. 中国首次金融部门评估规划圆满完成. 中国金融，2012 (19).

②　《中国金融部门评估规划》更新评估成果报告"出炉". 中国外汇，2017 (24).

③　陈银锋. 论中国的金融监管与金融反腐败. 商场现代化，2005 (5).

击，从而大大降低了监管的有效性。第二，不能独立于被监管机构。现实中不难发现，保护存款人和投资者等金融消费者利益乃金融监管当局的使命之一，但实际上，这种保护是建立在通过保护金融机构以保护存款人和投资者利益的基础上的，这就必然导致金融监管当局尽管制定了严格的监管规定，但是出于"保护机构"的目的，很难积极地去发现或查处违规行为。而恰恰正是在"保护机构"的幌子下，诸多金融违规行为乃至于金融职务犯罪披上了"合法的外衣"。

其次，金融监管信息披露机制不健全，导致金融监管缺乏应有的透明度和公信力。监管信息公开是主权在民这一宪法性原则在国家行政领域和金融监管领域的具体体现①，对于社会公众节省收集金融信息的成本、促进金融业发展，监督金融行为、确保监管的公正与透明，特别是防止金融腐败都具有重要的意义和作用。正因为如此，WTO 组织规则要求，除紧急情况之外，每一缔约方必须将其与证券市场有关的法律、法规、行政命令及所有的其他决定、规定以及习惯法，最迟在生效之前予以公布，以便使证券市场所有参与者有充分的时间了解和掌握。FSAP 则进一步提出，监管机构应采取各种措施，尽力提高金融监管的透明度，将有关金融监管的目标、框架、决策及依据、资料和其他信息等，全面、方便、及时地告知公众。

随着我国互联网金融的快速发展，金融监管信息披露机制存在的问题日益凸显。支付宝于 2004 年年底开始营业，直到 2011 年才获得中国人民银行颁发的《支付业务许可证》，尽管在此期间中国人民银行一直对支付业务开展监管，但相关监管信息并未对社会公众全面及时公示。如果说中国人民银行早年间未及时披露对支付宝的监管信息并未引起重大社会负面影响的话，相关监管机构未及时公开对 P2P 平台的监管信息就没有如此幸运的结局了。受金融危机带来的商业银行贷款额度缩减的影响，我国 P2P 行业自 2007 年第一家平台成立以来发展迅速，而监管机构直至 2015 年 7 月 18 日才开始对外发布《关于促进互联网金融健康发展的指导意见》等监管政策及相关监管信息。在此期间，尽管监管机构对 P2P 平台始终保持密切关注与监管，但并未及时告知公众相关监管信息。而监管信息的缺失导致许多中小投资者信息获取不全面，最终被卷入 P2P 行业而遭受巨额损失。

显然，监管信息披露机制的不健全，不仅导致监管信息的不透明、监

---

① 应松年，陈天本. 政府信息公开法律制度研究. 国家行政学院学报，2002（4）.

管公开性差，进而为金融腐败的盛行提供了充分的制度供给，而且极大地损害了金融监管在社会公众中的信任，导致监管机构在金融市场公信力的下降。可以预言，如果包括投资者、存款人在内的社会公众对市场监管者失去信心的形势不能得到遏制，中国金融市场的风险以及由此所可能引发的危机将不堪设想。

最后，金融监管协调机制的不完善，导致金融监管运行机制不畅。我国现行的金融监管体制是在分业经营的原则下建立起来的，特别是银行业监管职能从中央银行分离出来后，银行、证券、保险的监管机构先是自成体系，各司其职，监管协调困难成为中国金融监管现代化进程中长期存在的顽瘴痼疾。后虽将银行、保险监管机构予以合并，但监管机构的职能仍然界定不够明晰，监管协调合作机制亦未完全有效建立。这主要表现在：

一是金融监管机构内部关系没有完全理顺，缺乏有效的协调。一方面，上下级监管部门之间因目标不统一、责任不明确而出现矛盾；另一方面，各同级监管职能部门都以完成自身的监管工作为重点，政出多门，各自为战，忽视监管工作的内部协调，从而导致重复监管和监管遗漏，监管重点分散，监管效率不高。

二是各金融监管机构之间以及各监管机构与其他政府部门之间的相互协调有待提升。2004 年 6 月 28 日，中国银监会、中国证监会、中国保监会以《三大金融监管机构金融监管分工合作备忘录》的形式，初步建立了"监管联席会议机制"，第一次将三方合作"制度化"的同时，明确了三者的职责分工：银监会负责统一监管全国银行、金融资产公司、信托投资公司以及其他存款类金融机构；证监会依法对全国证券、期货市场实行集中统一监管；保监会则统一监管全国保险市场，维护保险业的合法、稳健运行。同时，会议成员由三方机构的主席组成，每季度召开一次例会，讨论和协调有关金融监管的重要事项。任何一方认为有必要讨论应对紧急情况时，都可以随时提议召开会议。这种联席会议机制有利于各监管机构的沟通与合作，并已在实践中取得了一定的成效。但是，随着混业经营在我国的悄然兴起和快速发展，这种松散的联席会议机制显然不能防止监管真空和重复监管的发生。

为此，2017 年 7 月，全国金融工作会议决定设立国务院金融稳定发展委员会，作为国务院统筹协调金融稳定和改革发展重大问题的议事协调机构；2018 年，"一行三会"调整为"一行两会"，原银监会、保监会拟订银行业、保险业重要法律法规草案和审慎监管基本制度的职责划入中国人民银行，以提升中国人民银行系统性风险防控和宏观审慎监管的职能。这样，改革后的金融监管体系，在宏观层面由中国人民银行负责货币政策和宏观审慎监管，致力于实现币值稳定和金融稳定；在微观层面由银保监会、证监会负责微观审慎监管，落实具体监管措施，保障个体金融机构稳定和消费者权益；而在宏观与微观之间，由金融稳定发展委员会实现中国人民银行、银保监会与证监会之间的协调监管，从而一定程度上解决了上述难题。但金融监管机构与财政、税务、监察等政府部门之间的有效协调仍未从根本上解决，这不仅降低了监管的权威性，加大了监管成本，而且使金融监管机构无所适从，疲于应付。

三是金融监管机构与中央银行之间的协调机制有待明确。在中国金融监管体系的基础架构中，作为"一行两会"中具有全局功能的中国人民银行似乎长期以来"置身事外"，充当着客串型的角色。而央行始终没有放弃监管职能，按照"三定"方案，央行 2003 年成立的金融稳定局的职责之一就是研究、协调整个金融市场的发展和金融控股公司的监测，外汇管理局归口央行也进一步加强了金融系统的整体监管力度。2003 年修订通过的《中国人民银行法》对央行三大职能的明确规定，即"制定和执行货币政策，防范和化解金融风险，维护金融稳定"，更是在法律上和职能上明确了央行在金融宏观层面具有的全局优势。在这样的监管体系中，央行无疑处于核心的地位，两大监管机构与央行意见不一致时，通常要服从央行的意见。这不仅使两大监管机构对银行业、证券业和保险业监管的有效性降低，更为重要的是，当银行业、证券业、保险业出现问题时，没有明确的责任承担者，也没有一个强有力的监管实施者。

尤其是银保监会监管职能与央行货币职能的分离，银保监会与央行之间的协调更是困难重重：一是央行原先存在的信息优势特别是在"软信息"方面的优势不复存在，无摩擦的"内部协调"变成有摩擦的"部级协调"，协调难度加大。二是央行制定和执行货币政策需要一定的微观基础，如货币政策的调控和利率的变动都会促使银行等金融机构改变其头寸及经营方式，微观结构的改变会对货币政策的有效性产生影响，因此，及时了解金融机构的经营状况是央行执行货币政策的需要，但是职能分离后，央行对金融机构的经营活动无权干涉，这样，在制定和执行货币政策时会缺乏一个有利的微观基础。三是央行除了制定和执行货币政策之外，还必须维护稳定的金融秩序，而一国金融体系中难免会产生一些突发事件，为正确、及时地发挥央行"最后贷款人"的作用而不是"临阵磨枪"，必须对金融机构的日常经营情况进行连续的跟踪观察。监管职能分离后，央行对金融机构的日常经营信息的收集难度加大。①

不难看出，我国金融监管协调合作机制的不尽完善，不仅使监管真空和重复监管不能避免，而且不利于监管合力的形成，从而加大了金融监管成本，降低了金融监管效率。尤其在金融创新的大背景下，在应对互联网融资平台、加密货币交易等新型金融活动带来的金融风险时，以央行为牵头部门的互联网金融协会与证监会、银保监会之间配合不力、分工不明进而造成监管失效的情形，仍然时有发生。

4.2.4　监管覆盖不尽全面

与现今西方国家已经普遍形成的以风险管理为核心，涵盖从开业到退出市场的一整套金融监管内容形成鲜明对照的是，我国商业银行业务虽然也由负债业务、资产业务、中间业务及表外业务四大分支组成，但仍以经营存、放、汇等传统银行业务为主。而在传统的银行领域，金融机构所面临的风险主要表现为信用风险，因而金融监管也主要侧重于对信用风险的监管，至于针对银行安全稳健经营的其他金融风险监管则几乎是一片空白。监管部门相当大一部分精力集中于市场准入监管，尤其是机构审批和业务审批上。而机构审批后的市场运作监管则相对较弱，对于金融机构日常营运活动的监管更是严重不足，金融检查和稽核常常流于形式，基本限于央行金融政策的落实，而非巴塞尔资本协议Ⅱ所倡导的现代意义上的银行风险监管，至于针对问题金融机构的危机处理监管，在我国更有待完善。

拯救与市场退出是银行危机处理的两大基本方式。拯救方式，又称不歇业救助（Open-Bank Assistance），一般倾向于在维持原有银行的法人资格不变的条件下，采取各种流量和存量的办法支持其走出危机。市场退出倾向于取消危机机构的法人资格，具体方式包括关闭、购并、破产清算等。② 在实践中，两种方式各有利弊，也各有不同的适用条件和后果，要求监管当局进行认真权衡（参见表4-13）。

但实际上，面对危机银行，各国监管当局的政策选择顺序基本是一致的，即首先是考虑通过各种手段进行拯救，力图使危机银行走出困境，减少危机可能带来的外部性，这几乎是各国监管当局"下意识"的反应。但是，如果陷入危机的银行确实无可救药，则必须认真考虑对危机银行作出市场退出安排。

① 张润林. 金融监管协调的国际经验及启示. 经济师，2005（7）.
② 林平. 银行危机监管论. 北京：中国金融出版社，2002：131-132.

表 4-14　拯救与市场退出的比较 *

	优　点	缺　点
拯救方式	1. 拯救交易成本低于关闭银行的成本，如果能通过拯救使危机银行起死回生，其所需的成本往往比破产低，能为存款保险基金节省资金；2. 拯救方式提供了一种机制，将贷款及其他资产保持在原银行系统内，因为所有的借款人仍与原银行，而不是与清盘人打交道；3. 拯救方式可以保持银行服务的连续性，将银行危机对社区的不良影响降到最低程度	1. 拯救方式允许较弱的机构继续经营，并与其他没有接受拯救的机构展开竞争，破坏了公平竞争的市场法则；2. 拯救方式对危机银行的股东及债权人（包括在保和不在保的存款人）提供了较多的保护，助长道德风险，削弱了市场纪律；3. 拯救的对象多为规模较大的金融机构，具有不公平性，易引起中小机构的反感；4. 在一些拯救交易中，兼并方享受税收优惠，损害了纳税人的利益
市场退出	1. 有利于优化资源配置和金融结构的调整；2. 有利于提高风险意识，加强市场纪律和防止道德风险；3. 有利于维护公平竞争；4. 有助于彻底解决风险问题	1. 市场退出的直接和间接成本往往很大；2. 容易伤害公众对金融机构的信心，引发金融的不稳定；3. 金融中介功能消失，破坏经济增长

可见，"市场准入"与"市场退出"是金融监管体系不可或缺的两个重要环节。有市场进入就有市场退出，这是市场经济的基本要求。物竞天择、适者生存，这不仅是大自然的客观规律，也是市场经济的运行法则。金融机构与一般企业一样，是有生命的有机体，在生命的延续过程中接受着生与死的选择，这种选择是在市场竞争中完成的。所以，设置合理的金融机构市场退出机制，使陷入困境的金融机构有序退出金融市场，既是维护金融稳健运行，保障金融有序竞争的需要，也是提高金融市场资源配置效率，增强风险意识，维护市场纪律的需要。[1]

正因为如此，确保接近失去清偿能力的银行很快退出市场，已成为现代银行监管政策最为重要的方面之一。对此，巴塞尔委员会指出："那些不再符合监管要求的机构的迅速和有序退出是有效金融系统的必要组成部分，监管当局应负责或协助这些机构有序地退出。"[2] 而卡尔-约翰·林捷瑞恩则进一步强调："维持银行体系稳健的最简明和最经济以及最有效的方法就是尽早清退不能继续经营的银行。在高效率和竞争性市场体系中，一种强有力的银行退出政策如果不是更重要的话，也至少与市场准入政策

---

　*　本表所指的市场退出只包括关闭、破产清算的情况，不包括通过购并方式的市场退出。

　①　徐孟洲，徐阳光. 金融安全亟待完善相关法律制度. 团结，2006（1）.

　②　巴塞尔委员会. 有效银行监管核心原则（1997）. 转引自林平. 银行危机监管论. 北京：中国金融出版社，2002：148.

一样重要，尽管在通常情况下是更强调后者。"① 所以，金融机构只有"进出"畅通，才能保障金融体系安全、健康、高效运行。关于金融机构"市场准入"的监管，在我国已得到了明显的加强，不仅开始进入依法设立、依法审批的轨道，而且金融机构设立的标准或条件也逐渐走向科学化和公开化，从而大大提高了金融机构"市场准入"的质量。② 尤其近年来随着金融改革与开放的深化，我国在不断优化外资参与境内金融市场的渠道和方式，包括优化外资银行、保险等金融机构准入要求的同时，更是进一步不断加强市场准入监管，持续完善金融机构母子公司跨境往来规则和宏观审慎政策框架，构建系统性金融风险监测、评估和预警机制，以保持金融市场平稳运行。③

　　然而，囿于金融机构风险处置和市场退出规定的过于原则、问题金融机构早期干预机制的不完善以及有效处置工具的匮乏，金融机构市场退出监管在我国却基本上付之阙如。不难想象，随着金融全球化趋势下金融业务国际化、综合化、网络化的发展，我国金融机构除了面对信用风险以外，必将面对日趋激烈的行业竞争，以及越来越多地面对利率风险、汇率风险、法律风险、市场风险、操作风险等。这就需要金融监管不仅要严把"入口"，而且必须畅通"出口"，确保经营存在问题的金融机构能够及时退出金融市场，有效治理金融风险，防范金融危机于未然。我国只"入"不"出"的金融监管格局，无疑进一步加剧了我国金融市场的潜在风险。正因为如此，前中国人民银行行长周小川明确指出："我们必须建立这样一个机制，使差的金融机构、特别是最差的金融机构能够被淘汰出局，这也是巴塞尔协议所提倡的'市场约束'原则。差的金融机构能在金融体系中继续残存，就是对金融稳定最大的威胁，就是最大的不稳定因素，也会形成巨大的道德风险。"④

　　令人欣慰的是，2022 年 11 月 11 日，银保监会发布了《银行业监督管理法（修订草案征求意见稿）》，修法的重点就是增加早期干预措施，提高处置主动性和市场化水平，完善接管和市场退出机制，做好接管与破产

---

① 〔美〕查理士·恩诺克，约翰·格林. 银行业的稳健与货币政策，246. 转引自林平. 银行危机监管论. 北京：中国金融出版社，2002：148.

② 吴小谦. 我国金融监管的现状与对策. 中南民族大学学报（人文社会科学版），2005（3）.

③ 国务院：深化金融开放，优化外资银行、保险等准入要求. 中国政府网，http://www.gov.cn/xinwen/2021—07/22/content_5626671.htm，[2022-11-20].

④ 徐孟洲，徐阳光. 论金融机构破产之理念更新与制度设计. 首都师范大学学报（社会科学版），2006（1）.

程序的有序衔接。[①] 可以想见，在不久的将来，我国金融机构市场退出监管机制的薄弱，有望随着修改立法的通过而从根本上得到解决。

4.2.5　监管方式缺乏创新

由国际金融发展的经验可知，金融风险的衡量、监控，有赖于合规性监管与风险性监管、现场监管与非现场监管并重的现代监管方式的运行。因此，金融监管方式的现代化一直是欧美诸国金融创新和金融监管关注的焦点和努力的方向。例如，早在 1993 年 4 月，巴塞尔银行监管委员会即建议使用标准化方法，将资产划分为不同风险级别，并对每种类型确定一定的资本要求。该方法虽在一定程度上克服了传统行政命令方法的局限，但是仍有不顾银行和监管者间信息不对称、风险监管经验不对称的弊端。到 1996 年，巴塞尔监管委员会公布了《巴塞尔资本协议市场风险修正案》，允许银行采用内部模型方法。1996 年在纽约清算机构委员会组织下，又开始了针对市场风险的预先承诺方法即 PCA 的实践行动。实践表明，PCA 比其他方法更为有效，不仅节省了耗费成本的资本要求，而且激励了风险管理技术的进一步完善。[②]

网络银行的快速发展及产生的特殊风险无疑使金融监管更加复杂化。[③] 网络银行主要通过大量无纸化操作进行交易，不仅无凭证可查，而且一般都设有密码，使监管当局无法收集到相关资料做进一步的稽核审查。同时，许多金融交易在网上进行，其电子记录可以不留痕迹地加以修改，使确认该交易的过程因而变得十分复杂。监管当局对银行业务难以核查，造成监管资料不能准确反映银行实际经营情况，致使一致性遭到破坏。此外，监管当局原有的对传统银行注册管理的标准，在网络金融环境

---

①　中国银保监会关于《中华人民共和国银行业监督管理法（修订草案征求意见稿）》公开征求意见的通知. 中国银保监会网站，http://www. cbirc. gov. cn/cn/view/pages/ItemDetail. html? docId=1081221&itemId=925&generaltype=0，[2022-11-20].

②　陈建梁，赵永伟. 银行监管理论的最新发展. 国际金融研究，1999（9）.

③　网络银行的业务风险主要有操作风险、市场信号风险和法律风险等。当前，电子商务和网络银行处于快速发展阶段，但许多国家的有关法规还不健全，因此，利用网络及其他电子媒体签订的经济合同存在着相当大的法律风险。网络银行的操作风险主要是指由于系统中存在不利于可靠性、稳定性和安全性要求的重大缺陷而导致损失的可能性。它可能来自网络银行客户的疏忽大意，也可能来自网络银行安全系统和其产品设计缺陷与操作失误。网络银行的市场信号风险主要指由于信息不对称而导致的其面临的不利选择和道德风险引发的业务风险。例如，由于网络银行无法在网上鉴别客户的风险水平而处于不利地位；在虚拟金融服务市场上，网上客户由于不了解每家银行提供的服务质量情况，而导致客户将会按照他们对网络银行提供服务的平均质量来确定预期的购买价格，其结果有可能导致保护低质量银行而将高质量的银行挤出网上市场。详请参见李德. 经济全球化中的银行监管研究. 北京：中国金融出版社，2002：206.

下也变得难以实施。网络银行的申请者虽然只注册一家银行，但是其可以通过多个终端，同样可以获得多家银行业务或多家银行分理网络的服务效果。因此，监管当局不仅需要参照传统银行的监管标准进行一般的风险监管，而且还要根据网络银行的特殊性进行技术性安全与管理安全的监管，即保证网络交易双方的身份、交易资料和交易过程的安全，以及支付系统提供服务的网络主机系统和数据库的安全，并且要对跨界金融数据流和网络银行网站上提供的各种网络金融服务广告进行监管。近年来，在人工智能、云计算、大数据等新技术的推动下，互联网金融作为高科技与金融创新融合的产物，迎来了爆发式发展。互联网金融在改变传统金融服务方式业态、促进经济社会发展的同时，也对传统的金融监管方式提出了重大挑战。因而，银行高科技和网络金融的发展，使监管当局面临着重要抉择，即迅速适应这一变化的数字金融市场，改变传统的银行监管方式，建立新的监管标准，调整监管结构，更新监管技术，建立全方位的高科技监管系统框架。而要实现这一目标，不仅需要彻底转变监管理念并耗费大量的资源，而且需要进行长期而艰巨的金融监管系统工程建设。

相较之下，我国现今监管方法仍然比较突出市场准入审核、报送稽核等传统方法的运用，至于现场稽核或利用外部审计、并表监管、市场退出的监管、信息披露、紧急处理措施等方法，则相对重视不够。从一些报表、资料的汇总中可以看出，目前监管方法还仅仅停留在较低层次的一般计算和汇总上，缺乏一套能够驾驭复杂监管全局的计算机监管系统。这样的监管方法既不能对金融机构的各项经营指标进行前瞻性分析，从而发挥事前监管对苗头性、倾向性问题的超前预警效能，又难以对已全面实现电子化会计核算的被监管单位的资料进行自动采集归类和分析对比，更不能透过非现场监管的资料、指标考核分析，发现金融机构经营管理中存在的深层次问题，提出有见解、有预警、有针对性、有指导意义的监管意见。为此，有必要充分利用人工智能、云计算、大数据等先进信息技术，对金融监管工具进行优化，以实现实时、动态的智慧监管。① 通过建立实时、动态且各方主体共同参与的信息共享体制，对监管对象进行整体画像，分类施策，抢在危机发生之前精准执法，做到早预防、早发现、早执法，进而提升数字监管的智慧效能。

此外，由于金融监管对自上而下的行政管理的长期依赖，监管手段目前仍以计划、行政命令并辅之以适当的经济处罚的行政手段为主。而由于

---

① 罗培新. 着力推进互联网金融的包容审慎监管. 探索与争鸣，2018（10）.

对金融机构（尤其是商业银行）的检查和评价以及风险管理等缺乏统一的、完整的、具体的量化标准，加之衡量金融机构行为的客观标准和奖惩办法均不够明确，例如，对银行的稽核或检查，对违规、规章、违纪的金融机构的处罚等，都没有一套明确的规范化的标准，致使监管手段的实施效果难以尽如人意，大大影响了金融监管的权威性。从改革开放初期至2017 年，金融监管为了适应我国金融业在广度和深度上迅速发展的要求，形成了"由统向分"的分业监管的体制架构，并不断予以强化和精细化，形成了"一行三会"的金融监管体制；从 2017 年至今，为了适应金融业与日俱增的融合发展趋势，金融监管体制则"由分向统"，向综合金融监管体系演化；2018 年银监会和保监会职责整合，组建中国银保监会，直至 2023 年 5 月 18 日，国家金融监督管理总局正式揭牌，形成了"一行一局一会"的新格局。多数学者专家认为，对于金融业而言，从多头监管到归口集中监管，有利于形成统一的监管标准，降低金融机构接受监管的成本，推动金融机构经营效率提升，同时也能防止监管部门条块分割导致的监管真空。然而，不能否认的是，无论是"分业监管"还是目前向"功能监管"逐步完善的进程中，金融监管机制滞后于金融创新，加之缺乏高效的监管协调合作机制，从而不能彻底排除和避免因监管真空或重复监管而给相关金融业务带来的混乱，监管标准在实践中仍然带有一定的主观随意性。

不难想见，监管标准的较为随意和监管手段的相对单一，加之传统监管方式的滞后，在金融全球化的不断推进而日益加剧的金融国际化、电子化和网络化的发展趋势面前，中国金融监管体制要担起有效防范金融风险、维护国家金融安全的使命，还任重而道远。

4.2.6　监管规则一定滞后

从法律角度看，金融监管规则在本质上是一种工具，调整着金融监管者、被监管的金融机构、金融产品当事人之间的各种交易关系，因而在新制度经济学的视野中，金融监管规则也是一种公共产品。金融监管规则除了规范法律关系这一功能外，还具有惩罚、鼓励或禁止、引导等多种功能，在经济学意义上，就是降低交易费用，使各方当事人能够准确地计量一种可期待的利益或预期的损失。因此，金融监管规则的完善与否，不仅在本质上影响着金融交易中的产权保护力度和金融监管的透明度，而且直接影响着系统性金融风险程度与金融监管的运行质量。在我国金融体制改革日益深入、金融业对外开放进程日渐加快以及金融业自身创新动力日益加强的大背景下，金融监管法律制度需要与时俱进地回应金融全球化的迅猛推进而带来的金融生存和发展环境不断变化的需要。可以说，我国金融体系中存在的风险，在很大程度上与金融监管法律规则的滞后、缺失、不协调、可操作性不强，有着十分密切的关系。

4.2.6.1　征信管理法规建设迟缓

现代社会分工的专业化和精细化，使得征信作为一门独立的产业不断发展壮大。而作为信息不对称的最大受害者的金融机构，既从征信机构取得其客户的信用信息，同时也向征信机构提供宝贵的原始信用信息，由此建立了金融机构与征信机构间互相依存的紧密关系。纵观金融全球化在各国的发展和推进，可以发现，凡是市场经济成熟、全球化程度较高的市场经济国家，几乎无一例外的都是征信国家；反之，市场经济不够成熟和全球化程度较低的转型经济体，大都存在信用缺失普遍的现象。这里，所谓征信，就是收集、评估和出售市场经营主体的信用信息。而征信国家，就是一个国家的信用管理体系比较健全，形成了独立、公正且市场化运作的征信服务企业主体，从而保证以信用交易为主要交易手段的成熟市场经济的健康发展。[①] 在这样的国家，可以快速取得资本市场、商业市场上任何一家企业和消费者个人真实资信背景的调查信息，企业和消费者已经形成自觉培育和维护自己良好信用的习惯。因而在征信国家，信用的缺失是一件非常可怕的事情。

我国的征信业始建于 20 世纪 90 年代，但真正进入发展阶段则是近几年的事情。对企业和个人而言，由于征信直接涉及公民个人信息和企业商业秘密等问题，是一项法律性很强的工作。但在 2007 年前的我国法律体系中[②]，由于没有一项法律或法规为征信活动提供直接的依据，由此造成了征信机构在信息采集、信息披露等关键环节上基本无法可依，征信当事人的权益难以保障，严重影响了征信业的健康发展。[③] 事实上，企业或个人在金融交易活动中多头投机骗款、骗领金融卡、资产重复抵押、关联担保等违规行为，未能被相关金融机构及时识别而导致资产损失，与我国征信业发展的滞后有很大关系。因此，在规范中发展我国征信业，及早出台征信管理方面的行政法律、法规，着重明确下列事项，成为我国征信业发展的关键：一是建立专门的征信业监督管理机构；二是设置征信机构设立的基本条件；三是规范征信业务行为；四是明确保护被征信主体隐私权等

---

① 陈文玲. 美国信用体系的总体构架——美国信用体系考察报告之一. 商业时代，2002 (07).
② 2007 年生效的《物权法》第 228 条赋予了征信机构在质权设立环节的法律定位.
③ 项俊波. 金融风险的防范与法律制度的完善. 金融研究，2005 (8).

合法权益的法律措施；五是建立有效的失信惩罚机制，让失信者付出昂贵的代价，以达到使其不敢失信、不愿失信的目的。①

在这个意义上，2013年《征信业管理条例》的出台，不仅从根本上改变了中国征信业长期无法可依的局面，而且很好地回应了征信业发展的根本问题，与中国人民银行同年通过的《征信机构管理办法》、2021年《征信业务管理办法》一起，基本构建起了较为立体的征信业法律法规体系。2022年3月29日，中共中央办公厅、国务院办公厅印发《关于推进社会信用体系建设高质量发展 促进形成新发展格局的意见》（以下简称2022年《社会信用体系建设意见》），明确要求"加快推动出台社会信用方面的综合性、基础性法律"②，着力建设三大机制，从而以坚实的信用基础促进金融服务实体经济，以有效的信用监管和信用服务提升全社会诚信水平：一是建立健全"早发现、早预警、早处置"的风险防范化解机制，充分发挥信用在金融风险识别、监测、管理、处置等环节的作用；二是健全市场化的风险分担、缓释、补偿机制，支持金融机构和征信、评级等机构运用大数据等技术加强跟踪监测预警；三是加快健全以信用为基础的新型监管机制，完善金融信用信息基础数据库，提高数据覆盖面和质量，提升监管精准性和有效性。目前，国家发展改革委员会、中国人民银行会同社会信用体系建设部际联席会议成员单位和其他有关部门（单位）正紧锣密鼓地部署落实，研究推进相关法律起草，以为全面建设中国金融监管现代化提供征信制度的保障支持。

_____

① 美国政府对信用管理法案的主要监督和执法机构分两类：一类是银行系统的机构，包括财政部货币监理办公室、联邦储备系统和联邦储蓄保险公司，一类是非银行系统的机构，包括联邦贸易委员会、国家信用联盟办公室和储蓄监督局。这些政府征信管理部门对信用管理主要有六项功能：（1）根据法律对不讲信用的责任人进行适量惩处；（2）教育全体社会公众在对失信责任人的惩罚期内，不要对其进行任何形式的授信；（3）在法定期限内，政府工商注册部门不允许有严重违约记录的企业法人和主要责任人注册新企业；（4）允许信用服务公司在法定的期限内，长期保存并传播失信人的原始不良信用记录；（5）对有违规行为的信用服务公司进行监督和处罚；（6）制定执行法案的具体规则。对失信者的惩戒，除了政府上述做法外，则主要靠各类信用服务公司生产的信用产品大量销售，从而对失信者产生强大的约束力和威慑力；靠整个社会对失信者的道德谴责，使人们与之交易时保持有限信任；靠对失信者信用产品负面信息的传播和一定期限内的行为限制，使失信者必须付出一定期限内的行为限制，使失信者付出昂贵的失信成本。其产生的结果，一是不能让不讲信用的人自在地、方便地生活在社会上，二是不能让不讲信用的人有机会把业务扩大。陈文玲. 美国信用体系的总体构架——美国信用体系考察报告之一. 商业时代，2002（7）.

② 中共中央办公厅 国务院办公厅印发《关于推进社会信用体系建设高质量发展　促进形成新发展格局的意见》. 中国政府网，http://www.gov.cn/zhengce/2022-03/29/content_5682283.htm，[2022-11-20].

4.2.6.2　风险监管法规较为滞后

虽然金融风险管理的历史和金融机构的产生一样久远，但在早期的金融机构发展中，业务的发展是第一位的，因为金融业务的扩张可以带来盈利的增加，风险管理仅被视为业务发展的附属。但是，随着金融全球化和金融创新的涌现，金融风险日益复杂，尤其是 20 世纪 90 年代以来金融危机的频繁发生，风险管理和风险监管之于金融发展的战略意义终于为金融业所深刻体认，不仅金融机构一改风险管理决策从属于盈利为首要目标的业务决策管理体制，而且各国金融监管机构也开始了从合规性监管向风险监管的转化。

由于现代金融风险不仅包括信用风险、流动性风险和市场风险，而且包括操作风险、法律风险和声誉风险等，基于金融全球化趋势下金融业务趋同化、多元化的发展，以巴塞尔委员会为代表的国际金融组织不仅大力倡导全面风险监管的理念，而且将其视为保障金融业稳健经营的根本前提，由此导致了国际金融监管的转变：从分业监管向混业监管转变，从机构性监管向功能性监管转变，从单向监管向全面监管转变，从封闭性监管向开放性监管转变，从微观审慎监管向系统性风险监管转变。

为了适应国际金融监管的发展趋势，我国不仅进行了监管机构的改革和调整，而且逐步建立和完善了金融监管法律框架，《中国人民银行法》《商业银行法》等金融监管法律法规的出台，使我国金融监管逐步走上了依法监管的轨道。但令人遗憾的是，无论是历次金融监管改革还是金融监管规则的制定，全面风险监管理念和相应的风险监管体系建构，并未得到应有的重视和落实。长期以来，我国的金融监管不仅过分注重市场准入的监管，而且一直将监管重点放在合规性方面，注重一般性行政检查和管理，尤其是市场准入、业务经营范围和行为的合规性行政管理，如审批管理、业务范围的核定以及专项现场检查和行政处罚等，对金融创新工具以及金融全球化进程中所衍生的各种金融风险的监管，则相对不足。问题突出表现在：重市场准入管理，轻持续性监管；重合规性监管，轻风险监管；重现场检查，轻事前和事中监管；重外部监管，轻内部控制。金融监管措施和监管规则一定程度上滞后于金融市场发展的需要，非但不能及时发现和处理问题金融机构，有效防范和化解各种金融风险，而且在一定程度上加大了我国在融入全球化进程中的法律风险。例如，对实际已形成的各种金融或准金融控股公司，在 2018 年前的金融监管法律框架下，似乎《中国人民银行法》《银行业监督管理法》《商业银行法》《证券法》《保险法》等都与其有一定的关联，但实际上，上述监管法律又都并未就其监管问题提供明确的监管依据，致使其在金融监管法律的真空状态中长期处于灰色地带。一方面，金融控股公司的组建和运作缺乏明确的法律依据，企业本身时刻面临着潜在的违法和违规风险；另一方面，金融监管法律法规又并未明确禁止经济实体设立信托、财务、租赁、证券、基金管理公司、保险公司和商业银行等。因此，相当多的经济实体通过打"擦边球"的方式筹建了各类金融控股公司，以获得稀缺的金融资源利润，大量筹集资金，以致德隆系等恶性事件频仍。虽然 2019 年《证券法》、2020 年《关于实施金融控股公司准入管理的决定》、2020 年《金融控股公司监督管理试行办法》明确了金融控股公司的法律地位，但并未对其所有的监管问题提供明确的监管依据，致使其在金融监管法律中依旧存在部分模糊问题。再如，金融业务中最为活跃的跨市场金融产品——各种委托理财产品，因缺乏统一的监管法律制度，致使各金融监管机构或者分别按照自己的标准进行监管，导致重复监管和过度监管，或者出现银行业监管不足，证券业又不愿意监管的监管真空和监管不足，不仅导致监管资源的浪费和监管效率的低下，而且难以达到有效防范金融风险的监管目的。

可见，风险监管法律制度的滞后，不仅未能彻底解决与金融股控公司有关的法律问题，而且对新型金融业务也缺乏严格的法律界定，致使金融监管机构无法施行有效的监管措施。这种状况必然导致潜在金融风险的加大，并因金融产品和金融业务的多元化而加剧风险在不同金融市场之间的传播扩散。在这个意义上，风险监管法律的粗放及其与金融发展的不同步协调，实际成为加剧法律风险的隐患。

4.2.6.3　证券监管法规过于粗放

1998 年《证券法》的颁行，对维护股市运行秩序、规范股市各方当事人的行为，发挥了积极的重要作用。随着中国金融改革开放和公司法人治理力度的加大，2018 年 10 月 26 日、2019 年 12 月 28 日，《公司法》和《证券法》相继修订颁布。新的《公司法》和《证券法》吸收了证券市场发展的经验和成果，按照市场化原则对有关公司设立、股份转让、证券的发行、上市、交易制度等内容作了全面修订，放宽了制约市场发展与创新的诸多限制，进一步强化了公司董事、监事及高管人员的诚信义务，加强了对上市公司、证券公司及其市场参与主体的监管。但遗憾的是，修订后的证券法部分规定未能彻底根除原有的过于原则笼统的缺陷，致使其对证券违法违规行为部分规制的可操作性不强。

例如，2019 年《证券法》第 53 条规定："证券交易内幕信息的知情人和非法获取内幕信息的人，在内幕信息公开前，不得买卖该公司的证券，或者泄露该信息，或者建议他人买卖该证券。""持有或者通过协议、其他安排与他人共同持有公司百分之五以上股份的自然人、法人、非法人组织收购上市公司的股份，本法另有规定的，适用其规定。""内幕交易行为给投资者造成损失的，应当依法承担赔偿责任。"其中，所谓"内幕信息"，2019年《证券法》第52条规定，是指"证券交易活动中，涉及发行人的经营、财务或者对该发行人证券的市场价格有重大影响的尚未公开的信息"。具体包括两类：一类是2019《证券法》第80条第2款规定的以下重大事件信息："（一）公司的经营方针和经营范围的重大变化；（二）公司的重大投资行为，公司在一年内购买、出售重大资产超过公司资产总额百分之三十，或者公司营业用主要资产的抵押、质押、出售或者报废一次超过该资产的百分之三十；（三）公司订立重要合同、提供重大担保或者从事关联交易，可能对公司的资产、负债、权益和经营成果产生重要影响；（四）公司发生重大债务和未能清偿到期重大债务的违约情况；（五）公司发生重大亏损或者重大损失；（六）公司生产经营的外部条件发生的重大变化；（七）公司的董事、三分之一以上监事或者经理发生变动，董事长或者经理无法履行职责；（八）持有公司百分之五以上股份的股东或者实际控制人持有股份或者控制公司的情况发生较大变化，公司的实际控制人及其控制的其他企业从事与公司相同或者相似业务的情况发生较大变化；（九）公司分配股利、增资的计划，公司股权结构的重要变化，公司减资、合并、分立、解散及申请破产的决定，或者依法进入破产程序、被责令关闭；（十）涉及公司的重大诉讼、仲裁，股东大会、董事会决议被依法撤销或者宣告无效；（十一）公司涉嫌犯罪被依法立案调查，公司的控股股东、实际控制人、董事、监事、高级管理人员涉嫌犯罪被依法采取强制措施；（十二）国务院证券监督管理机构规定的其他事项。"另一类是第81条第2款规定的重大事件信息："（一）公司股权结构或者生产经营状况发生重大变化；（二）公司债券信用评级发生变化；（三）公司重大资产抵押、质押、出售、转让、报废；（四）公司发生未能清偿到期债务的情况；（五）公司新增借款或者对外提供担保超过上年末净资产的百分之二十；（六）公司放弃债权或者财产超过上年末净资产的百分之十；（七）公司发生超过上年末净资产百分之十的重大损失；（八）公司分配股利，作出减资、合并、分立、解散及申请破产的决定，或者依法进入破产程序、被责令关闭；（九）涉及公司的重大诉讼、仲裁；（十）公司涉嫌犯罪被依法立案调查，公司的控股股东、实际控制人、董事、监事、高级管理人员涉嫌犯罪被依法采取强制措施；（十一）国务院证券监督管理机构规定的其他事项。"但问题在于，"内幕信息"的关键在于其对证券价格具有重大影响，而这个"重大影响"究竟指什么？在"重大影响"无法度量的条件下，要说清楚某一信息究竟是否具有内幕的性质，是否属于弹性条款规定的"其他事项"，就是一件困难的事情了。

再如，2019年《证券法》第85条规定："信息披露义务人未按照规定披露信息，或者公告的证券发行文件、定期报告、临时报告及其他信息披露资料存在虚假记载、误导性陈述或者重大遗漏，致使投资者在证券交易中遭受损失的，信息披露义务人应当承担赔偿责任；发行人的控股股东、实际控制人、董事、监事、高级管理人员和其他直接责任人员以及保荐人、承销的证券公司及其直接责任人员，应当与发行人承担连带赔偿责任，但是能够证明自己没有过错的除外。"有的公司在发行股票时披露的招股说明书几乎完全虚假，至于公司擅自改变募投资金投向（包括将资金长期滞留于银行账户）现象，更是屡见不鲜。这些现象是否属于"信息披露资料存在虚假记载、误导性陈述或者重大遗漏"，2019年《证券法》语焉不详。此外，证券市场上最为常见的另一种现象，即先有市场传言引起某公司股票发生异常波动，该公司董事会先是发布辟谣公告，对传言矢口予以否认，投资者不再理会"谣言"，转而相信上市公司的正常披露，但时隔不久（通常仅为几个工作日或几个星期），上市公司又正式发布与前述市场"谣言"几无二致的信息公告。这种荒唐却在中国证券市场不断上演的闹剧，能否认定为"信息披露资料存在虚假记载、误导性陈述或者重大遗漏"，从而追究上市公司虚假陈述的责任呢？2019年《证券法》以及其他证券监管规则同样未给出明确的说明。

4.2.6.4 金融刑法设计不尽科学

面对金融失范行为的猖獗尤其是严重金融犯罪案件的频发，运用刑罚严惩金融失范行为的呼声日益高涨，金融犯罪的刑事法网不断扩大，包含11个刑法修正案在内的现行刑法典共483个罪名，而金融犯罪的罪名就有38个，其中，配置有无期徒刑的金融犯罪就有12个之多。如此繁多的罪名，如此严厉的刑罚，却并未能遏制住金融犯罪的高发态势；相反，金融犯罪发案率不仅居高不下，而且大案、要案呈急剧攀升态势。

而世界各国金融犯罪的治理实践表明，金融犯罪的发生是经济、政治、法律、文化等多种因素综合作用的结果，不仅与金融犯罪刑事法网的严密和惩治力度的大小有关，而且与国家经济政策的科学、金融管理体制的健全、金融监管机制的有力有诸多关系，更与人的贪欲、自私本性被诱发乃至极度膨胀有着不可分割的紧密联系。因之，预防和遏制金融犯罪的有效方略，强调刑罚在刑事司法中的必然性和及时性，严密金融犯罪的刑事法网固然不可偏废，但至为关键的，其实还是在于各项财经管理制度的加强和金融监管体制的完善。这是因为，前者有利于打消行为人逃避法律制裁的侥幸心理，从而借助趋乐避苦的人的自然本性法则，收预防犯罪的治标之效；后者则可以最大限度地减少外在环境对行为人贪欲的诱发，进而通过犯罪意念的遏制而建治本之功。两者的有机结合，才能形成防治金融犯罪的综合合力，最终实现对金融犯罪的标本兼治。① 至于是否判处重刑乃至无期徒刑，对于金融犯罪的防治，包括金融犯罪发案率的高低，不仅没有直接的、明显的影响，相反，因对金融犯罪行为人严惩的过分强调和依赖，而忽略了金融制度设计和金融监管运行中的疏漏和失误这一金融犯罪发生的根本诱因，可能导致金融犯罪屡治不绝，甚至愈演愈烈。所以，严管胜于重罚，已是经济发达国家近乎常识的金融犯罪防治的基本共识。加拿大、德国等金融犯罪治理较为成功的国家，无不设立有科学稳健的金融体系和高效运行的监管机制，同时辅之以有力的行政和民事处罚措施尤其是严密的失信惩戒体系，以加大行为人的金融违法成本，从而因金融犯罪发生诱因的减少而实现对金融犯罪的有效治理。正如"《季刊评论员》说，资本会逃避动乱和纷争，是胆怯的。这当然是真的，却不是全面的真理。像自然据说惧怕真空一样，资本惧怕没有利润或利润过于微小的情况。一有适当的利润，资本就会非常胆壮起来。只要有 10% 的利润，它就会到处被人使用；有 20%，就会活泼起来；有 50%，就会引起积极的冒险；有 100%，就会使人不顾一切法律；有 300%，就会使人不怕犯罪，甚至不怕绞首的危险。如果动乱和纷争会带来利润，它就会鼓励它们。走私和奴隶贸易就是证据"②。上述论断的客观、公正、科学和精彩，通用于古今中外。可见，正是奠基于深厚的人性根基之上，顺应人性而为，加拿大、德国等的金融犯罪防治才走上了良性运行的轨道；而正是对刑法根基中人性因素的轻忽，导致我国金融犯罪治理效果的不尽如人意。

　　所以，如何科学治理金融犯罪，营造优质法治金融环境，仍然是中国金融监管现代化需要认真对待的重大课题。而只有严格恪守宪法价值秩序下的法益保护原则和比例原则，科学立法、严格执法、公正司法，才能构建起行政、刑事、民事一体衔接、合力共治的金融违法犯罪治理体系。具

---

① 田宏杰. 规范关系与刑事治理现代化的道德使命. 北京：人民法院出版社，2020：14.
② 〔英〕邓宁格. 工会与罢工. 转引自马克思. 资本论：第 1 卷. 北京：人民出版社，1958：839.

体而言，则必须"坚持金融业务持牌经营规则，既要纠正'有照违章'，也要打击'无证驾驶'。织密金融法网，补齐制度短板，切实解决'牛栏关猫'问题。丰富执法手段，充分发挥金融监管机构与公安机关的优势条件，做好行政执法与刑事司法衔接，强化与纪检监察、审计监督等部门协作。提高违法成本，按照过罚相当的原则，努力做到程序正义和实体正义并重。保持行政处罚高压态势，常态化开展打击恶意逃废债、非法集资、非法吸收公众存款和反洗钱、反恐怖融资等工作"①。

---

① 郭树清. 加强和完善现代金融监管. 党的二十大报告辅助读本. 北京：人民出版社，2022.

第 5 章　全球化视野下中国金融
监管的战略设计

随着金融全球化进程的深化，包括中国在内的转型经济体都已加速金融市场的对外开放，而与国际市场全面接轨的主张，早已成为经济建言的主流和少有异议的共识，但是，有关本国金融市场保护的问题，却鲜有提及。在关涉金融制度包括金融监管制度的设计中，彰显的都是有关国际组织或国际文件所认可的、被抽象出来的发达国家的开放模式，包括市场准入、国民待遇等。但实际上，对外开放并不等于放弃保护。金融业作为支持现代社会运转的关键产业，在金融全球化过程中既需要开放，更需要保护。开放不是抹杀国家利益的界限，保护也不等于封闭。正如巴塞尔新资本协议所传递出来的信息，金融全球化进程中的金融监管目标应在致力于金融体系稳健性和弹性的基础上，使金融市场"对经济周期的流动具有更好的承受能力，从而服务于更为广泛的经济领域的可持续性增长"[①]。

因此，在不断加快中国金融市场开放进程的同时，如何提高金融监管资源配置运行的效益，最大限度地防范和消除金融风险，增强中国金融业在国际金融市场中的竞争力，不仅是中国金融业融入国际化的必然要求，而且是维护国家安全所必须承担的义不容辞的责任。正是基于此，二十大报告明确要求，必须"深化金融体制改革，建设现代中央银行制度，加强和完善现代金融监管，强化金融稳定保障体系，依法将各类金融活动全部纳入监管，守住不发生系统性风险底线"。而要彻底改变中国金融体制运行效率不高、金融风险隐患激增的现状，就不仅需要对金融监管机能进行重新审视和正确定位，更需要对监管理念进行全面反思与检讨；不仅需要

---

① 巴塞尔银行监管委员会主席兼西班牙银行行长卡如纳的发言. //巴曙松，陈华良. 2004年全球金融监管：综述与趋势展望. 世界经济，2005 (3).

对监管制度进行合理安排和科学创新，更需要对监管体制进行根本性的变革。

5.1　竞争本位还是稳定优先：中国金融监管现代化的价值取向

在福渝泽吉看来，文明从结构上可以划分为两个部分，即外在的事物和内在的精神。"外在的文明"指的是制度文明和物质文明的内容；而内在的"文明的精神"，就是人民的"风气"。"外在的文明易取，内在的文明难求"，所以在吸取外来文明时，"不应单纯仿效文明的外形而必须首先具有文明的精神，以与外形相适应。"因为，只有"先求其精神，排除障碍"，才能"为汲取外形文明开辟道路"①。法律文明尤其如此。只有物质的、制度化的"硬件"系统而缺乏相应的精神意识、观念和情感等"软件"系统支持的所谓"法治"，不是真正的法治，其只有法治的外表和骨架而没有内在的灵魂。② 而这，正是 20 世纪 90 年代以来中国金融体制改革和金融监管现代化努力的实践效果不尽如人意的根本原因。

历史的教训值得记取。中国金融监管体制改革的深化，也必须先从精神、观念和意识着手，变革人心，尔后才能改革现行的金融监管体制。正是在这个意义上，笔者以为，中国金融监管现代化的实现和现代金融监管机制的建构和运行，监管理念的变革是根本前提和先导。

5.1.1　稳定为基、竞争优先：中国金融监管的理念重塑

没有人能够说清楚，人类社会的历史上曾经爆发了多少次金融危机，这些危机到底给各国经济带来了多大的损失。但有一点却非常清楚，那就是一次又一次的金融危机在给人类经济生活带来巨大损失的同时，也迫使各国金融当局不断调整本国经济发展战略和金融监管政策，以求摆脱危机获得"经济新生"。可以说，一部各国乃至世界的经济金融发展史，就是一部人类社会不断遭遇经济金融危机的打击，又不断找到解决危机办法从而推动金融监管制度螺旋式上升发展的历史。

正因为如此，1997—1999 年的亚洲金融危机所显示出的一些特点，

---

① 〔日〕福渝泽吉. 文明论概略. 北京编译社译. 北京：商务印书馆，1982：12.
② 田宏杰. 中国刑法现代化研究. 北京：中国方正出版社，2001：61-62.

才格外引人关注①：（1）危机影响的地域范围不断扩大。从最初的泰国，到东南亚、东亚、整个亚洲，再到俄罗斯、欧美、拉美，直至全球，这从对于危机称呼的提法的不断改变，就可以清楚地看到。② （2）危机的性质不断升级。从泰国货币危机引发包括资本市场危机和金融机构危机在内的真正意义上的金融危机，发展为多数国家共同经历的以经济衰退为特征的经济危机，乃至在个别国家演变为政治危机。（3）危机的逆向梯级传导。危机最先爆发于韩国等东南亚新兴工业化国家，再传导至日本等发达经济体，从而与以往的金融危机形成了鲜明的对比。

可见，在金融全球化的趋势下，金融危机的国际传导已成为现代金融危机的一个重要特征。无论是危机的潜伏阶段、爆发阶段，还是危机的恢复阶段，都是通过传导来实现的，可以毫不夸张地说，没有传导，金融风险则不会演化为金融危机。③ 因此，如何化解金融风险，防范金融危机，保障金融安全，再次成为国际社会关注的焦点。

众所周知，安全是法律的基本价值取向。金融监管法治所追求的稳定价值目标，既含纳了金融机构自身的经济安全及相关交易主体（诸如金融机构的客户等）的经济安全，也包括这些特定个体及其集合而成的社会群体所整合而成的社会整体的经济安全。金融监管法治的安全价值需求根源于金融机构及金融业务所内蕴的各种风险的存在。各国金融监管法治中的

---

① 李小牧，李春锦，傅卓斌. 金融危机的国际传导：90 年代的理论与实践. 北京：中国金融出版社，2001："前言".

② 对于这次肆虐两年有余的金融危机，其称谓经历了从泰国金融危机到东南亚金融危机，再到亚洲金融危机的演变，较为准确地反映了此次金融危机影响地域范围的不断扩展。

③ 最早开始对金融危机的传导性问题进行系统研究的学者，是美国著名经济学者查理斯·金德尔伯格。他在 1978 年出版的《狂热、恐慌、崩溃——金融危机的历史回顾》一书，是西方第一部系统研究金融危机的学术论著，其成果被公认为是较之两代危机模型更早的金融合成机制理论。该书为读者提供了一个研究金融危机的完整框架，并且率先提出了金融危机的国内传导和国际传导问题，进而花费大量篇幅试图揭示危机传导中各经济要素间的逻辑联系。其中，金融危机的国内传导就是在一国金融泡沫化的基础上，货币危机向资本市场危机和银行业危机，进而向全面的金融危机演变的过程。至于金融危机的国际传导则可从广义和狭义两个不同层面理解。广义的金融危机国际传导泛指金融危机在国与国之间的传播和扩散，它既包括危机国内传导的溢出，也涵盖单纯由外部原因导致的跨国传导，既有存在于贸易金融关系紧密的国家间的接触性传导，也有存在于贸易金融关系并不紧密的国家间的非接触性传导即"传染效应"；而狭义的金融危机国际传导，也就是所谓的接触性传导，是指在金融危机发生之前、之中、之后，某些经济要素的变化引起其他要素变化，最终引起经济金融的某些侧面或整体变化，以致引发、扩大、缓解金融危机的跨国作用过程，也称溢出效应，其传导机制大致是从一国危机中的本币贬值和股市暴跌开始，通过汇率的相对价格机制作用于国际贸易和国际资本流动两个渠道，导致另一个或几个国家的本币贬值和股市暴跌，从而实现金融危机的跨国传导。详请参见李小牧，李春锦，傅卓斌. 金融危机的国际传导：90 年代的理论与实践. 北京：中国金融出版社，2001：25，32，附录.

市场准入、信息披露、市场退出、稽核检查、审慎要求等制度，其核心都旨在降低和化解金融风险。

但是，过多地顾及安全需求势必增大金融交易的成本，不仅有碍于金融效率的提高，而且势必影响金融机构竞争力的增强。这是因为，一方面，金融交易效率最大化的实现，需要以降低交易成本、节省交易时间为基础，而对金融机构的监管则使金融交易成本的提高在所难免。例如，资本充足率的要求、法定准备金比率的设计等，使得银行金融机构不得不为这些准备做出时间和资金上的安排，从而加大了金融交易和金融监管的成本①，因而"过度监管"一直是全球金融监管改革中不断被频繁提及的一个问题。例如，瑞士银行业联合会及其监管机构联邦银行委员会就银行业监管是否过度问题展开了讨论，认为瑞士的银行必须遵守的规则多如牛毛，尤其在涉及反洗钱的问题上更是如此。② 从瑞士 1934 年颁布西方第一部《联邦银行法》开始，后又相继颁布了 1934 年《银行和储蓄银行规则》、1953 年《国际清算银行协定》、1978 年《保险监管法》、1980 年《外汇银行管理规则》、1996 年《交易所和证券交易规则》和 1997 年《反洗钱法》，为银行等被监管机构规定了难以计数又叠床架屋的各种监管义务。随着《瑞士金融市场监督管理局联邦法案》（FINMASA）在 2009 年 1 月 1 日生效，瑞士金融市场监督管理局（FINMA）正式成立。该局整合了联邦私人保险管理办公室（FOPI）、瑞士联邦银行业委员会（SFBC）以及瑞士反洗钱控制委员（AMLCA）先前的职能，进一步加大了对瑞士银行业的监管力度。③ 而在美国，基金黑幕所暴露的问题使得监管当局不断加大监管力度，2004 年 7 月更是针对对冲基金要求客户超过 15 人以上、管理资产超过 2 500 万美元的对冲基金必须进行详细登记。这一决议遭到众多金融机构的强烈反对并被指责为"过度监管"④。尽管如此，美国对

---

① 金融监管的成本可分为直接成本和间接成本两大类。直接成本既包括监管当局制定和实施监管需要耗费的人力和物力资源，又包括被监管对象因遵守监管法规而需建立新的制度、提供培训、花费时间和资金如资本金、保险金等所付出的成本，即奉行成本（compliance cost）。间接成本是指因监管行为干扰市场机制的资源配置作用，限制充分竞争，而导致有关各方改变行为方式后造成的间接效率损失，即整个社会福利水平的下降。刘慧，冯鸿燕. 我国金融监管改革的路径思考. 经济与管理，2004（9）.

② 据瑞士银行业联合会统计，这些规则的金融成本按每年每位员工来计算，小银行为 24 000 瑞士法郎，大银行为 11 000 瑞士法郎，分别占总成本的 9.8% 和 4.1%。

③ 瑞士金融业. 中华人民共和国商务部网站，http://ch.mofcom.gov.cn/article/ztdy/201612/20161202099873.shtml，[2022-12-04].

④ 针对这一批评，证交会主席威廉·唐纳森不肯做丝毫让步，并反击称众多美国金融集团老总未能"有道德地"领导各自的公司。

对冲基金和私募基金的监管非但没有放松，反而在 2010 年 7 月生效的
《金融监管改革法案》中进一步要求，掌管资产规模大于 1 亿美元的基金
管理公司需要在美国证监会进行注册登记，而一些规模又大、风险又高的
基金管理公司不仅要接受美联储的监管，而且须执行更加严厉的监管标
准，包括向监管机构报告其交易和投资组合的有关信息等。① 对此，越来
越多的国际组织表示了关切和担忧，如 IAIS 的新监管框架中就明确提出，
应当努力降低报告和服从金融监管的成本。而另一方面，市场主体对于
"过度监管"的负担也会做出市场化的响应，以各种手段规避监管。② 所
以，成本与收益的平衡从来都是金融监管的痛点和必须经受的考验。而大
量研究文献进一步表明，金融监管立法的终极目标不在于金融安全本身，
不是为了金融安全而追求金融安全，而在于金融安全基础上的金融效率和
金融机构的竞争力，以实现金融资源配置效益的最大化。③

　　因此，面对金融全球化的浪潮，如何处理金融效率与金融安全的
关系，金融监管的价值目标究竟应当以提高效率、增强竞争力为本位
还是以保障金融业的安全稳定为核心，就成为中国金融监管制度变革
所不得不面对的首要问题。对此，多数学者主张："在当前阶段，尽
管我们面临着提高我国金融业竞争实力的紧迫任务，但在宏观上和战
略上仍然应当将金融安全放在价值选择的首位。"④ "就经济与金融的长
期发展来说，金融体系的安全与稳定和效益与效率相比是更具根本性的
问题。这既是由金融在经济中的地位决定的，也是由金融自身的特殊性
内在地决定的。这相应地决定了金融监管的目标仍然应该以维护金融体
系的安全和稳定为首要任务。"⑤ 但笔者以为，稳定为基、竞争优先，才
是有效应对金融全球化挑战，进而深化中国金融监管体制改革的理性价
值追求。

　　首先，由金融安全与金融机构竞争力的关系所决定，现代金融监管必
须统筹兼顾金融效率与金融安全，而不能顾此失彼。众所周知，金融安全
首要追求的是金融业的稳定发展，它要求对任何可能危及安全的因素加以

---

① 喻晓平. 金融监管体制的国际比较研究. 成都：西南财经大学出版社，2018：46—50.
② 如针对美国对对冲基金的限制，有的基金准备维持目前较小的规模，以便不触及进行强
制登记的下限；有的甚至准备迁移到离岸地区以躲避监管；还有一些基金，为了避免受新规定的
监管，设法通过将客户资产锁定若干年以使基金变成私人股权性质的基金。
③ 蒋海. 论弹性监管与金融效率. 财经研究，2001（9）.
④ 王国平. 金融监管立法价值目标和价值取向问题探讨. 金融科学，2001（3）.
⑤ 白钦先. 金融监管理论和实践的历史性回顾与反思. //张荔等. 发达国家金融监管比较
研究. 北京：中国金融出版社，2003：总序，14—15.

排斥，包括金融创新等，而金融效率更为注重金融资源配置的最优化，这种最优化在通常情况下表现为创造最大的经济价值，二者的对立就体现于安全取向与效率价值取向的不同。追求安全，就可能要放弃一部分潜含着风险甚至危机因素的效率增长；而追求效率，又不得不为一部分既有风险又具效率的价值而舍弃安全的考虑。从这个意义而言，金融安全与金融效率在价值取向上确实存在着一定的冲突。但其实，金融安全与金融效率都是金融发展一枚硬币的两个方面，安全也好，效率也罢，其目的都在于通过金融资源的合理运用，服务于资金融通，服务于社会经济整体对资金融通的需求。由此决定，建构于安全基础之上的金融效率，才能实现金融资源符合理性的最优化配置。而失去了安全保障的金融效率纵使再高，也难以逃脱在危机中倾覆的厄运；而能够包容效率的金融安全，才是真正富有生机和活力的安全，才能真正服务于资金融通的目标，那种一潭死水式的安全，绝非金融业真正需要的安全。[①] 前者，我国银行业就是一个例子，长期以来，对金融安全超乎寻常的关注和对金融效率的忽视，导致了这样一种局面：我们能够在亚洲金融危机面前岿然不动，金融安全经受住了考验，却对大量进入的外资金融企业忧心忡忡，因为中国银行业普遍存在的效率低下难以有效应对跨国金融企业的竞争。后者，东南亚几个国家同时在亚洲金融危机中遭受损失的境遇就是最好的例子，这些国家在追求金融业的发展过程中忽视金融安全网的构建，结果几十年辛辛苦苦换来的财富泡沫般地破灭，国家经济大幅倒退。因此，只有兼顾金融安全与金融效率，金融监管才能有效应对金融全球化的挑战，实现金融业快速、稳健的发展。

其次，由金融监管的经济行政行为性质所决定，提高金融监管效率，提升中国金融业的竞争力是经济转轨时期中国金融监管体制改革的首要选择和先行目标。作为与市场作用相对应的政府管制行为，金融监管行为是国家行政权力在金融领域的运用和实施，是金融监管机关依法利用行政权力对金融机构及其活动实施规制和约束的行政行为，包括具体行政行为和抽象行政行为。由此决定，因金融监管权的行使而形成的金融监管体制，是行政管理体制的重要组成部分。虽然传统行政体制的目标价值一般集中在效率、代议制度、政治中立能力和（科层组织的）行政领导四个方面，但各国行政体制改革的实践充分表明，卓有成效的政府行政管理才是现代行政管理体制努力追求的核心目标或终极价值，其他目标则在于维持和保

---

① 曾筱清. 金融全球化与金融监管立法研究. 北京：北京大学出版社，2005：38.

证行政效率的充分实现。① 政府实施行政管理应当讲究效率，方便公民、法人或者其他组织，为公众和社会提供快速、便捷的服务，既是社会对现代政府的基本要求，也是政府能动履职所应遵循的基本准则。② 从世界范围内经济增长和社会发展的进程看，为了有效解决现代化所提出的各种问题，欧美等早发现代化国家基本上都经历了一个政府职能扩张并由政府主导的转变过程。与此相应，作为后发现代化国家的中国，要在短时间内解决"追赶型"现代化所需化解的各种矛盾，包括消除贫困、扩大参与、转换体制、维护基本的社会公平等问题，同样需要发挥政府在现代化进程中的积极有效的主导作用。③ 而政府行政效率的低下，不仅妨碍了政府在现代化进程中的主导作用的发挥，而且严重阻碍了社会经济的发展，而这正是中国行政体制改革的直接原因。因此，从管理职能、管理领域、管理过程和管理方法等多方面对传统低效的"大政府"进行改造，通过共建共治共享的国家治理体系和治理能力现代化的推进，建设一个适度规模的高效政府，提高行政行为的效率，也就成为包括金融监管体制在内的中国行政体制改革的首要目标。④

最后，由金融监管制度发展演变的历史所决定，大力提升金融机构的竞争力，是现代金融监管体制改革的国际发展趋势。兼顾并不意味着绝对的平衡。金融发展的历史表明，金融监管的价值目标是随着金融交易的规模和实现金融交易的速度的变化而发展变化的，不同的金融发展阶段，自应有不同的监管理念。纵观世界各国的金融发展历史不难发现，金融业先后经历了三个发展阶段，即本地金融市场阶段，本地金融市场让位于国际金融市场阶段，以及国际金融市场让位于全球化的"无疆界市场"、国际金融中心交易让位于"无时空限制"的全球交易阶段。⑤ 金融监管理念也

---

① Herbert Kaufman. "Administrative Decentralization and Political Power", *Public Administrative Review*, V. 29 January-Feburary, 1969.

② 应松年.《行政许可法》与政府管理转型. 国家行政学院学报，2004（4）.

③ 胡伟. 构建面向现代化的政府权力——中国行政体制改革理论研究. 余逊达. 法治与行政现代化. 北京：中国社会科学出版社，2005：328-329.

④ 实际上，对高效行政行为的追求，不仅是我国行政管理体制改革的目标，而且是我国行政许可所必须遵循的一项基本原则。2021年《行政许可法》第6条规定："实施行政许可，应当遵循便民的原则，提高办事效率，提供优质服务。"为此，2021年《行政许可法》创设了以下实施机制和制度，以保证这一原则精神的落实：第一，要求行政机关实施许可一个窗口对外，防止内部程序外部化；第二，实行统一办理、集中办理、联合办理制度；第三，缩短行政许可期限，提高行政效率；第四，方便当事人提出申请。

⑤ 黄毅，杜要忠译. 美国金融服务现代化法. 北京：中国金融出版社，2000：中文译本序言8-12.

因此不断发生变化，从最初单纯立足于安全的监管目标，发展到以提高资源配置效率为终极追求的监管理念，再到以增强本国金融机构竞争力为根本出发点和最终归宿的现代监管价值取向。而一国金融机构竞争力的提高，必须在致力于提高金融效率的同时，着力于金融安全的稳固。正是基于这样的现代监管理念，不少国家开始把改善金融运行效率、提升金融机构竞争力，作为金融监管考虑的核心目标。例如，以 2000 年新的金融法出台为标志，英国确立了"好监管"所必须遵循的 6 项原则，分别是：效率优先、落实风险责任、最低成本原则、鼓励创新、鼓励竞争、保持技术领先。① 2008 年美国次贷危机后，英国紧锣密鼓地出台了一系列金融监管改革方案，以进一步提高监管效率：2009 年，《英国银行法》出台，英格兰银行、金融服务局、财政部开始合力打造系统性风险监管协调机制；2016 年 5 月，在《英格兰银行和金融服务法》获得英国议会通过的同时，英格兰银行内部监管结构的重新整合、英格兰银行治理结构的优化以及英格兰银行与财政部之间信息沟通的加强亦同步启动。② 而推动并驾驭这些改革航程的背后力量，就是提升金融监管效率。同样，以稳健著称的德国金融监管法规不仅严谨周密，而且在注重金融业安全性和稳定性的同时，同样更为注重金融效率的提高与金融机构竞争力的增强。为此，联邦德国 1958 年取消了对开设新分行的审查，1967 年又取消了利率限制，在外国银行设立分支机构方面逐步放松条件，不仅使外国银行进入德国金融市场的数目日益增多，而且使德国银行业国际化水平大为增强，从而帮助德国经济在第二次世界大战以后迅速复苏，跻身世界经济强国之列。在金融全球化迅猛推进和金融风险快速叠加的 21 世纪，德国金融监管的核心仍然是金融效率和金融机构的竞争力。正是基于此，德国银行不仅数目众多，而且可以开展法律允许的所有金融业务，包括信贷、保险、投资、证券、信托保管、投资、金融咨询、综合金融业务等。③ 而日本，则从 1994 年着手进行全球瞩目的"金融大爆炸"，在推出放松金融市场管制和对外开放的一系列重大举措同时，建立了一个综合性的金融监管机构——金融厅。金融厅一改过去过分强调安全为主的监管做法，在将确保金融体系的安全、活力以及金融市场的公正和效率作为自己首要任务的同时，开始更

---

① 王元龙. 中国金融安全论. 北京：中国金融出版社，2005：329.
② 喻晓平. 金融监管体制的国际比较研究. 成都：西南财经大学出版社，2018：58-65.
③ 于雯杰，李成威. 德国金融监管体系架构与财政责任：分析与启示. 国际财经，2022 (8).

多地关注金融创新带来的活力和金融市场运行效率的提高[①]：2004 年，明确提出金融监管重心要从"维持金融体系稳定"转向"激发金融体系活力"；2007 年，开始尝试建立规则监管和原则监管相协调的监管体系，以在监管过程中尊重金融机构的自主性，激发金融机构的经营积极性；2018年 6 月，发布金融检查和监管的基本方针，将监管重心转向"实质"、"前瞻"和"整体"，以进一步改善金融运行效率。[②]

所以，金融效率的基础在于金融安全，而金融安全的最终目的则是实现金融效率。面对全球金融业的激烈竞争和金融全球化的不可逆转趋势，只有秉承稳定为基、竞争优先的新型监管理念，我国的金融监管才能在保持金融秩序安全稳定的基础上，提高金融业在国际市场上的整体竞争力，实现金融监管的现代化。

5.1.2　制度变革：金融监管权的统一和存款保险制度的建立

金融监管理论及其发展实践表明，金融监管的效益与该国金融监管结构与监管制度安排有着十分密切的关系。不同的金融监管结构和监管制度安排，不仅影响甚至决定着金融监管的效率和效益，而且会引致不同的金融风险防范效果，进而产生不同的金融安全效应。一个安全高效的金融监管体系离不开独立的金融监管权威和严密的金融安全网络。而实施监管制度创新，统一金融监管权威，建立存款保险制度，是提高金融效率和金融业核心竞争力，维护金融安全的应有之义。

1. 建立独立统一的金融监管组织体制

随着我国金融业对外开放步伐的加快以及分业经营藩篱不断被突破，分业监管的制度安排不仅直接影响监管效率的提高，而且导致金融风险隐患的增加，因此，实施金融监管制度创新，统一金融监管权威，是建立现代金融监管体系的必然选择。从发展的角度看，金融监管组织体制的变革可分两步实施：第一，建立一个金融监管协调机构，实现监管协调运行机制的畅通，以形成各监管机构的监管运行合力。经多年努力，我国于 2017 年 7 月成立了国务院金融稳定发展委员会，专司统筹金融改革发展与监管，协调货币政策与金融监管相关事项，统筹协调金融监管重大事项，协调金融政策与相关财政政策、产业政策等，从而迈出了推进金融监管协调的关键一步。第二，在国务院领导下成立与中央

---

① 巴曙松. 金融监管框架的演变趋势与商业银行的发展空间. 当代财经, 2004 (1).
② 斐桂芬. 日本金融领域金融监管与竞争监管关系的演变. 日本问题研究, 2021 (4).

银行平行独立的中国金融监管委员会，金融监管委员会下分别设立银保监管局、证券监管局和信托监管局。金融监管委员会不仅负责统一制定我国的金融法律、法规和发展规划，协调监管政策和监管标准，而且负责沟通各监管部门，处理因监管过度和监管不足而发生的监管冲突，集中收集监管信息，统一调动监管资源，有效监测和防范金融部门的整体风险。

2. 加快存款保险制度的完善

为适应金融市场开放带来的激烈竞争格局，有效防范因金融全球化的推进而引发的金融风险的迅速扩散和传导，我国应加快存款保险制度的完善与落实。从广义来讲，金融监管当局的审慎监管、中央银行的最后贷款人功能以及存款保险制度一起被公认为是金融安全网的三大基本要素。不过，狭义的金融安全网则仅指存款保险制度，即由经营存款业务的金融机构按规定费率向法定的专门存款保险机构缴纳保险金，在投保金融机构出现支付危机或面临破产时，由存款保险机构向其提供资金援助或直接向其存款者支付部分或全部存款的特殊保险制度。[①] 存款保险制度通过保险费支付、资金援助等手段使危机金融机构走出困境；最后贷款人制度则通过流动性援助，使陷入困境的金融机构走出困境，两种制度共同组成一国保护性监管体系，构成一国金融体系的最后一道安全防线，从而成为各国拯救危机银行的核心法律制度。

随着 2015 年 5 月 1 日《存款保险条例》开始实施，我国初步建立起了存款保险制度的基本框架，将原有的隐性存款保险制度转变为显性存款保险制度[②]：首先，在存款保险体制上，采取集中制，即由国务院确定存款保险基金管理机构，由投保机构向存款保险基金管理机构交纳保费形成存款保险基金，使存款保险权集中于中央，范围覆盖全国，在全国范围内统一制度、统一组织、统一运作。其次，在存款保险制度的参保方式上，实行强制参保制，商业银行、农村合作银行、农村信用合作社等吸收存款的银行业金融机构都须参加，以避免发生银行挤兑和系统性危机。最后，在投保范围和保险费率设置上，对参加存款保险的金融机构实行风险差别费率，即按投保金融机构的经营管理状况和风险程度不同，相应调整存款保险费率。另外，对存款采取部分保险而不是全额保险，最高偿付限额为

---

① 徐孟洲，郑人玮. 我国银行危机救助法律制度的缺陷及其改进. 中央财经大学学报，2004 (2).

② 沈伟. 存款保险制度的功能及其制度设计. 上海经济研究，2021 (6).

人民币 50 万元，以增强存款人的风险意识，发挥其对银行的市场约束作用。2019 年 5 月 24 日，存款保险基金管理有限责任公司成立，依法管理存款保险基金有关资产；2021 年 2 月，北京市第一中级人民法院裁定包商银行破产。① 存款保险基金管理有限责任公司以收购承接的方式处置问题银行，实际使用存款保险资金近千亿元，发挥了存款保险市场化处置平台的功能。

然而，无论是近年来存款保险制度的实际运行，还是包商银行事件中的问题处置②，都在不同程度上体现了我国存款保险制度的诸多缺陷。具体而言，首先，尽管 2015 年《存款保险条例》第 7 条授权存款保险基金管理机构早期纠正职能，但由于授权不足、标准不明、衔接不畅等问题，早期纠正功能极难落实。其次，2015 年《存款保险条例》虽然规定了直接偿付、委托代偿、收购承接三种救助问题银行的方式，但由于相关处置法律分散、处置资金使用规定不明、处置工具有限，存款保险制度的风险处置职能难以发挥作用。最后，由于包商银行事件已经消耗巨额存款保险资金，而我国存款保险资金融资渠道单一，高风险金融机构仍然较多，未来可能爆发资金不足、处置能力受限的风险。③

所以，只有补齐制度短板，加快制度完善与落实，存款保险制度的市场化危机应对功能才能得以充分发挥。而为保障存款保险制度的有效施行，一是应当使保险机构始终保持应对金融危机的强大实力和处突能力，以稳固社会对银行的信心；二是作为最后贷款人的中央银行应当实施混合战略，即对于出现问题的金融机构要根据情况在最后贷款人机制和市场退出机制之间进行相机抉择，不一定必然出资挽救，从而创造一种不确定性来抗衡金融机构和社会公众的预期，降低金融体系的系统风险和金融机构的道德风险及其逆向选择。

---

① 北京市第一中级人民法院（2020）京 01 破 270 号之一民事裁定书.

② 应当说，在包商银行的债务处置上，对债权的保障程度不仅高于 2004 年证券公司综合治理时期的保障水平，而且远高于国际上同类型机构风险处置时的债权保障程度。不过，这虽然有利于保持金融体系和社会稳定，但却不利于真正打破刚兑，增强社会主体的风险意识，并会使央行与存款保险基金承担过大压力。因问题银行"大而不能倒"而由中央银行接手其债务偿还，既增加了国家成本，又未让原出资人和大股东承担损失，以致银行既有问题愈演愈烈。而在资产端，相关不良资产并未完全剥离，导致处理流于形式，最终还是由纳税人买单。

③ 王刚，王彦伟，杨文宇. 我国存款保险制度亟待完善的关键领域. 中国农村金融，2022（9）.

5.2　注重激励还是强调控权：中国金融监管现代化的机能定位

经过 40 多年的改革开放，我国政府职能和管理模式发生了很大变化，尤其是党的十八大以来，我国持续深化行政体制改革，大力推动"简政放权""放管结合""优化服务"协调推进，即"放、管、服"三管齐下。从管理型政府迈向服务型政府，体现了政府权力运行的整体思维，既是国家治理能力现代化的动态升级，又是政府、市场和社会之间关系的科学调适。① 但毋庸讳言，政府治理尚保留着一些计划经济体制下的全能式政府特征和职能运行方式，例如，政府对几乎全部经济资源的控制与配置。② 这种全能式的政府管理方式，尤为集中地体现在金融监管领域。为了维持国有企业在一定阶段的市场竞争和就业上的稳定性，避免国有企业大规模破产和由此引起的大规模失业带来的经济和社会动荡，国家采取各种金融抑制手段约束商业银行的自由发展，以维持对国有商业银行的强有力控制。③ 这种强大的国家控制能力在金融全球化进程中既有力地维护了我国金融安全，但同时也产生了一定的消极后果，使得中国金融部门改革较之其他公共部门改革，表现出明显的滞后性、不对称性和不平衡性。因此，如何由一个对金融市场生活的全面干预者转变为金融系统的有限监管者，不仅是中国融入金融全球化进程的外部要求，而且是中国当下和在今后相当长的时期内，全面贯彻落实党的十九大、十九届历次全会和二十大精神，实现政府职能转变和"放管服"改革持续向纵深推进的核心。④ 由此

---

① 权力清单力避"'有为政府'重回'全能政府'". 中国政府网，http://www.gov.cn/zhengce/2022-01/06/content_5666752.htm，[2022-12-06].

② 陈国富，牛小凡. 政府职能定位与中国政府治理模式的转型. 理论与现代化，2021 (3).

③ 这种控制集中体现在：国家对国有商业银行的改革速度和改革模式进行强有力的控制，使得银行体系改革大大滞后于产业部门改革；国家对国有银行产权多元化进程进行严格控制，极力维持商业银行体系中产权结构的单一化特征；国家对商业银行体系的竞争进行强有力控制，在建立新的商业银行和其他民间金融机构上采取审慎态度，以维持国有商业银行在金融体系中的垄断地位；同时，国家仍维持对国有银行信贷行为的控制能力，使得国有银行成为政府的"准财政代理"，国家针对特定产业和企业的各种政策性贷款指令使国有银行在信贷行为上仍然不能脱离计划经济模式的痕迹，仍然带有传统计划经济下信贷配给的特征；国家对存款利率和贷款利率进行控制，一方面维持国有银行筹集资金的较低成本，另一方面则使国有企业以较低资本成本维持经营，改善其资产负债状况。王曙光. 金融自由化与经济发展. 北京：北京大学出版社，2004：235.

④ 马怀德. 深刻认识"放管服"改革的重大意义 加快构建现代政府治理体系. 中国行政管理 2022 (6).

决定，限制国家公权力特别是行政权的行使，以防止其滥用从而构成对公民权的侵犯，也就成为当然的逻辑结论。

然而，由于社会现实的多元性、多变性和复杂性，作为私权主体的公民和市民社会难以凭借自身的力量实现自主权利，从而要求国家权力特别是行政权适应不断发展变化的社会现实，积极为公民权和市民社会自主权利的实现创造条件，在特定情况下甚至完全依赖于国家权力尤其是行政权的有效行使。而国家行政权力受羁束程度越高，与社会现实的冲突就会越发激烈，保障公民和市民社会自主权完满实现的能力也就越弱。可见，"有限政府"的构建，关键在于控制国家行政权的行使；而"有效政府"、高效行政目标的达致，主要在于激励国家行政权的积极行使。显然，"有限政府"和"有效政府"、行政权行使的制约与激励之间，充满着矛盾和悖论，而对其最佳平衡点的寻找和调适，不仅推动着行政法与公共行政关系的不断演进，而且决定着金融监管制度变革的发展走向和基本表现形式，即放松管制与加强监管的动态博弈和螺旋式上升。

正是在这个意义上，我国台湾地区学者章孝慈先生指出："法律制度是有生命的，是活的，它与社会的变动之间有密不可分的关系，法律制度因社会的变化而变动，法律制度也直接影响社会变动的方面，彼此密不可分，而且法律制度和社会的变化之间必须紧密配合。"① 那么，在大力转变政府职能，融入金融全球化浪潮的中国当下，包括金融监管体制在内的行政管理制度的变革，又应当以放松管制、控制行政权为己任，还是以加强监管、激励行政权能动行使为使命？实际上，这一问题的答案，早已蕴藏在行政法与公共行政以及金融监管关系的发展演进历程之中。

5.2.1　消极控权、放任自流："无法律即无行政"的形式法治主题

在自由资本主义时期，基于对经济自由的渴望，对封建暴政的反思和对人性善恶的解释，以及对"干预最少的政府就是最好的政府"教条的信奉，政府在社会生活中仅仅扮演着"守夜警察"的角色，其职能十分有限，只是为经济社会生活的正常运行提供必要的秩序环境，以至于在19世纪中叶的英国，"除了邮局和警察以外，一名守法的英国人可以安然地度过一生，而几乎意识不到政府的存在"②。

受这一特定历史背景的社会经济文化影响，英国19世纪著名宪法学

---

① 杨海坤，黄学贤. 中国行政程序法典化. 北京：法律出版社，1999：9.
② H. W. R. Wade. *Administrative Law*. Oxford, 1989, pp. 3-4.

家戴雪提出，法治的首要含义是："与专断的权力相比，正式的法律具有绝对的至高性和主导性，排除政府任何形式的专断的、特权的，或宽泛的自由裁量权的存在。"① 显然，"戴雪所关心的是控制专横武断的权力，或者更确切地说，是控制行政权力，而他假定行政权的本性是专横武断的。"② 由于戴雪的法治思想顺应了自由资本主义时期社会经济发展的需要，因此颇具权威性，一方面其对英国乃至其他国家的行政法治实践均产生了巨大的影响：在美国，政府的工作重点几乎完全集中在那些旨在严格限制行政范围的法律约束之上，行政中的自由裁量范围也不可避免地被缩小到了一种无可奈何的地步③；在法国，行政权的作用被局限于国防、外交、警察和税收等狭小范围；而在德意志领域内，自 19 世纪中期以来，建立在法治原则基础之上的宪政国家的出现，打破了君主专制制度的束缚，人民开始参与立法活动，不仅确立了行政机关的行为应当置于人民控制之下的观念，又确立了君主专制制度必须依法进行，不得任意干预公民的权利。在法治原则的基础上，国家的警察职能不得任意行使，而是限定在维护法律与秩序的范围之内。④ 另一方面，其导致了行政法性质与目的的改变。行政法只作为限制政府权力的法或者是严格意义上的"控权法"而存在，其基本宗旨是限制和控制政府权力，最大限度地保障个人自由；其重要内容是通过对行政行为予以严格司法审查，以达到最大限度地限制和控制行政权的目的。⑤

　　在这种"无法律即无行政"的形式法治观念影响下，"法律使行政陷

---

　　① 石佑启. 论行政法与公共行政关系的演进. 中国法学, 2003 (3).

　　② Carol Harlow and Richard Rawlings. *Law and Administrative*, London：Butterworths，1997，pp. 11–13.

　　③ 〔美〕E. 博登海默. 法理学：法律哲学及其方法. 邓正来译. 北京：中国政法大学出版社, 2004：354. 实际上，早期美国人对于行政法性质的看法，对其政治文化的形成有着深远的影响。对于政治文化，早期美国人的典型态度是，"对一切政府从理论上来说都是抱着怀疑态度的。他们认为，政府管得少些，自由就多些；政府管得多，自由就少了"。详请参见李娟. 行政法控权理论研究. 北京：北京大学出版社, 2000：49；〔美〕梅里亚姆. 美国政治思想：1865—1917. 朱曾汶译. 北京：商务印书馆, 1984：184.

　　④ 刘兆兴等. 德国行政法——与中国的比较. 北京：世界知识出版社, 2000：12-13.

　　⑤ 在当时，人们特别强调严格的依法行政原则，坚持"无法律即无行政"。行政机关行使权力的所有行为，即所有影响他人法律权利、义务和自由的行为都必须说明它的严格的法律依据。这样一来，行政遂成从属而不独立之国家作用，"依法行政"沦为绝对的、消极的、机械的公法学原理。为防止机械行政和行政专制，英国在 17 世纪率先形成由普通法院通过王权令状监督行政机关的司法审查制度，之后，欧美各国竞相效仿，相继建立起适合各国国情的司法审查（行政诉讼）制度，从而使行政置于严格的司法监督之下。〔英〕威廉·伍德. 行政法. 徐炳等译. 北京：中国大百科全书出版社, 1997：23；城仲模. 行政法之基础理论. 台北：三民书局, 1995：4.

于瘫痪的状况，在当时是屡见不鲜的。……将行政限于无以复加的最小限度，在当时被认为是我们这个政体的根本原则"①。作为行政权在金融领域运行的主要形式，对政府权力进行严格限制，也就当然成为早期金融监管的主题。20 世纪 30 年代之前的金融监管不仅很少直接干预金融机构的日常经营行为，而且对金融市场准入、金融服务业务范围更是基本不使用行政命令进行直接控制，而是强调自律，完全尊重市场选择的结果，因而放任自流也就成为这一时期金融监管的主要特色。

5.2.2　积极干预、严格管制：行政国家昭示的实质法治使命

19 世纪末到 20 世纪初，作为近代国家基本社会形态的资本主义社会发生了巨大的变化，资本主义生产方式已由自由竞争发展为垄断，各种社会问题如就业、教育、卫生、交通以及环境污染等大量涌现出来，周期性经济危机开始频繁爆发。严酷的现实在迫使人们不得不承认市场调节的严重缺陷的同时，强烈地认识到政府干预经济社会事务的必要性，并因而导致国家功能尤其是行政功能的显著变化。政府不再是一个"守夜"的"局外人"，而是以"救世主"的身份进入资源配置的流程中，并向社会生活的各个领域渗透，使人们"从摇篮到坟墓"的所有事情都在行政权的作用范围之中，从而宣告了以行政功能的积极化、扩大化和复杂化为特征的行政国家时代的到来。

行政国家造就了一个大政府（big government），并导致行政权的扩张和行政自由裁量权的膨胀。② 行政权的扩张不仅意味着其在传统的行政范围内，依行政固有属性增强其管理事项的量度，而且在于其已超出行政的原有疆域而大举侵入到立法领域和司法领域，取得了通过委任立法而得来的行政立法权和裁判纠纷的行政司法权。③ 而行政自由裁量权的广泛，过去不仅被人们视为与法不容，而且还成为传统违宪审查主要关注的对象。但 20 世纪以来，基于社会发展的客观实际需要，要求政府能动地解决各

① Pound. "Justice According to Law", 14 *Columbia Law Review* 1, pp. 12–13 (1914).

② 所谓行政自由裁量权，对于行政管理者而言，就是自由进行选择或者是自由根据自己的最佳判断而采取行动的权力。Marshall E. Dimork. *Law and Dynamic Administrative*. New York，Praeger Publishers. 1980. p. 131.

③ 对于行政权的扩张，人们看法不一，反对者有之，担忧者亦不在少数，但更有学者宣称，"由于当代复杂社会的需要，行政需要拥有立法职能和司法职能的行政机关。为了有效地管理经济，三权分立的传统必须放弃。实际上它是已经废除了的迂腐教条。"详请参见〔美〕伯纳德·施瓦茨. 行政法. 徐炳等译. 北京：中国大百科全书出版社，1997：55；石佑启. 论行政法与公共行政关系的演进. 中国法学，2003（3）.

种社会现实问题，行政自由裁量权的扩展不仅为人们所接受，而且认为行政自由裁量权绝非只能为恶，不能为善，相反，其若能正确地得以运用，不仅不会给公民带来祸患，而且能为公民创造福祉。[①]

在这样的情况下，行政与法的关系发生了很大的变化，行政法存在的目的从消极限制政府权力转变为在承认行政权扩张的前提下，寻求新的方式和途径积极控制行政权，以促使行政权合法、公正、有效地运作。因为一味地限制政府权力，不利于行政机关能动地解决各种复杂的社会问题，不利于增进公民权益。虽然保护公民免受行政机关滥用权力的侵害仍然是行政法的重要任务，但今天的公民已不再满足于这种消极的保护，而是期望从政府积极的干预中获得更多的利益，"他们对官僚政治和行政机构无所作为的恐惧在今天更甚于对行政机构滥用权力和专制的恐惧，因为前者可能使他们丧失某些利益。一个主要的问题仍是要制止专制行为，而另一个问题则是要促使行政机构更迅速、更诚实和更有效地行动"[②]。法治原则的内容遂发生相应的变化，逐步从形式法治向着实质法治迈进。

由于 1929 年～1933 年的经济危机实际上缘于纽约股市大崩溃所引发的金融危机，而这场金融危机爆发的根本原因，就在于金融机构在基本没有监管的证券市场上，或者从事过度投机行为，或者为投机者提供资金支持。因而行政法性质和机能的变迁，迅速而深刻地影响并在根本上改变了人们对于市场作用和金融监管功能的认识。作为"市场失灵"的替代和反危机措施，各国政府一改对金融运行不予干预的态度，纷纷建立了以严格管制为特征的金融监管制度。1933 年，《格拉斯—斯蒂格尔法》和包括利率管制 Q 条例等在内的 A—Z 和 AA—AT 等一系列众多的管制条例的制定，使美国金融监管当局开始广泛地、深入地直接干预和介入金融机构的日常经营活动，而大量委任立法的出现，则不仅为行政权在金融监管领域的急剧膨胀和扩张提供了法律上的准备，而且导致了集准立法权、准司法权和行政执法权于一体的超级金融监管权的出现。就连经济自由主义发祥地的英国，也制定了 1946 年银行法、1947 年外汇控制法、1979 年银行法等一系列金融监管法律法规，为政府对金融领域的全面严格管制提供了制度上的有力保证。

---

① 姜明安. 论行政自由裁量权及其法律控制. 法学研究，1993（1）. 正是基于这样的认识，美国人一改对政府的怀疑与不信任态度，转而宣称："在一个复杂的社会中，有许多相互冲突的利益需要调整，公共福利也必须加以保护以使其免受反社会的破坏性行为的侵损，因此由政府直接采取行动进行管理也就成了势在必行之事了。"详请参见〔美〕E. 博登海默. 法理学：法律哲学与法律方法. 邓正来译. 北京：中国政法大学出版社，2004：385.

② 〔法〕勒内·达维. 法国行政法与英国行政法. 高鸿君译. 法学译丛，1984（4）.

5.2.3　立足控权、激励兼容：金融监管现代化的机能重塑

进入 20 世纪 70 年代以后，西方各国出现了以低经济增长、通货膨胀、财政赤字、高失业率为特征的"滞胀"现象。这使人们认识到：如同市场会失灵一样，政府同样会失灵；市场解决不好的问题，政府不一定能解决得好，而且政府干预的失败代价更高、更可怕。"政府失灵"使人们开始怀疑行政国家控制全部社会公共事务的有效性，"人们开始反思负担过重和过分官僚化的政府是否有能力负担起指派给它的繁重的工作任务"①。基于此，英美等西方国家掀起了公共行政改革运动，并迅速向其他国家扩散，进而形成一股世界性的改革浪潮。这场改革，在方向上与过去迥然不同——如果说以前行政改革的方向是政府职能扩张和规模膨胀的话，当代行政改革则体现了政府的退缩和市场价值的回归。② 这场改革已不再是仅局限于政府部门和政府系统内的机构调整与增减，也不再是仅局限于从政府行政的角度来设计行政改革，而是站在社会的角度，针对整个公共部门系统而设计并实施的公共行政改革，是一场范围更为广泛、程度更为深刻、意义更为重大的公共行政改革。这场改革内容涉及诸多方面，不仅带来了公共行政的快速发展，而且推动了行政观念的转变和金融监管制度的创新。③

1. 公共管理的社会化：社会公行政的崛起和行政法调整范围的拓展

公共管理社会化是指政府收缩管理范围，将一部分职能逐步交给非政府社会组织承担的过程。公共管理社会化的过程就是公共管理与服务主体由一元走向多元、由单一政府管理转变为政府与社会共同治理的过程。在这个过程中，国家权力、政府职能逐渐收缩和社会自治空间的不断扩大相伴进行，行政权呈现出多元化的趋势，国家行政机关已不是唯一行使行政权的主体，其行政权部分地还归于社会主体，从而有了公行政的产生。④伴随国家行政界域的收缩和社会公行政的发展，行政法的调整范围也相应地拓展至社会公行政领域。在此应当指出的是，行政法深入社会公行政领域，并非是要阻碍社会公行政的发展，而是要通过行政法规则的设置和理

---

① Lester Salamon, *The Rise of the Third Sector*, Foreign Affairs, 1994, pp. 7–8.
② 周志忍. 当代国外行政改革比较研究. 北京：国家行政学院出版社，1999：4.
③ 石佑启. 论行政法与公共行政关系的演进. 中国法学，2003 (3).
④ 国家行政属于公共行政，但公共行政并不等于国家行政。公共行政除了国家行政以外，还包括其他非国家的公共组织的行政即社会公行政，如律师协会等公共社团的行政，国有企业、公立学校、研究机构等公共企事业单位的行政以及村民委员会、居民委员会等社区的行政。因此，公共行政实际上是国家行政与社会公行政的统称。姜明安. 行政法与行政诉讼法. 北京：北京大学出版社，高等教育出版社，1999：2.

论体系的建构适应社会发展变化着的公共行政的现实需要，给社会公行政划定一个合理的边界，有效地调整其与国家行政和公民自律之间的关系，既防止国家行政对社会公行政的违法与不当干预，又抑制社会公行政产生的负面效应，促使社会公行政在法治的轨道上健康运行。

2. 行政观念的转变：从管制行政向服务行政的转变

观察西方国家自 20 世纪 80 年代以来的行政改革，不难发现，行政观念已悄然发生变化，构建"服务型政府"，实现从管制行政向服务行政的转变，已成为现代行政观念的核心。较之以"政府"为中心，以"权力"为本位，以"命令"与"强制"为手段，从时间和空间两个维度严格限定一切社会组织和个人的行为方向与活动空间，从而剥夺了社会、企业和公民自由选择的权利与机会的管制行政[①]，服务行政将政府定位于服务者的角色，要求政府以服务于整个社会的姿态出现，这"不仅体现在政府必须为公众提供必需的公共服务及公共服务领域的不断扩张，而更体现在行政权力行使导向的根本变化——行政管理权力色彩和成分的淡化和以服务于被管理者为导向理论的确立，其核心是要求政府树立公民本位和社会本位的理念"[②]，彻底抛弃旧的"治民"观念或"为民做主"的观念，将公众置于公共行政的中心位置上，确立"公众第一"的公共行政的核心原则。因此"服务行政"的最高价值选择，在于改变政府行政权力与公民权利严重失衡的格局，通过政府与公民地位的平等、行政权力与公民权利的均衡，推动政府改进服务质量，优质高效地为公民提供服务，以最大限度地满足公民的需求，增进社会公共利益。由此观之，"服务行政"观念下的行政权配置及其运行，既要求权力（利）的制约与监督，也要求权力（利）的有效激励，不仅制约行政主体，防止其滥用行政权力，而且制约行政相对方，防止其滥用行政权力；不仅激励行政主体积极行政，为社会提供更好的行政服务，而且激励行政相对方不断发掘自身潜力，积极参与行政、与行政主体真诚合作，从而既实现行政目标，又实现相对方私益的增值。[③] 而"服务行政"观念下的行政法，既不是消极的控权法，片面强调行政权对公民自由和市场机制的危害，也不是单纯的管理法，过分夸大

---

① 石佑启. 论行政法与公共行政关系的演进. 中国法学，2003（3）.

② 应松年.《行政许可法》与政府管理转型. 国家行政学院学报，2004（4）.

③ 罗豪才，宋功德. 现代行政法学与制约、激励机制. 中国法学，2000（3）. 对于现代行政法治所应具有的制约激励兼容的机能，有学者进一步指出："在现代社会，行政法治如果不同时确立制约与激励双重机制，就不可能建设高效和廉洁政府，滥权、腐败、官僚主义和效率低下就不可避免"。姜明安. 中国行政法治发展进程回顾——经验与教训. 政法论坛，2005（5）.

行政权对市场失灵的补救，而是应当在立足于控权的基础上，发挥行政法的激励机能①，通过两者的有机融合②，在促成政府与公民之间的合作、互动与平衡上发挥更大作用的、制约激励兼容的"行政合作法"。

3. 谨慎监管：金融监管界域的收缩和激励兼容理念的倡导

随着社会公行政的崛起、管制行政向服务行政观念的转变、激励与控权并重的现代行政法机能的确立，以放松市场管制为核心的放松管制不仅成为现代政府管制的发展趋势③，而且几乎成为各国谋求金融创新和经济发展的必然选择。放松管制首先意味着管制界域的收缩，即政府管制范围的收缩和市场约束空间的扩张。具体到金融监管领域，则主要体现为：第一，市场准入的管制放松，即逐步允许各国金融机构按照一定的条件和程序进入其他国家的金融市场；第二，业务经营的管制放松，即逐步取消分业限制，允许银行、保险、证券等金融机构以某种方式开展混业（交叉）经营；第三，资本流动的管制放松；第四，价格管制放松，即逐步取消佣金、利率等价格限制。

此外，放松管制还意味着管制方式的更新。如果说，政府收缩管制界域的目的，是给公民以较大的自由活动的空间，那么，管制方式的更新，则要求政府以增进人民的福祉为目的，在合法范围内，以达成行政目标为指引，发挥创意，以弹性、柔和、富含民主精神的方式实施行政活动，主

---

① 虽然现代行政法的机能应当定位于制约与激励双重机能的统一，但这并不意味着，制约与激励两种机能在现代行政法治中应当等量齐观。由于行政权的滥用是阻碍行政法治目标实现的根本原因，因此，较之激励机能，控制行政权的滥用无疑应当是行政法更为基础的功能。申言之，制约机能较之激励机能，对于行政法治的实现和行政法功能的发挥，更具根本性和决定性。正是在这个意义上，笔者认为，立足控权、兼容激励，是对行政法机能更为精当的表述。

② 对于现代行政法应当兼具的制约机能和激励机能，有必要说明的是：第一，制约与激励往往互为因果。例如，对行政官员加以制约，制约结果不仅限于行政官员，还会波及市场主体；不仅制约着行政机会主义，还为激励机制的介入拓宽了更大的空间；不仅有助于更有效地惩治市场机会主义，市场主体还能因此受到激励（例如打击盗版对于出版商产生的激励）。第二，制约与激励异曲同工，共同趋向兼顾最大限度节减交易费用总量与最大限度提高市场交易效率的经济行政法制度目标。制约与激励之间的相辅相成与相得益彰，意味着经济行政法的机制设计能够也必须要对二者加以有效整合而不能偏废。由此可见，对行政官员的制约与激励有效与否，完全可以从市场机会主义的多少中得到反证；同样，对市场主体的制约与激励有效与否，也基本上可以从行政机会主义的多少中得到反证。这就彰显了制约/激励组合直接影响着行政/市场主体之间的互动。或者说，行政官员/市场主体行为组合的互动程度，基本上取决于经济行政法机制的制约/激励组合是否恰如其分。宋功德. 论经济行政法的制度结构. 北京：北京大学出版社，2003：290-291.

③ 以美国为例。自20世纪70年代开始，美国政府经历了里根时代和克林顿时代的政府改革，趋向于放松管制。里根时代的改革主要表现在政府职能的市场化和政府经济社会生活管制的放松两个方面。进入90年代以后，克林顿政府开始了医疗保健制度的市场化和社会福利制度的市场化以及环境保护的改革之路。毛寿龙等. 西方政府的治道变革. 北京：中国人民大学出版社，1998：70-116.

要靠说服和利益诱导来吸引公民对行政活动的参与和配合，密切与公民的联系，减少与公民之间发生的摩擦和冲突。① 就金融监管而言，则意味着激励兼容监管理念的确立和由此所引发的监管手段的创新。

所谓激励兼容的金融监管，就是要求金融监管不能仅仅从监管的目标出发来设置监管措施，而应当在强调金融机构的商业目标与监管机构的监管目标一致和协调的基础上，将金融机构的内部管理和市场约束纳入监管的范畴，引导这两种力量来支持监管目标的实现。② 显然，与单纯强调控权或者片面追求激励的传统行政法视野下的金融监管，将市场机制与金融监管之间的关系机械地、形式地理解成平行替代、非此即彼的关系所不同的是，激励兼容理念下的金融监管，不再是市场的替代，而是强化金融机构微观基础的手段，金融监管不是要在某些范围内取代市场机制，而是要在金融监管中更多地引入市场化机制，通过政府金融管制与市场约束机制的有效合作与良性互动，确保金融监管权运行的正当合理，最大限度地推动而不是妨碍投资者和金融机构利润最大化目标的实现。

1991 年美国《联邦存款保险公司修正法案》（FDICIA，Federal Deposit Insurance Corporation Improvement Act of 1991）因其对激励兼容监管理念的倡导，对金融监管控权与激励机能并重的强调，而广为各国金融监管机构关注。③ 该法案的突出特点之一，就是针对不同金融机构提出不同的监管标准；同时将商业保险的基本规则引入存款保险机制，建立按银行风险等级确定存款保险费率的制度；对于可能出现问题的银行，制定了不同水平的风险监测指标和相应的处置措施。这就是灵敏地对金融机构经营偏差进行校正的"及时校正方案"（PCA，Prompt Corrective Action）和针对即将倒闭银行的最小成本清算办法（LCR，Least-cost Resolution）。这个法案增强了监管框架的激励兼容能力，被美国金融界视为自1933 年《格拉斯—斯蒂格尔法案》以来最重要的一部银行法。

而在 2004 年施行的巴塞尔新资本协议中，激励兼容理念更是得到了淋漓尽致的体现。巴塞尔新资本协议不仅强调监管机构的外部监管约束，还补充强调了金融机构的自我约束以及通过信息披露引入的市场约束，三者共同形成巴塞尔新资本协议的"三大支柱"。在新资本协议框架下，金融机构在选择内部风险管理框架方面具有更大的自主权和灵活性，监管机

① 石佑启. 论行政法与公共行政关系的演进. 中国法学，2003（3）.
② 巴曙松. 金融监管框架的演变趋势与商业银行的发展空间. 当代财经，2004（1）.
③ 同②.

构也可以根据不同金融机构的业务复杂程度、管理水平、经营业绩等来确定不同的监管要求，从而为提高监管效率创造条件。[1]

总之，正如前美联储主席格林斯潘所指出的：激励兼容监管应当是符合而不是违背投资者和银行经理利润最大化目标的监管。而仅仅根据监管目标、不考虑金融机构的利益和发展的监管，是激励不兼容的监管的基本特征。激励不兼容的监管，必然迫使商业银行为付出巨大的监管服从成本而丧失开拓新市场的盈利机会，而且往往会产生严重的道德风险（moral hazard）问题。[2] 监管机构因为不能及时地对金融市场的需求变化作出反应，从而成为金融机构创新的抑制因素。而这正是包括中国在内的许多国家和地区的金融监管在机能定位上需要努力克服的不足。

所以，片面注重激励抑或单纯强调控权，实际上都不利于金融监管资源的有效配置。全球化视野下的金融监管权配置及其运行，应当立足控权、兼重激励，通过有效的制度设计和机制运行，促进金融监管制度与市场约束机制的良性互动，充分发挥"制动器"和"发动机"的双重功效，在制约金融监管行政主体与相对人即金融机构双方滥用权力（利）的基础上，激发双方的主动性和创造性，从而激励双方作出理性的行为选择，在相互信任与真诚合作中，实现公益与私益，即稳定为基、效率优先的监管目标与金融机构经营利润最大化的商业目标的兼济共赢。

5.2.4　机制整合：监管信息披露制度的完善

激励兼容监管理念的倡导，意味着监管效率的提高和金融风险的化

---

[1] 例如，新资本协议提供了可供金融机构选择的、难度不同的风险管理体系；同时，那些选择了难度更大的风险管理体系的金融机构，其所需要配置的资本金一般要少，从而在金融市场的竞争中更为主动。这种监管理念较之 1988 年巴塞尔协议所采用的单一的 8% 的资本充足率要求，显然是更好地协调了金融机构的经营目标与监管机构的监管目标。对此，详请参见巴曙松. 金融监管框架的演变趋势与商业银行的发展空间. 当代财经，2004（1）.

[2] 经济学中的道德风险一般是指在委托—代理关系中，代理人（泛指信息优势方）受自利本能的驱使，利用制度漏洞和拥有的信息优势，追求自身效用最大化而损害委托人（泛指信息劣势方）或其他代理人效用所带来的风险。金融道德风险就是指资金融通过程中，由于代理人的投机败德行为，而使委托人金融资产遭受损失的可能性。至于金融道德风险产生的原因，大量研究文献认为，主要在于以下五个方面：第一，人的自利本能失控是道德风险产生的根源；第二，信息不对称是道德风险产生的重要条件；第三，过度的官方保护政策加大了道德风险；第四，市场纪律松弛助长了道德风险；第五，社会信用伦理的沦丧加大了道德风险。作为道德风险的主要形式，金融道德风险既是产生微观金融风险的重要原因，又对整个金融体系的稳定性有着巨大的破坏作用。此外，金融道德风险所带来的寻租、偷懒和各种欺诈行为，势必增大金融交易的成本，从而进一步加大金融风险处置的难度。关于金融道德风险的根源、表现及危害性，详请参见林平. 银行危机监管论. 北京：中国金融出版社，2002：78-83.

解，这不可能仅仅依靠监管体制的变革就可以实现，还需要有力的制度支撑，在推动市场竞争机制和政府监管作用良性互动的基础上，实现监管机能控权和激励的有机结合。这个支撑制度就是监管信息披露制度。信息披露源于信息不对称，包括股东与经营者之间的信息不对称、市场参与者与公司之间的信息不对称、监管者与被监管者之间的信息不对称等。因此，信息披露不仅包括经营者对股东的信息披露义务、公司对市场参与者的信息披露义务，而且包括被监管者对监管者的信息披露义务和监管者对社会公众的信息披露义务。英国的《金融服务法》有专章阐述有关信息披露的法律含义；美国《1999 年金融服务现代化法》也单列一章"隐私"，专门阐述有关信息披露的法律含义，尤其注重对个人非公开信息保护的问题。

　　因而笔者建议，充分运用现代计算机网络技术，建立金融信息共享平台，完善金融信息披露制度，打造我国的金信工程即金融资讯工程。详言之，金融资讯工程由两个层次系统组成：一是金融机构基础信息系统，具体包含各金融机构全部的金融经营管理信息，反映金融机构的资本资产结构、经营效益状况和风险暴露情况等。金融机构通过该系统可定期向金融监管部门和社会公众披露经营的真实信息，从而将金融机构的金融活动置于社会公众的监督之下，以提高金融监管效率，及时发现和化解金融风险。二是金融监管信息系统，包括各金融监管机构全部的金融监管信息，全面反映各金融监管机构工作的基础信息和过程信息。该系统信息可按各金融机构来分类，以便利金融机构的基础信息和监管信息的对照比较，保证信息共享的及时性、可靠性、系统性和科学性，达到切实提高金融监管效率的目的。[①] 此外，金信工程应当实行全国联网，确保监管部门、被监管的金融机构和社会公众的金融监管信息共享，同时注意采取必要的措施，保证金融机构经营性商业信息和公民非公开信息的保密性和安全性。

5.3　全面开放还是严格保护：中国金融监管现代化的战略设计

　　随着金融全球化的加剧，有关深化中国金融开放，实现中国金融市场与国际市场全面接轨，提高中国整体经济实力的呼声，也愈益高亢响亮起来。可是，伴随着金融市场的开放和金融全球化的推进，金融风险在全球

---

　　① 刘志友. 我国金融监管制度的有效性分析. 审计与经济研究，2005（1）.

传染的可能性也随之增大，这使得金融危机的全球化特征日益凸显。而美国前政治学会会长、哈佛大学战略研究所所长塞缪尔·亨廷顿（Samuel P. Huntington）在其 1996 年完成的学术巨著《文明的冲突与世界秩序的重建》中，则将西方发达国家在国际金融竞争中的战略步骤揭示无遗①：欲控制世界，必先控制世界金融；欲控制中国经济，必先控制中国金融体系。长期供职美联储和其他机构的资深金融货币外交家 Robert Solomon 在其详尽描述美国金融外交 30 年历程的名著 "The International Monetary System 1945—1976" 的开篇中，同样坦承："1944 年建立的国际货币体系就是美国政治、产业和金融霸权的象征。……美国政府的使命就是维持和加强美元霸权。"马丁·迈耶则在其所著的《美元的命运》中更是直截了当地指出："美国历任财政部长都或明或暗地为美元完全支配国际货币制度推波助澜，美元的垄断地位造成美国人可以利用其他国家的储蓄获得外国工厂。……仅仅因为美元是国际通货，美国投资者要为他们的海外投资筹集资金就非常容易。……美国不用担心从世界其他国家获得服务和商品，他们只需回报对方一些纸币。"②

可见，金融市场的开放，是一柄利弊兼有的双刃剑，因而在开放的过程中，如何对本国金融业和金融市场予以巧妙扶持和有效保护，也就成为中国金融监管现代化战略设计亟待解决的重大紧迫课题。而美国等发达国家对于这一难题的妥善处理和成功解决，为我们提供了有益的借鉴。

---

① 1993 年夏季号的美国《外交》季刊发表了美国著名政治学者塞缪尔·亨廷顿的文章《文明的冲突》。其主要意思是说在华约垮台、苏联瓦解、两大阵营的对抗（也就是冷战）消失以后，国际舞台上的冲突将不再以意识形态为界限展开，而主要以不同文明之间的斗争的形式展开。文章发表以后，立即在国际舆论界与学术界引起相当强烈的反响，尤其以第三世界国家和中国为甚。在响应这些争议的过程中，亨廷顿不断思索研究，终在 1996 年完成并出版了《文明的冲突与世界秩序的重建》这本学术巨著。在书中，亨廷顿列举了西方文明控制世界的 14 个战略要点，其中第一点是"控制国际银行体系"，第二点是"控制全部硬通货"，第五点是"掌握国际资本市场"。详请参见〔美〕塞缪尔·亨廷顿. 文明的冲突与世界秩序的重建. 周琪等译. 北京：新华出版社，1999.

② 参见向松祚. 坚守金融业制高点. 中国证券报，2007-06-11，A12 版. 不仅如此，大量史料表明，为掌控国际货币制度和全球金融体系，美国政府有一套完整的策略：其一，随时打压任何挑战美元国际储备货币中心地位的任何企图。从打压马克、日元到打压 IMF 的特别提款权，再到打压欧元和人民币，莫不如是。其二，控制国际金融权力机构，亦即控制世界银行、IMF、国际清算银行、美洲开发银行、亚洲开发银行等。通过握有这些机构控股地位和安排掌门人，美国彻底将这些机构转变成其金融外交的马前卒和生力军。世界银行和 IMF 本质上就是美国财政部控制的一个部门而已，无独立性可言。两个机构的经营理念完全秉承美国政府的意图。其三，采取各种外交手段，迫使其他国家开放金融资本市场，鼓励华尔街金融巨头捷足先登，抢占其他国家金融行业的制高点。

5.3.1　全面开放与局部保护并重：发达国家金融监管的启示

依照大多数人的观念，发达国家是金融全球化当然的身体力行者，不仅在国际经济舞台上大力宣扬金融市场的对外开放，而且率先垂范，实现了国内金融市场的高度对外开放，致使金融开放成了发展中国家融入金融全球化进程中压倒一切的主题和金融体制改革的发展方向，而金融保护则被视为已经退出历史舞台的落伍金融监管理念，鲜为人们关注和提及。

但其实，这不过是经济发达国家为维护并增强本国金融机构的国际竞争力，实现全球经济扩张战略而极力掩饰的表象。早在 2002 年，美国财政部的一项研究发现，在 141 个国家和地区中，只有 13 个国家或地区对外资银行进入本国金融市场没有明显的限制，而包括希腊、韩国、墨西哥、菲律宾、新加坡、泰国、土耳其以及我国台湾地区在内的其余 128 个国家和地区，大多从资本、管理人员资格、准入形式、母国监管等方面，设立了十分严格的限制条件①：（1）最低注册资本。由于银行独特的负债经营方式及其对国民经济的特殊影响，决定了其自身必须具有巨额的资本作为对债权人的财产担保。基于此，多数国家法律要求外资银行拥有和维持一定数额的资本，且公之于众，使他人能够了解和掌握其信用状况，以此保护存款人、投资者和社会公众利益，保证金融体系的稳健运行。受经济发展水平及金融政策取向的制约，各国对外资银行最低资本额要求差异很大，从 20 万美元（如荷兰）至 1 000 万美元（如英国）不等。在资金到位方式上，少数国家采用授权注册资本制，多数国家实行实缴资本制。（2）管理人员资格要求。一个值得信赖的、健全的、有声望而富有实践经验和竞争能力的职业管理层对金融机构的经营成败至关重要，所以各国对外资银行管理人员资格要求成为市场准入的条件之一。大多数国家要求每一外资银行的分支机构至少要有两名具有丰富经验和专业知识的管理人员。（3）对准入形式的要求。瑞典、新西兰等国只允许外国银行以子行而不是以分行的法定形式进入本国；挪威仅允许外国银行与挪威银行组建合资银行。多数国家允许外国银行设立分行、独资银行或合资银行，如新加坡、美国等。（4）要求外国银行的母国具有健全的金融监管制度。这一要求的目的是通过外国银行的母国对该跨国银行实施充分的统一监管，以保证东道国在进入审批过程中能够找到合作的有效途径与方法。有时即使母国当局有较完善的监管制度，但仍存在其跨国银行可能逃避其实际监管的

---

① 贺小勇. 金融全球化趋势下金融监管的法律问题. 北京：法律出版社，2002：97.

情况下，东道国也只可以拒绝该外国法人进入本国市场。即使到了 2022 年，各国金融开放程度已大幅提升，但严格限制外资银行进入本国金融市场的做法在许多国家并没有发生根本性改变。例如，在新加坡，申请设立银行要求最低注册资本达到 15 亿新元（约 74.23 亿元人民币），外资银行只允许设立一个机构，且任何跨境合并都不允许外资方控制新加坡本地银行。① 在印度尼西亚，申请设立银行所需实收资本不得低于 3 万亿印度尼西亚盾，设立分支机构的外资银行总资产排名必须位列世界前 200 名，存放不少于 3 万亿印度尼西亚盾或者与其相当的外币业务资金。在柬埔寨，设立分支机构的外资银行必须维持高于过去 5 年的资本，以母行属于投资级的国外分行形式设立的商业银行的最低资本额不得少于 5 000 万美元，以母行不属于投资级的国外分行、国外子公司或当地公司形式设立的商业银行的最低资本额则不得少于 7 000 万美元。在泰国，外资银行在开设分行后，可最多再开立 2 家支行，而马来西亚的限制则更为严苛，其他国家最多能有 2 家金融机构可以在马来西亚设立分支机构。②

至于高举金融全球化的大旗、敦促其他国家开放其本国市场尤其是金融市场的美国，更是对本国金融业施行了坚定而严格的保护措施。③ 2007 年美国《外国投资与国家安全法》明确指出，国家安全不仅限于国防领域，也包含经济、金融领域，坚决防止外资收购对国家安全造成任何损害。为此，美国建立了标准高、审查流程复杂严格的外资准入审查体系。④ 其中，囿于银行业经营的高风险，尤以对银行业的保护措施最为显明。具体表现在：

一是切实推行充分监管下的"金融开放"。美国银行业的对外开放是以日趋严格的监管措施为保障的。美国国会于 1991 年通过了《加强对外国银行监管法》《联邦存款保险公司改进法》⑤，要求外国银行在资本充足

---

① 申韬，徐静怡. 中新银行业合作历史演进、存在问题与前景展望. 金融理论与实践，2019（6）.

② 杨子毅. 中资银行东南亚地区新设机构探究. 江苏工程职业技术学院学报，2021（4）.

③ 赵江. 美国开放式金融保护主义政策——兼论开放式保护主义. 国际经济评论，2002（5、6）.

④ 张嘉昕，武睿. 20 世纪 70 年代以来美国银行业的外资准入及监管问题研究. 政治经济学研究，2021（01）：116-123.

⑤ 需要指出的是，美国政府限制外国银行的政策经历了一个发展过程。在很长一段时间里，美国政府不仅鼓励国内银行相互竞争，而且支持国外银行参与竞争。国内与国外银行之间一度保持着相对均衡。但是，自 20 世纪 90 年代以后，随着银行国际化趋势的日益加剧，外国银行在美国市场上的扩张势头不断加强，美国政府感到，外国银行的存在已经对美国银行业的发展和金融体系的稳定构成了直接威胁。在这样的形势下，美国遂开始全面提高对外国银行的管制，于是有了这两个法案的出台。

率、资产质量、风险管理能力、反洗钱措施乃至母国政府的金融监管水平等方面，都必须达到美国的要求，才能够取得进入美国金融市场的许可，从表 5-1 所列美联储就中国银行申请设立分行要求答复的问题清单中，不难清楚地看到中国银行美国分支机构设立的艰辛。此后，美国又陆续在 2001 年、2007 年和 2014 年发布《K 条例》全面修订案、《外国投资与国家安全法》和 LCR 监管《最终规则》等一系列法律法规，坚持严格控制原则，逐步构建并不断完善以外资银行准入的高门槛为核心的严密的外资银行准入审查制度。一方面，外资银行准入审核标准十分严格，比如，必须达到规定的资本金要求，必须处于母国的并表监管之下，且同时满足其他各项审慎条件，方可提出申请；另一方面，外资进入银行业的组织形式也有相应限制，外资银行的准入形式限定于代理行、代表处、分行、子银行及国际银行业务单位等几种方式。①

表 5-1　美联储就中国银行申请设立分行提出要求答复的问题

（1999 年 2 月 9 日）

序号	要求答复的问题
1	请指明贵行于 1998 年 11 月 18 日提供的资产负债表和损益报表是单纯的母公司报表，还是合并报表。如果不是合并报表，请提供在合并基础上的资产负债及损益状况。
2	请指明贵行 1998 年 11 月 18 日所提供的有关风险资本信息是否是合并报表基础上的信息。如果不是，请尽可能提供贵行截至 1998 年 9 月 30 日的合并基础上的风险资本信息。
3	就贵行风险资本的计算，请提供以下补充信息（如有可能，请提供合并基础上的信息）： 　　（1）提供贵行截至 1998 年 9 月 30 日的有关一级资本和二级资本更为详细的分类信息，并将这些组成要素与该日的资产负债表上的账目一一对应起来。这些信息提供的形式可以仿效贵行 1998 年 5 月初的答复。 　　（2）请对贵行截至 1998 年 9 月 30 日的风险资产进行划分，形式可以仿照贵行 1998 年 4 月中旬对 1997 年底风险资本的计算方式。
4	请提供以下有关贵行资产质量方面的信息： 　　（1）根据我们的理解，贵行截至 1998 年 9 月 30 日的资产质量方面的资料是建立在非合并基础之上的，请问对否？ 　　（2）请尽可能提供贵行截至 1998 年 9 月 30 日合并基础上的资产质量信息。如果贵行没有合并信息，请指明中国银行的哪部分合并资产未在上次答复中得到反映，并尽可能单独提供贵行截至 1998 年 9 月 30 日未合并子公司的资产质量信息。

---

　　① 张嘉昕，武睿. 20 世纪 70 年代以来美国银行业的外资准入及监管问题研究. 政治经济学研究，2021（1）.

续表

序号	要求答复的问题
5	请提供贵行截至 1998 年 9 月 30 日在合并基础上的一般贷款亏损准备金和特种贷款准备金的资料，形式可仿照贵行 1998 年 5 月初的答复。
6	请提供贵行对亚洲国家最新的信贷敞口信息（截至 1998 年 12 月 31 日或尽可能最近的一个季度）。这些信息包括：贵行对每个亚洲国家的总敞口，以及各项敞口中有多少属于逾期贷款、呆账或坏账。信息提供的形式仿效贵行 1998 年 7 月 29 日的答复。
7	我们从报刊上获悉中国四大国有商业银行（含中国银行），准备建立新的制度去改善贷款质量及对不良贷款进行管理。报刊媒体指出，中国政府计划在各主要国有银行建立资产管理公司去吸收坏账。请讨论上述传闻中与贵行相关的事宜。在答复中，请对上述每件事宜进行详尽的讨论，包括这些体制和公司将于何时建立，建立后如何运作和取得融资，以及对于中国银行预期的影响。
8	从报刊上我们获悉，中国政府打算关闭一些最大的信托投资公司，其中包括贵行的东方信托公司，请就关闭这间公司的计划提供补充信息，包括关闭的时间表，对清算后公司债务的处理计划以及对中国银行的预期影响。
9	请提供以下有关贵行截至 1998 年 9 月 30 日前 9 个月损益报表的补充信息： (1) 解释"营业税金和附加"的含义。 (2) 具体说明该时段内中国银行巨额投资收益的来源。 (3) 说明贵行在这 9 个月中，是否已经上缴或者上缴任何公司税。 如果是，请提供具体上缴资料及税后盈余资料。
10	请说明 1998 年前 9 个月贵行资产质量变化的情况及其原因。
11	正如我们上次在 1998 年 10 月 11 日信中所提到过，鉴于最近中国银行得到财政部的增资，请说明中国银行是否打算对资产（包括有问题的资产）的价值进行调整或已经做出了调整。如果是这样，请提供这种调整的有关信息。

资料来源：王元龙. 中国金融安全论. 中国金融出版社，2003：355-357.

应当指出的是，作为对美联储上述要求的调整及后续回应，我国监管部门还通过外交途径积极推动与加强中美金融监管合作与互信，继中国银行在美国设立分支机构后，成功推动了招商银行、中国工商银行①和一系列其他中资银行在美分支机构的设立。

二是严格限制外资银行经营范围，全面监管外资银行经营活动。美国政府认为，仅仅大幅度提高外资银行进入美国市场的标准还远远不够，还必须同时大幅度增加外资银行进入美国市场后的业务限制。为此，美国前述法案进一步规定，凡是在 1991 年以后才获准进入美国金融市场的外资银行，其银行业务必须受到四个方面的严格限制，即：明令禁止外资银行

---

① 国务院公报. http://www.gov.cn/jrzg/2008-06/24/content_1025575.htm，[2022-09-01].

在美国境内吸收美国居民存款，明令禁止外资银行加入美国联邦存款保险系统，不支持外资银行在美国当地扩充业务网络、经营零售业，不支持外资银行收购兼并或控股美国银行。而根据当前的相关法案，外资银行所面临的限制条件变得更为严苛。除业务范围的限制之外，外资银行的经营活动也时刻处于全面而严格的监管之中。在业务经营方面，为防止外资银行抢占本土银行经营份额，设置代表处不得从事银行经营业务，代理行不得吸收美国存款等限制。在业务扩张方面，在美国已经设有分行、子银行以及代理处等形式的外资银行，若持有美国本土银行 5％以上的投票权股份时，必须获得美联储的批准。在资金运营监管方面，外资银行被禁止从事与政治相关的投资以及贷款业务，不得收购、吞并美国非银行机构，也不得持有美国公司及企业的股票。在财务监督方面，美联储要求外资银行必须按时上交月度、季度以及年度财务报表等反映财务状况的文件。①

三是要求提交生前遗嘱，促进有序清算。根据 2010 年《多德—弗兰克法案》，总资产超过 500 亿美元的外资银行应当按年度向美联储和联邦存款保险公司（FDIC）提交生前遗嘱，详细描述在危机状况下，如何按照 1978 年《美国破产法典》有序清算。监管部门则紧紧围绕如何有序清算和防止对金融市场产生冲击，从资本、流动性、公司治理、可操作性等方面深入审查生前遗嘱方案的可行性。若方案连续两次被否决，则监管机构有权在资本充足率、杠杆率和流动性等方面向外资银行提出更高的要求，并限制新设分支机构和规模扩张等。②

四是要求建立中间控股公司，加强审慎监管。美联储要求，以 2015 年 6 月末为基期，如果外资银行在美除分支机构所拥有的财产（U. S. non-branch assets）以外的其他所有资产达到 500 亿美元，则要在 2016 年 7 月 1 日前，按照美国法律建立中间控股公司（Intermediate Holding Company，IHC），并将在美所有银行控股公司、投保机构及持有 90％以上 U. S. non-branch assets 股份的机构的所有权，全部转移至 IHC，接受审慎监管。IHC 被视为独立且具有与美国其他金融机构相同法律地位和性质的金融机构，一并纳入监管。美联储还通过穿透原则，对 IHC 的境外母公司进行监管，如果 IHC 被认为具有全球系统重要性，则其母公司也

---

① 张嘉昕，武睿. 20 世纪 70 年代以来美国银行业的外资准入及监管问题研究. 政治经济学研究，2021（1）.

② 丁斌. 美国对外资银行的审慎监管与启示. 西部金融，2018（1）.

会被认定为具有全球系统重要性。境外母公司要按年度向美联储提交报告，说明其所属国（地区）的监管标准是否与国际标准一致，是否按照国际标准认定全球系统重要性银行，母公司是否为全球系统重要性银行。美联储 2016 年总损失吸收能力（TLAC）和最低债务规则要求属于全球系统重要性的外资银行的 IHCs，需向其境外母公司发行一定数量的内部 TLAC（包含一定比例的债务）。2017 年起，按年提交资本计划，接受美联储开展的压力测试，同年 10 月起，开始接受多德—弗兰克法案压力测试。2018 年起，所有 IHC 都要执行最低 4% 的杠杆率，合并资产超过 2 500 亿美元或者表内境外风险暴露总额超过 100 亿美元的 IHC，还要执行最低 3% 的补充杠杆率。[①]

　　不难发现，美国越是倡导所谓自由开放，其背后的准入条件与监管程度越是细致严苛。本来，依据美国 1978 年《国际银行法》，外资银行享有"国民待遇"，但同时又受到联邦和州政府的双重监管以及其他诸多限制。尽管美国一直宣称其金融开放理念，但幕后的准入监管体系日趋严格，2007 年《外资投资与国家安全法》、2014 年《最终规则》对外资准入与监管的管制不断加码。例如，外资银行在获得州和联邦的许可设立资格后，还必须经过美联储的批准；外资银行母国必须实行国民待遇原则，否则禁止外资银行在美开展新业务等。[②] 仅仅在外资银行的准入及监管方面，美国就先后出台了 1956 年《银行控股公司法》、1978 年《国际银行法》、1991 年《外资银行监管加强法》、1994 年《里格尔—尼尔州际银行和分行效率法》、1996 年《经济增长与监管文件减少法》、1999 年《金融服务现代化法案》、2001 年《美国爱国者法》、2001 年《K 条例全面修订案》、2005 年《联邦存款保险改革法》、2007 年《外国投资与国家安全法》、2014 年《最终规则》、2018 年《经济增长、放松监管及消费者保护法案》等一系列法律法规。总体而言，这些法案体现出以下特征：一是明确的针对性。美国专门针对外资银行制定了 IBA 法，又出台 FBSEA 法等予以强化；二是及时填充法律漏洞。当新问题出现后，及时调整已有法律、法规或出台新的法律、法规来完善监管体系。

　　在基金市场上，美国政府同样采取了有针对性的措施，从而基本封杀了外国公司插足美国基金的路径。按业务区分，美国基金业可以分为

---

① 丁斌. 美国对外资银行的审慎监管与启示. 西部金融，2018 (1).

② 张嘉昕，武睿. 20 世纪 70 年代以来美国银行业的外资准入及监管问题研究. 政治经研究，2021 (01)：116-123.

基金推销与交易业务和基金发行与管理业务两大部分，其中，基金的发行和管理是其最主要的业务，也是其最大的收益来源。外国企业如果进入美国基金市场，就必须参与基金的发行和管理。而一个很少有人注意到的事实是：无论是以国内投资为对象的基金，还是以国外投资为对象的基金，几乎清一色都由美国公司在进行管理。之所以如此，是因为美国对外国企业参与基金的发行和管理，有着十分严格的市场准入限制。具体而言，构成美国对冲基金业监管框架的主要证券法就有：1933 年《证券法》、1934 年《证券交易法》、1940 年《投资公司法》（ICA，Investment Company Act）、1940 年《投资顾问法》（IAA，Investment Advisers Act）、2010 年《多德—弗兰克华尔街改革与消费者保护法》（Dodd-Frank Wall Street Reform and Consumer Protection Act，简称多德—弗兰克法）。在美国，对冲基金的设立和运作通常以监管框架内各种豁免规定为基础，但问题在于，对冲基金必须遵守许多法律规定，才有资格享受这些豁免待遇。除了遵守联邦证券法之外，对冲基金还需要遵守其他联邦法律、规则和法规。例如，从事单一商品期货交易的对冲基金必须遵守《商品交易法》和商品期货交易委员会（CFTC，Commodity Futures Trading Commission）颁布的规则。全国证券交易商协会（NASD，National Association of Securities Dealers）明确要求，销售对冲基金的经纪商必须遵守 NASD 规则。[①]

　　至于对占据基金业务主导地位、对证券市场影响极大的共同基金，美国金融监管制度设立的限制就更多了。这些限制包括：对基金发行人资格的规定，对基金注册的规定，对基金上市前必须获得一定数量本地居民认购的规定，对基金发起阶段禁止开展推广活动的规定，对投资顾问身份和资格的规定，等等。2008 年次贷危机后，美国对公募基金展开了进一步的监管变革：首先，改革货币基金监管体制，推动货币基金由摊余成本估值向市值法估值转变；其次，强化流动性风险监管，要求公募基金要有应对极端市场环境下潜在风险的方案并开展相应的压力测试；最后，提高信息披露要求，升级信息报送要求，各类基金需要每月报送资产组合情况，货币基金需要披露流动性资产状况、强制赎回费率和暂停赎回期限、发起人支持情况等。[②] 由于有这些法律规定限制，即使法律是完全透明的，也

　　① 李勋. 论对冲基金监管制度的关键要素——兼论美国对冲基金监管立法. 西部金融，2020（10）：19-25；DOI：10. 16395/j. cnki. 61-1462/f. 2020.10.005.

　　② 袁吉伟. 美国公募基金行业发展的经验与启示. 中国外汇，2020（20）.

基本上排除了外国公司插足美国基金的途径。美国投资人要投资国外，基本只有依靠美国公司一种选择；同样，外国投资者要向美国投资，也只有把资金交给美国公司经营。通过这样的限制方式，极大地维护了美国基金业的发展和经济利益。

而在保险市场上，有一个少有人注意到的事实是：美国政府对保险业并不实行全国统一管理。随着 1945 年《麦卡伦—弗格森法案》的颁布和实施，美国正式确立了以各州为主导的全国性保险监管制度，法案赋予了各州立法机构制定保险政策法规和监督管理工作的权力和责任，各州政府成为本州注册保险公司的监管主体。尽管 2010 年《金融监管改革法案》对美国金融监管体系进行了全方位的改革，并在财政部内设联邦保险办公室以协调跨州监管和保险公司财物监管等事务，但并未改变以各州监管为核心的保险监管体系。① 美国有 50 个州，就存在 50 个相互分割的保险市场，分别由 50 个相互独立的保险监管机构管理，执行着 50 套互不相同的保险法规，其中的大部分法规都对本州之外的保险公司规定了市场准入限制。稍具经济常识的人都明白，保险公司取得成功的基本条件之一，就是必须顺利跨过规模化量级要求较高的经营门槛。而美国保险市场这种监管分散、市场分割的状况，无疑大大提高了规模化经营的成本，进而有效地封阻了外国保险公司进入美国市场的道路。

5.3.2　开放式合理保护：中国金融监管政策的选择

透过欧美发达国家所奉行的金融开放政策及其运行实践，不难看出，对外开放并不等于放弃保护。相反，金融业作为支持现代社会运转的关键产业，在金融全球化的过程中，既需要开放，也需要保护。随着金融全球化进程的加速与《服务贸易总协定》（GATS）、《金融服务贸易承诺谅解》《全球金融服务贸易协议》等金融市场准入国际准则的确立，金融市场的扩大开放与进入通道的不断放宽确已成为国际金融市场发展的主流，但与此同时也应当看到，各国对于金融市场具体准入条件与标准的规定却更加严格，从而使金融市场的开放能够始终在符合各国经济发展战略目标的框架内运行，取得开放与保护之间的均衡。2016—2018 年间，外国投资于美国金融、信息与服务业受安全审查的案件数量，已超过制造业位居第一位；2018 年蚂蚁金服对美国速汇金的收购未获美国外国投资委员会审查通过，其理由就是"威胁国家安全"，认为此收购有损害其金融安全和信

---

① 喻晓平. 金融监管体制的国际比较研究. 成都：西南财经大学出版社，2018：37-50.

息安全之虞。①

　　但是，在任何一个社会里，利益冲突是普遍存在的，社会矛盾的实质就是利益冲突。金融开放与金融保护之间的关系也同样如此。过快的金融开放速度，势必加剧国内金融市场的竞争和金融市场的不稳定，从而不利于本国金融业的保护和发展，进而危及金融安全；而过度的金融保护，又必然延缓金融开放的进程，阻碍竞争机制作用的充分发挥，从而不利于国内金融业竞争力的提升和金融市场的发育，进而导致金融效率的丧失和金融市场的脆弱。而"法律秩序的任务就在于决定其中哪些利益应被承认与保护，和应在什么范围内加以承认和保护，以及在最少限度的磨损和消费的条件下给予满足"②。因此，面对金融全球化浪潮势不可挡的发展趋势和巨大的金融开放压力③，中国金融监管政策的选择，应当采取什么立场，是在立足于金融开放的前提下，兼顾本国金融业的保护，还是在着眼于金融保护的基础上，兼顾开放的要求？

　　囿于中国金融业发展的现状，比较各国金融开放政策的得失，笔者认为，立足于开放主义的立场，同时济之以保护主义的主张，实行开放式保护主义政策，是中国金融监管现代化战略的理性选择。详言之，就是在创造金融市场总体开放乃至扩大开放的前提下，根据国家经济利益的要求，以技术性要求作为国内法的实体内容，用程序性规范加以保障，用维护投资者、存款人以及其他金融消费者的合法权益这样一些公益性、社会性动机的正当诉求来设置制度化的市场门槛，有理有据地守好外国竞争者进入金融业某一特定领域的道路，以对中国金融业进行有效的局部性保护，实现开放与保护之间的利益平衡，促进我国经济与金融的健康发展。较之传统的贸易保护主义，开放式保护主义不仅具有更强的正当性和隐蔽性，而且在某些领域，能够收到贸易保护主义无法达到的保护效果。从这个意义而言，开放式保护主义是传统贸易保护主义在经济全球化发展的新形势下不断进化演变的必然结果。开放式保护主义既是对传统贸易保护主义的一

---

　　①　耿志强. 美国金融安全审查的新趋向、影响及应对 ——以《外国公司问责法》为切入. 西南金融，2021（1）：26-37.

　　②　〔美〕庞德. 通过法律的社会控制：法律的任务. 沈宗灵，董世忠译. 北京：商务印书馆，1984：82.

　　③　需要指出的是，中国入世前的金融开放进程是根据中国改革开放进程、中国自身承受能力大小自主作出的决定，而入世后的中国金融开放进程则必须和中国入世时所作的承诺一致，致使中国入世后的开放具有了很大的被动性。申言之，中国在金融领域的开放承担了国际法上的义务，例如，根据入世承诺表的承诺，中国须在 5 年内逐步取消外资银行经营人民币业务的地域限制和客户限制。

个补充，同时也是对传统保护主义方式的一种超越。①

可见，开放式保护主义的核心在于，合理运用市场准入的相关国际法准则，缩小其在国内法层面的适用，低调处理对本国金融业的局部保护措施，淡化保护措施的法律色彩，尽可能减少乃至避免国际法与国内法的正面冲突。由此决定，开放式保护主义政策能否顺利施行，主要在于：

1. 明确开放式保护主义的国际法依据，完善审慎监管制度

为推进金融全球化在各国的进程，GATS 与《金融服务贸易承诺谅解》《全球金融服务贸易协议》明确规定了金融服务贸易市场准入的国际准则，但是，这只是解决了"应当"给予外国银行市场准入问题，至于如何准入的问题，即有关外国银行市场准入的限制、条件、资格与程序等，都留给了各成员方以承诺表的方式自行设定。由于金融危机的实践反复证明，没有一个国家的银行经得起存款人的挤兑，没有一个证券市场经得起投资者的恐慌性抛盘，因而对投资者和存款人等金融消费者权益给予特殊保护，维护投资者和存款人等金融消费者对金融市场的信任和信心，是金融业生存和发展的前提。基于此，不仅 GATS 第 19 条第 2 款专门规定："在自由化进程中，应给各成员方的国家政策目标以及各个成员方在总的和各个（服务）门类的发展水平以应有的尊重"，而且 GATS 金融服务附件一第 2 条第 1 款还特别要求，GATS 的任何条款均"不得妨碍一成员方以审慎理由（prudential reasons）而采取的措施，包括为保护投资人、存款人、投保人或者金融服务提供者对之负有托管责任的人，或者保证金融系统的完善和稳定而采取的措施。这些措施凡不符合 GATS 者，则不得用作逃避 GATS 项下成员方承诺的义务"。众所周知，金融审慎政策目标与自由化进程有相冲突的一面，但为了防止国际间金融危机，防范由金融全球化带来的巨大金融风险，GATS 不但承认各成员方拥有为维护金融安

①　实际上，开放式保护主义和传统贸易保护主义之间，可以根据国家利益的需要交互运用。例如，美国是 WTO 的发起国之一，但这并没有妨碍美国政府对农业和其他需要保护的领域执行传统的贸易保护主义政策。美国对农业的财政补贴 1996 年就已高达 70 亿美元。2001 年更达到创纪录的 230 亿美元，并不惜与其他国家频频发生正面冲突，坚定不移地维护这项政策。与此同时，美国也在运用开放式保护主义的政策，悄悄地对其他一些行业进行保护。美国金融监管的制度和实践，就是执行这一政策的典型范例，而日本则是开放式保护主义政策的另一巨大受益者。作为一个后发的资本主义国家，日本在全球经济一体化中不是一放了之，而是趋利避害地实施开放式保护政策，在不断扩大开放的同时，有选择地保护国内市场，尤其是具有良好发展前途的"幼稚"产业和战略地位的主导产业，从而在 20 多年的时间里，从一个大型的农业国迅速发展为世界最大的机电产品出口国，成为当时仅次于美国的世界第二大经济强国。详请参见赵江.美国开放式金融保护主义政策——兼论开放式保护主义. 国际经济评论，2002（5、6）；张鸿.日本开放式保护政策的运用及其启示. 日本研究，2003（1）.

全与稳定而采取必要的审慎防范措施的权利，而且只要这些措施不构成市场准入的歧视性影响，也就不被当作市场准入与国民待遇的限制，因而也就不强制各成员方的具体承诺表对审慎性措施必须予以列明。显然，上述规定实际上为金融服务贸易的开放与基于防范金融危机和金融风险的保护措施之间矛盾的解决，确立了重要的指导原则即审慎监管，从而为开放式保护主义金融监管政策的施行提供了充分的国际法依据。

因此，合理利用 GATS 的上述规定，在国内金融法体系中确立审慎监管原则，并在制度规则层面不断加以完善，不仅是中国步入金融全球化进程，切实履行国际法义务的外部要求和体现，而且是有效保护国内金融业发展等内部因素驱动的结果，更是成功施行开放式保护主义金融监管政策的根本前提。为此，国务院依照 GATS 以及其他 WTO 法律文件的相关规定，于 2001 年 12 月 20 日颁布了《外资金融机构管理条例》（以下简称 2001 年《条例》），中国人民银行于 2002 年 1 月 30 日修改并颁布了《外资金融机构条例实施细则》，于 2002 年 2 月 1 日与 2001 年《条例》同时施行。在此基础上，我国不断采取措施，出台系列政策，修订完善相关法律制度，既为国家金融安全和金融业特殊领域提供有力法律保障，又为外资银行"国民待遇"的实现保驾护航，有序渐进扩大金融开放，促进外资银行进入中国市场、参与金融服务：一是 2015 年 12 月，中国政府于 2013 年 10 月发起的亚洲基础设施投资银行正式成立。该银行由中国政府主导，首批就吸引了 20 个国家出资入股，以为亚洲基础设施建设融资。这意味着，我国开始在银行市场吸收跨国资本并将其用于支持跨国项目建设。二是 2018 年 4 月，银保监会决定对《中国银监会外资银行行政许可事项实施办法》进行修订，取消了外资银行多项特定业务的审批，统一了中外资银行的市场准入标准，以为外资银行开展业务提供更加公平的市场环境。同年 8 月，银保监会进一步公布了《关于废止和修改部分规章的决定》。[①]三是 2019 年 5 月，银保监会主席郭树清提出拟于近期推出 12 条银行业保险业对外开放新措施；2019 年 10 月，国务院公布《关于修改〈中华人民共和国外资保险公司管理条例〉和〈中华人民共和国外资银行管理条例〉的决定》。其中，外资保险公司管理条例的主要修改是：取消申请设立外资保险公司的外国保险公司应当经营保险业务 30 年以上，且在中国境内已经设立代表机构 2 年以上的条件；允许外国保险集团公司在中国境内投

---

① 王帆，汪峰，倪娟. 外资银行进入、政府监管与银行风险——基于利率市场化环境的博弈分析. 经济学家，2019（09）：64-73.

资设立外资保险公司，允许境外金融机构入股外资保险公司等。2020 年 6
月，国家发改委发布《外商投资准入特别管理措施（负面清单）（2020 年
版）》；2021 年 7 月 21 日，国务院常务会议提出，进一步深化金融开放，
优化外资银行、保险等准入要求。

　　上述举措和金融法规、规章，一方面遵照中国入世承诺，大力拓宽了
外资金融机构进入中国市场的通道，另一方面，通过对外资金融机构进入
中国市场的审慎监管标准的确立以及业务范围准入等其他审慎性条件的规
定，使审慎监管原则得以成为中国金融监管的基本原则并不断中国化，从
而为国内法与国际法的衔接、金融开放与金融保护的均衡奠定了坚实的现
代法治根基。

　　2. 合理采取开放式保护主义的国内法措施

　　一般而言，各国政府可以从以下四个方面干预金融活动：一是通过制
定宏观经济政策来影响金融服务，如规定货币供应量、利率、汇率等；二
是金融服务的固有风险性使各国都在其金融制度中规定了严格的防范性规
则，主要是对金融机构的资本充足率、破产清算、信贷规模、资产质量、
资金流动性以及经营范围等作出明确规定；三是各国还通过制定非防范性
法规来规范金融服务，主要包括对金融机构的资格要求、注册登记程序、
技术和服务质量标准等；四是一些国家尤其是发展中国家保护国内金融机
构的规定，许多国家的国内法明确规定禁止或限制外国金融机构在本国设
立分支机构或者对外国金融机构在本国的经营活动予以限制使之不能与本
国金融机构进行竞争。[①] 客观地说，这四种干预措施都可能构成金融服务
贸易的壁垒或障碍。例如，采取分业经营的国家对从事混业经营的外国金
融机构而言无疑是一种限制；一个国家对资本自由流动的限制无疑会直接
阻碍国际金融服务贸易。

　　对于这些措施，GATS 和其他金融服务附件一没有明确定义哪些属于
审慎措施范围，即哪些措施是出于审慎目的而无须列入承诺表的国民待遇
限制中，哪些措施不是出于审慎目的从而需要作为国民待遇和市场准入的
限制措施列入承诺表中，并没有规定能为各国普遍接受的规则。一般认
为，保证金融市场公平竞争的纪律、有利于市场竞争的规则、保证金融体
系完整和稳定的措施都属于必要的审慎监管活动；反之则构成金融服务活
动的壁垒，如果这些措施使得外国金融服务或金融服务提供者难以准入，
或不能准入，或准入后不能享受国民待遇，则属于金融贸易壁垒。审慎措

---

　　① 　贺小勇. 金融全球化趋势下金融监管的法律问题. 北京：法律出版社，2002：58–59.

施包括但不限于下列措施：资本充足率要求；禁止内幕交易；对不良资产的界定与管理；特殊情况下的保障措施等。①

可以说，这些审慎性的措施既包括外国金融机构市场准入方面的监管措施，也包括准入后的功能监管方面的措施。而市场准入方面的审慎措施无须列入承诺表，这无疑为各成员方特别是发展中国家成员方在金融开放进程中增加维护金融安全的法律措施提供了回旋余地，进而为开放式保护主义政策下对本国金融业进行局部性保护的措施的施行，提供了巨大的空间。例如，美国在 1991 年 FBSEA 中规定，在审查外资银行能否对美国金融机构进行并购时，必须考虑"社会便利"（Convenience and Needs Factor）与"竞争影响"（Competitive Considerations）②；在 2007 年《外国投资与国家安全法》（FINSA，Foreign Investment and National Security Act）及其实施细则《外国人兼并、收购和接管规则》中，授权外资投资委员会对外资收购美国企业的行为进行严格审查，以"国家安全"名义提高外资准入标准，严控外资银行业扩张，保证本国银行的利益。③ 近年来，随着中美贸易摩擦的频频发生，美国政府加大了中国企业在美经营的审查力度，不仅采用限制经营、禁止经营、强行退出等方式予以规制，而且出台了《外国投资风险审查现代化法案》（FIRRMA，the Foreign Investment Risk Review Modernization Act），并从 2018 年开始正式施行。④ 同样，英国也规定，即使申请者符合法定申请条件，但如果英格兰银行考虑到申请者"对存款人和潜在存款人的利益有任何显著的威胁时"，将拒绝给予授权。虽然如此模糊宽泛的规定被批评者认为太具任意性（Discretionary）、灵活性（Flexible）和散漫性（Discursive）⑤，但 2014 年 4 月，英国竞争及市场监管局（CMA）依据 2013 年《企业和监管改革法》宣告成立，开启了以"公共利益"名义对外国投资进行的各种审查，以"确保有效竞争和市场运作有利于消费者"⑥。

---

① 贺小勇. 金融全球化趋势下金融监管的法律问题. 北京：法律出版社，2002：59.

② Joseph J. Norton. *A By-Product of the Globalization Process：the Rise of The Cross-Border Bank Mergers and Acquisitons-The U. S. Regulatory Framework*，56 BUS-LAW 601，602（2001）.

③ 张嘉昕，武睿. 20 世纪 70 年代以来美国银行业的外资准入及监管问题研究. 政治经济学研究，2021（1）.

④ 耿志强. 美国金融安全审查的新趋向、影响及应对 ——以《外国公司问责法》为切入. 西南金融，2021，（1）：26-37.

⑤ 张忠军. 金融监管法论——以银行法为中心的研究. 北京：法律出版社，1998：163.

⑥ 陈晓红. 美、英金融稳定及安全审查机制对我国的启示. 吉林金融研究，2017（3）.

　　这些保护性措施，发达国家竭力回避宣扬，自然更不可能对我们传授，但这并不妨碍我们通过考察比较，吸取各国的有益经验，充分运用审慎监管指导原则，采取以下合理措施，保护我国市场化发育正在逐渐成熟的金融业。

　　第一，扩大金融监管自由裁量权，严格市场准入条件，控制外国金融机构进入中国金融市场的速度和规模。在美国，根据 1991 年 FBSEA、2007 年 FINSA、2017 年 K 条例修正案及 2018 年 FIRRMA，给予了美国联邦储备委员会、美国外国投资委员会等监管机构很大的自由裁量权，由其对进入美国市场的外国银行进行主观评估，这些条件包括：该外国银行的金融资源状况，管理资源状况，是否遵守美国法律，是否建立了符合美国法律规定的内控系统，是否符合社区需要等。正是这些未在承诺减让表中详尽列出的内容，给了美联储等监管机构合法的监管自由裁量权，或剥夺、或限制、或延迟外国竞争者进入美国金融市场的权力或步伐。2020年美国参议院通过的 HFCAA 更是将美国金融安全审查从并购、接管等情形延伸到外国投资的经济实体在美国的经营阶段，并进一步泛化安全审查的模糊化标准，强化其在贸易管制、商业活动监管等方面"有针对性的严格立法执法"[1]。可见，"究竟在何处划定行政自由裁量权与法律限制之间的界线，显然不能用一个简单的公式加以确定。对于有效地实现某个重要的社会目的来讲，为自由裁量权留出相当的余地也许是至关重要的"[2]。

　　相较而言，我国金融监管立法中缺乏对审慎性原则的合理利用，给予金融监管机构的自由裁量权与其他国家相比，也远远不足。例如，2001《条例》对于外国银行市场准入的条件，主要限于对注册资本条件、母国监管条件、年末资产条件、母国监管当局同意条件等审慎监管标准的规定，虽然该条例授权中国人民银行规定其他审慎性市场准入条件，但从《外资金融机构管理条例实施细则》来看，其他审慎性条件仅涉及合理的法人治理结构；稳健的风险管理体系；健全的内部控制制度；有效的管理信息系统；申请人状况良好，无重大违法违规记录；有效的反洗钱措施等6 个方面。尽管 2019 年《外资银行管理条例》做了很多重大修订，包括取消拟设中外合资银行的中方唯一或者主要股东应当为金融机构的条件，准许外国银行在中国境内同时设立外商独资银行和外国银行分行，或者同

---

　　① 耿志强. 美国金融安全审查的新趋向、影响及应对——以《外国公司问责法》为切入. 西南金融，2021（1）：26-37.

　　② 〔美〕E. 博登海默. 法理学：法律哲学与法律方法. 邓正来译. 北京：中国政法大学出版社，2004：385.

时设立中外合资银行和外国银行分行，以及放宽外资银行的业务限制，允许其从事代理发行、代理兑付、承销政府债券以及代理收付款项业务，取消对外资银行开办人民币业务的审批等，但对于外资金融机构进入中国市场的速度、规模、业务范围准入条件的监管标准规定，仍不够清晰、明确。因此，有必要依据审慎监管原则，通过金融监管法规的修改完善，赋予金融监管机构广泛的自由裁量权，对外资金融机构来源国分布、总数及分支机构数以及对外资金融机构进入和扩张的速度、规模进行合理控制和引导，确保金融开放的适度，实现金融开放质与量的统一，即在量上实现外资金融机构准入的总量增长与我国经济发展总量的发展相一致、区域分布与我国产业发展策略相一致、业务范围与我国产业结构调整方向相一致、跨国银行的准入与我国对其业务的容纳消化吸收能力相一致；在质上，激励资产雄厚、经营业绩及资产状况良好的跨国银行的准入，推动中国金融机构竞争力的提升。

第二，加大金融监管人员的学习和培训力度，提高监管人员的技术能力、业务能力和道德素质，实现金融监管的专业化。审慎监管的目的在于，通过监管机构的审核"筛选"，将与本国经济发展目标相符的外资金融机构纳入本国金融系统。但显然，这样做势必加大了进入者的市场进入成本，对众多的进入申请者而言如同争夺"配额"；对本国金融业则可能起到保护落后、助长惰性的消极作用，从而割断本国金融市场与世界金融市场的天然联系，不仅延缓本国金融业融入全球化的进程，而且必然减损世界金融服务贸易自由化给各国带来的共同利益。① 可见，金融监管人员的素质在市场准入审核乃至整个金融监管工作中占据着举足轻重的地位，监管质量的高低和权威性，在很大程度上取决于监管人员的道德品质、业务素质和从业经验。因而金融监管必须"专业化"，要由具备深厚专业知识背景、诚实可靠人品和良好实务操作能力的专业人士从事金融监管。为此，加拿大金融机构监管署在新职员的录用中，坚持从技术能力和行为能力两个方面进行评价，尤其是行为能力。其中，技术能力考核的主要是金融专业知识、金融从业经验以及口头和书面表达能力等可以准确计量的方面，行为能力则主要测试价值观、动机、态度、交际能力、领导才能、团队精神等难以计量但可以反映的方面。对于每种能力，监管署都建立了一套具体的测评标准和衡量方法。另外，监管署也非常重视监管人员的在职培训工作，同时还采取多种措施积极鼓励监管人员加强自我学习。相比之

---

① 贺小勇. 金融全球化趋势下金融监管的法律问题. 北京：法律出版社，2002：110–111.

下，我国目前在监管人员的录用和培训上还存在着许多差距，不仅缺乏一套针对监管人员的具体录用标准，更谈不上对技术能力尤其是行为能力的考核，职员录用中人为因素占据着非常大的比重，至于业务培训，则存在连贯性不足、覆盖面狭窄、培训手段落后等缺陷。所以，笔者建议，为保证监管人员的合格性，有必要在金融监管法律、法规中对金融监管机构审核人员的任职资格、审核程序以及相应的法律责任予以明确规定，以提高外国金融机构市场准入的监管质量，确保开放式保护主义政策目标的实现。

第三，谨慎开放资本项目，改变"名紧实松"的传统管制做法，采取"名松实紧"的谨慎监管策略。开放资本项目，是一国从封闭型经济转变为开放型经济的决定性步骤。因而对任何国家（或地区）来说，是否开放资本项目都是一项重大的具有深远影响的经济决策（在某些场合，甚至是一项重大的政治决策）。① 基于此，不论是国际货币基金组织（或国际货币基金协议）还是世界贸易组织，均没有关于开放资本项目的强制性条款或承诺要求，因此，是否、何时、如何开放资本项目完全属于各国自主决策的事项，各国有着充分的选择权。20 世纪 80 年代以后，经济发达国家虽然普遍开放了资本项目，但实际上采取的是"名松实紧"的开放策略。例如，美国除对古巴、伊朗、朝鲜、伊拉克、利比亚、苏丹、南斯拉夫等列入名单的国家和居民实施冻结账户等管制外，在资本项目交易中对有可能使美国经济主权或投资者权益受到影响的一些重要子项也实行了严格管制。在对资本和货币市场工具的管制方面，美国对非居民购买核能、海洋、通信和空运等产业的证券有着严格管制，对外国共同基金（主要是离岸基金）实施管制，以保护美国投资者的权益。在直接投资方面，美国强调"如果外国资本控股权会威胁到国家安全，则将被暂停或禁止。涉及银行所有权的投资受到联邦和国家银行法规的约束"，"外国居民或公司投资农用土地超过 10％或拥有了实质控制股权的，必须向农业部申报，局限于那些受对内投资法限制之外的、美国的一些州对外国人购买其地界内的土地实施不同的限制"②。至于资本的跨境流动，美国不仅建立了完善的国际收集统计监测体系，并选择性使用跨境资本流动监管政策进行监管，而且只有在对美国国内利益有利时，才会被允许。国际货币基金组织

---

① 资本项目开放主要是指放松或取消对国际收支账户中的"资本与金融账户"项下各子账户的管制，其中包括放松或取消对跨境资本转移、直接投资、证券投资及其资产等的管制。因此，开放资本项目绝不仅仅意味着放松或取消对跨境证券投资、资本交易的管制。详请参见王元龙. 中国金融安全论. 北京：中国金融出版社，2005：473、480.

② 国际货币基金组织. 各国汇兑安排与汇兑限制. 北京：中国金融出版社，2000：892－893.

（IMF）近期汇兑限制年报显示，即使在今天，美国对资本市场证券交易、集体证券投资、货币市场工具和衍生工具仍有部分限制。① 相反，中国境内的资本项目目前实行的是一种"名紧实松"的管制，即尽管在名义上对资本项目中的许多子项目仍然保持着较为严格的管制，但在实践中，资本项目的管制却相当宽松。这种策略的推行，一方面导致了资本项目下的大部分子项目在现实经济活动中的相当程度的开放②，另一方面，自 20 世纪 90 年代以来，中国资本通过各种途径外逃的现象愈演愈烈，其数额甚至超过了通过合法渠道引入的外资数额。而在后疫情时代，资本外逃形势更为严峻。2022 年上半年，中国债券和股票市场的资金流出量曾一度高达每月 1 000 亿美元，下半年虽有所减少，但也有每月 500 亿美元左右的规模。③ 与此同时，外资通过非正规渠道进入中国资本市场的情况也逐渐增多，并已成为威胁中国金融安全的主要隐患。故笔者认为，针对国际资本流动的结构特点以及我国金融监管的现状，在保持开放的大前提下，对资本项目中的一些子项目还是应实行"名紧实松"的管制措施，稳步推进资本项目的开放，"自主确定开放领域，将暂不适合开放的领域纳入现有不符措施，在产业形态发展不成熟、无法预判未来发展的情况下，通过未来不符合措施为自己保留政策空间"④，以使资本项目开放的风险保持在合理的限度内，不仅是施行开放式保护主义政策，有效保护中国金融业稳健运行的理性选择，更是中国为维护国际经济金融秩序的稳定与健康发展，维护全球利益而必须履行的国际义务。⑤

---

① 赵方华. 中国资本项目开放下的跨境资本流动风险防范研究. 乌鲁木齐：新疆大学，102－103.

② 2002 年 10 月 10 日，中国人民银行行长在"东盟与中日韩（10＋3）短期资本流动管理和资本项目开放"高级研讨会上指出："对照国际货币基金组织确定的资本项下 43 个交易项目，中国完全可兑换和基本可兑换（经登记或核准）的有 12 项，占 28％；有限制的 16 项，占 37％；暂时禁止的有 15 项，占 35％。"中国证券报. 2002－10－12.

③ 胡萌．熊奕：资本外流有望在 2023 年逆转，人民币贬值有望结束. 新京报网站，https：//www. bjnews. com. cn/detail/1670576620168117. html，［2023－01－03］.

④ 陈雨露. 推动中国金融业对外开放行稳致远. 中国金融，2021（24）.

⑤ 2002 年 10 月 11 日，中国政府领导人在"东盟与中日韩（10＋3）短期资本流动管理和资本项目开放高级研讨会"上深刻指出："资本有序的跨国流动，是现代经济发展的客观要求。发达国家有较多的资本、先进的技术和现代企业管理经验，发展中国家有工资成本较低的劳动力和价格低廉的自然资源。国际资本流动，可以改善资源的有效配置，提高资源的使用效率，促进全球经济增长。但是，国际资本的流动，也会产生一定的负面影响，尤其是短期资本大量无序流动，加剧了金融市场的波动，甚至危及一个国家或地区的经济和金融稳定，引发政治和社会动荡。因此，在经济和金融全球化发展的形势下，加强和改善对短期资本流动的管理，稳步推进资本项目开放，有效防御国际资本对本国金融市场的冲击，维护经济和金融稳定，是我们共同面临的一个重大课题。"中国证券报. 2002－10－12.

　　第四，加强外资金融机构监管的国际合作。当前国际金融监管的突出特点之一就是，不仅要求强调东道国与母国对跨国金融机构进行联合监管，而且十分强调母国监管的有效性。我国最新修订的 2019 年《外资银行管理条例》将母国有效监管作为外资银行市场准入的条件之一，其中第9 条第 2 款规定："拟设外商独资银行的股东、中外合资银行的外方股东或者拟设分行、代表处的外国银行所在国家或者地区应当具有完善的金融监督管理制度，并且其金融监管当局已经与国务院银行业监督管理机构建立良好的监督管理合作机制。"但这一规定却过于笼统，还有进一步细化的空间。在这方面，美国、英国的法律值得借鉴。2017 年美国 K 条例修正案就美联储确定外国银行和任何母行是否受全面、统一监管的问题提出了基本要求，其具体内容是美联储应判断该外国银行是否受到这样一种方式的监管，即其母国监管当局掌握有关外国银行（包括相关机构）全球范围运作的充分信息，以此来评估该外国银行的整体财务和遵循法律法规的情况。在作这项判断时，美联储除其他需要考量的因素外，必须综合以下几个方面对母国监管当局的监管力度及其监管有效性进行评估：（1）确保该外国银行有充分的程序来对其全球范围内的活动实施监控；（2）通过定期检查报告、稽核报告或其他形式来获取该外国银行及其母国之外分支机构的状况信息；（3）获取该外国银行与其国内所属机构之间往来关系方面的信息；（4）获取该外国银行基于全球范围内的统一财务报告，或用以分析该外国银行财务状况的类似信息；（5）基于全球范围内来评估诸如资本充足率和风险资产之类的风险标准。而在英国，专司外资银行审查的监管机构是审慎监管局（PRA）。根据 2014 年英国央行针对总部在非欧盟区域的银行的监管规则和对国际性银行监管方面的监管声明，对于总部在非欧盟区域的存款类金融机构在英国境内的分支机构设立，母国监管当局对整个公司监管的一致性（equivalent）、分支机构在英国的活动以及 PRA 在母国监管机构处置过程中的权益受保障程度，是 PRA 评估时重点考察的内容。上述事项的评估通过后，PRA 还需就审慎监管责任的明确划分与母国监管机构达成一致。如果上述事项无法通过评估，PRA 或者不予核准分支机构的设立申请，或者取消已设立分支机构的授权许可。① 有鉴于此，有学者建议，我国对于母国有效监管的判断，应注意把握好以下几个

---

① 陈晓红. 美、英金融稳定及安全审查机制对我国的启示. 吉林金融研究，2017（3）；尚劲宏. 美英外资银行监管新规引领全球新趋势. 对外经贸实务，2014（6）.

问题①：一是考察母国金融监管制度的完善程度，关键在于考察这种制度之下能否真正产生合格的、令东道国足以信赖的投资申请者，而不是究竟对其作出了何种评价；二是考察申请者组织结构，关键在于考察申请者组织结构是否可以规避母国当局的监管；三是考察申请人母国监管机构是否有能力对跨国银行所有业务进行统一监管。

此外，安然事件、北电网络丑闻、次贷危机中的"两房"及雷曼兄弟事件和欧债危机的发生，不仅凸显了现代金融机构的业务深度交叉给区域性金融安全带来的挑战，而且使得区域性沟通和监管合作的加强成为跨国金融机构监管发展的必然。例如，美加两国针对上述事件签订了合作备忘录，致力于加强两国信息交流等监管合作；欧盟作为统一的经济体，就加快金融服务业一体化进程问题达成政治协议，建立非正式跨部门合作机制，"精英委员会"的 Lam falussy 报告就重塑欧洲证券领域监管程序提出实质性措施，无不表明，一个统一协调的欧洲金融监管框架正在搭建中。欧债危机发生后，欧元区先是创设了 2 500 亿欧元规模的欧洲金融稳定基金（EFSF），补充欧洲央行以保持金融稳定，随后在 2013 年 1 月 1 日生效的《里斯本条约》修正案中正式确立了欧洲金融稳定及债务危机救助体系 ESM；在东亚，比较有影响的区域经济合作机制主要有"10＋3"财政使用机制和国际清算银行亚洲顾问委员会，而《清迈协议》的达成，更是开启了东亚金融合作发展的新征程，即"东亚金融合作应该逐步突破前一阶段仅包括官方互助和对话的局面，着手研究金融市场、金融机构、金融交易等领域采取哪些合作方式，促进区域经贸发展"②。在此基础上，2020 年 11 月 15 日，包括中国在内的亚洲国家在 5 个"东盟＋1"自贸协定的基础上签署了《区域全面经济伙伴关系协定》（RCEP），其中的投融资便利化、金融服务开放等条款，既顺应了地区经济整合的发展趋势，也为深化后疫情时代的亚洲金融合作提供了动力。③

而实现金融监管国际合作的一个重要前提条件，就是有关国家金融监管当局之间监管信息交流的广泛和有效。为此，巴塞尔委员会、国际证券委员会组织（IOSCO）和国际保险业监管协会（IBIS）成立了"金融集团联合论坛"。联合论坛曾经指派过一个特别小组对几个著名的国际金融集

---

① 贺小勇. 金融全球化趋势下金融监管的法律问题. 北京：法律出版社，2002：106.
② 吴晓灵 2004 年 4 月在博鳌亚洲论坛合作会议上的发言："机遇与挑战并存的东亚金融合作". //巴曙松，陈华良. 2004 年全球金融监管：综述与趋势展望. 世界经济，2005（3）.
③ 郭明英，沈陈. RCEP 助推亚洲金融合作. 中国金融，2021（07）：55-56.

团进行考察调研，得出一份关于对金融集团监管信息分享的总结性报告。该报告为联合论坛最终文件所吸纳，形成了《监管者信息分享框架》和《监管者信息分享原则》两份重要文件。最终文件认为，联络与信息共享是国际监管合作不可或缺的条件，监管信息共享不仅要在国与国监管当局之间进行，而且要在银行、证券、保险等不同业务监管部门之间进行，因此各国金融监管的信息交流必须共同遵守以下原则：母国监管当局享有从其银行跨境机构处获取信息的权利；东道国当局要能了解母国金融监管当局对其金融机构跨国经营的监管能力以及母国银行所受到的审慎性监管标准；东道国当局能不断地就影响在其领土上建立机构的特定银行的事态得到通报，否则，东道国有权利限制或禁止外国金融机构的进入。[①] 上述原则的落地细化，构建起了一个严密完备、覆盖主要金融领域的跨国金融监管标准及其评估体系，即：BCBS 针对银行领域制定的《有效银行监管核心原则》，IOSCO 针对证券领域制定的《证券监管的目标和原则》，IAIS 针对保险领域制定的《保险监管原则》，国际存款保险机构协会（IADI）针对危机处置和存款保险领域制定的《有效存款保险体系核心原则》和FSB 制定的《有效金融机构处置机制核心要素》，CPMI 与 IOSCO 针对金融市场基础设施领域共同制定的《金融市场基础设施原则》。2008 年全球金融危机之后，G20 取代七国集团（G7）成为全球金融治理与推进国际金融监管改革的主要平台。在 2009 年 G20 伦敦峰会上，金融稳定论坛（FSF）升级为金融稳定理事会（FSB），负责在国际层面上协调相关监管当局与标准制定机构，制定有效的金融监管政策并促进其实施。1FSB 内设标准实施常设委员会（SCSI），负责监测 FSB 内达成一致的政策举措与国际标准的实施。[②] IMF 宣布将其与世界银行合作开展的金融部门评估规划（FSAP）的一部分纳入其监督机制，每 5 年接受一次 FSAP 下的金融稳定性评估（financial stability assessment）成为 29 个具有系统重要性金融部门的成员（S29）的强制性义务。

　　可见，要实现与其他国家金融监管的协调合作，就必须建立合理的信息共享制度，以保证信息共享的有效性。但在我国，2001 年《条例》和 2006 年《外资银行管理条例》对于金融信息共享的规定，除在审批阶段要求外资金融机构的申请材料应提供所在国或地区的金融监管法律

---

　　① 　The Basle Committee. *Information Flows Between Banking Supervisory Authorities*, 13 (April 1996).

　　② 　刘子平. 国际金融监管标准实施评估机制研究. 金融监管研究，2019（09）：15－34.

外，对于此后的持续性的信息分享均没有明确规定。2019 年修订的《外资银行管理条例》虽然增加了对外资银行营业性机构报送财务会计报告、报表等有关资料的要求，但有关信息共享的规定仍然比较粗疏。而我国已在 2012 年前后加入了 FSAP 评估计划，完善区际乃至国际金融信息共享的国内法律制度，已成紧迫课题。对此，笔者建议，完善这一制度至少应当包括：（1）要求申请者母国监管当局承诺依中国金融监管当局的要求提供有关资料和信息，否则，该申请者不得在中国境内开展金融业务；（2）关于申请者向其母国监管机构提供定性和定量信息的例行程序；（3）关于金融机构安全、稳健经营考评制度的建立与完善，包括现场检查制度和审计师报告制度；（4）关于监管信息重要性的判断标准和方法。

5.4　政府主导还是社会推进：中国金融监管现代化的模式安排

作为经济行政现代化重要组成部分的中国金融监管现代化，其制度变革的动力何在，是政府还是社会，抑或两者兼而有之？这一问题的解决，不仅关乎经济行政法治的改革方向，而且决定着中国金融监管现代化的运行模式，其意义之重大自不待言。为此，笔者拟先对世界各国行政法治现代化的动力资源和变迁模式进行简要考察和分析比较，尔后根据中国金融监管的现状以及经济行政法治变革的政治、经济、社会、文化背景，提出笔者关于中国金融监管现代化变迁模式的基本设想。

5.4.1　两种制度变迁模式的考察

不同的国家，有着不同的法律文化传统、自然条件、地理环境、历史发展特点，由此决定了各国法治变迁的动力来源也各有异。纵观世界各国行政法治演变的历程，其制度变迁的动力无外乎以下两种：社会与政府。不同的制度变迁动力资源，形成了风格各异的行政法治现代化模式，即社会推进的诱致性变迁和政府主导的强制性变迁。

5.4.1.1　社会推进的诱致性变迁

制度经济学认为，制度行为包含着制度选择和制度变革两种行为，而当个人或集团作为行为主体采取制度行为进行制度选择和制度变革的时候，就成为"制度行为主体"，或简称为"制度主体"①。社会推进的诱致性变迁就是以"社会初级行为团体"作为制度主体，通过初级行为团体的自发、渐进行动而引致的制度变迁模式。从外部表现形态来看，这种制度变迁模式主要具有以下特征。

首先，社会推进的诱致性变迁是一个自下而上的、自发的过程，其典型代表是英美等国法治现代化的历史进路。这种现代法治的产生，不是源于政府权威的推动，而是社会客观力量积累和现代化因素不断成长的结果，尤其是商品经济（市场经济）的发展，不仅使市民社会（公民社会）的力量日益壮大，形成"大社会小政府"的局面，而且使社会终于认识到，有限的消极行政难以满足日益增长的社会需求，积极的服务行政终于成为一种时代趋势。正如著名法国宪法学家狄骥所言："今天，作为某种复杂变革过程的结果，一方面归因于知识进步，另一方面归因于经济与工业的发展，政府的事务已经超出了提供司法警察和战争防御的范围，人们要求它履行各种其他职能，包括公共教育、济贫、公共工程、照明、邮政、电报电话以及铁路运输……"② 可见，这种模式的法治现代化建设中，政府对于法治现代化建设不仅没有一种预先确定的目标，而且在其中所起的作用相对较为被动和消极。申言之，政府在法治现代化的制度变迁过程中主要是以"非领导者"的、比较被动而不是主动的角色出现的。③

其次，社会推进的诱致性变迁模式是一个渐进的过程。④ 商品经济（市场经济）的建立、发展并取得社会主导地位，市民社会力量的发展壮大，民主政治的确立，法治精神基础的培育与充分提升等，这些社会历史条件的实现，无不是一个漫长的过程。由此决定，社会推进的诱致性变迁不可能是一蹴而就的、跳跃式的、突变式的过程，而必然呈现出缓慢的、渐进性的特征。例如，被称为"英国式道路"的现代化其"显著特征是它比较平直而少曲折，社会动荡小，斗争尽管有时很激烈，却始终未出现严

---

① 张曙光. 论制度均衡和制度变革. 经济研究，1992 (6).
② 〔法〕莱昂·狄骥. 公法的变迁. 郑戈译. 北京：商务印书馆，1997：38—39.
③ 蒋立山. 中国法制现代化建设特征分析. 中外法学，1995 (4).
④ 国内有学者把由社会推动的诱致型变迁模式称为"自然演进型"法治实现模式。对此，有学者认为，这与社会推动的诱致型变迁模式在精神上、内容上都是一致的，没有任何差异，只是称谓上的不同而已。如果要说它们的区别，只能说这两种称谓对法治实现模式表述的侧重点有所不同。社会推进的诱致型模式的称谓侧重于对法治实现的内在动力的揭示，而自然演进型法治实现模式的称谓侧重于法治实现过程的外部状态的描述。王雨本. 法制·法治. 北京：中国人民公安大学出版社，1998：75.

重对抗"①。英国行政法治的演进同样是"20世纪持续发展的结果。它不是通过革命性的突变、自觉的建构或'一揽子计划'建立起来的，其发展之路，是建立在实用主义的和渐进发展的'零星社会工程'的基础上，主要是'自生自发秩序'的演进。这一发展之路体现了本土化和世界化的双重特性，它使传统的行政法治基础产生了缓慢而深刻的变化"②。

最后，社会推进的诱致性变迁模式是一个以法律的形式合理性为历史先导，法律的价值合理性与之紧密相伴的过程。英美等西方国家的行政法治发展历程，无不清晰地向我们展示了从形式法治向实质法治演进的脉络③：消极的依法行政变为积极的依法行政，夜警国家变为福利国家，强制性的政府管制变为市场化的政府监管，片面强调控权的行政法变为立足控权、激励兼容的行政法……总之，社会推进的诱致性变迁模式的动力来自社会内部。一旦市场经济、市民社会、民主政治，以及社会意识与社会现实存在张力等社会内部诸条件成熟，社会在对行政法形式合理性提出要求的同时，必然也会要求行政法的价值合理性，进而推动行政法治的价值取向逐渐向着权利保护与公益维护并重的方向转变。"今天，除维持治安和确保税收这样一些传统的权力作用外，与人民福利紧密相连的非权力性的管理作用，在行政活动领域越来越占主要地位。"④"经历第一、第二两次世界大战，福利国家、给付行政等新颖之国家目的观及行政作用论逐渐被接受，行政事务遂呈几何级数之增多涉繁，对行政机关的主动、积极及弹性化行政之要求，日益迫切……"⑤ 所以，"社会正义观的改进变化，常常是法律改革的先驱"⑥。

可见，社会推进的诱致性变迁模式是一种较为理想的法治变革模式，通过这一模式实现的行政法治现代化不仅持久，而且能够确保形式合理性与实质合理性的紧密结合与有机统一。但是，这一模式所固有的实现法治现代化进程之缓慢这一难以克服的缺陷，无形中提高了法治现代化的成

---

① 钱乘旦. 第一个工业化社会. 成都：四川人民出版社，1988：163.

② 应松年，袁曙宏. 走向法治政府——依法行政理论研究与实证调查. 北京：法律出版社，2001：8.

③ 有关西方国家形式法治向实质法治的演进，本章第2节"5.2注重激励还是强调控权：中国金融监管现代化的机能定位"已有详细论述，容此不赘。

④ 〔日〕西冈. 现代行政法概论. 康树华译. 兰州：甘肃人民出版社，1998：9.

⑤ 城仲模：行政法之基础理论. 台北：三民书局，1995：4-5.

⑥ 〔美〕E. 博登海默. 法理学：法律哲学与法律方法. 邓正来译. 北京：中国政法大学出版社，2004：258.

本，延宕了社会进步的脚步。在中国这样一个迫切需要实现法治现代化而市场经济逐渐成熟的国家，采取以社会为主导力量的社会推进的诱致性变迁模式显然不可取。

5.4.1.2　政府主导的强制性变迁

政府主导的强制性变迁模式是指由政府倡导发起，依靠政府对行政法治目标和实现步骤进行理性设计和战略规划，运用政府权力制定大量的法律，形成完善的国家法体系，并依靠政府的强制力推行这些法律，以实现行政法治现代化或者说行政法治的目标。[①] 这种制度变迁模式的制度主体和动力来源，是政府而非社会，行政法治的现代化是政府大力倡导和推行的结果，社会在其中所起的作用则微乎其微。显然，亚非国家行政法治的现代化运动，无不都是通过政府的强力运作来推动其进程的。考察这些国家在政府主导下实现行政法治现代化的历程，不难发现，其具有以下几个特点。

首先，政府主导的强制性变迁模式是一个自上而下的、国家积极主动的法治化过程。由于现代生产力要素和市场发育不成熟，市民社会力量薄弱，经济生活中并没有形成促进行政法治现代化的运转机制，"政治权力即中央国家作为一种超经济的组织力量，就在现代化过程中一度或长期发挥巨大的控制与管理作用"[②]。二战以后、实现贸易自由化之初，鉴于日本仍然是一个工业基础薄弱的农业国这样一种现实，日本政府认为，落后国家的新兴产业不可能像欧美国家一样，主要依赖市场调节和企业的不断积累来完成，在强大的跨国公司面前，单纯个别企业的"自助努力"总是有限的。为此，日本确立了走政府主导型发展之路的经济发展战略，在强有力的国家推动下，开始了自上而下的经济行政体制改革。

其次，政府主导的强制性变迁模式是一个突变性的过程。与社会推进的诱致性变迁模式的动因产生于社会内部现代化要素的成熟所不同的是，政府主导的强制性变迁模式的变革动因，往往是在外来的较为先进的政治、经济、文化等因素的强劲冲击的大背景下，政府对这种外来挑战和刺激所做出的自觉的有意识的响应。然而，这些国家实现法治的本土资源又极为贫乏，特别是生产方式的落后和市场发育的不成熟，而依靠或者主要凭借社会力量来推动行政法治现代化的费时耗力，使得这些国家只能通过政府采取强力措施快速改造甚至是制造法治的土壤与环境，并"有计划"

---

① 蒋立山. 中国法制现代化建设特征分析. 中外法学，1995（4）.
② 罗荣渠. 论现代化的世界进程. 中国社会科学，1990（5）.

地向社会推行法治这样的过程，这就势必"致使法制现代化建设往往在较短的时期内一下子全面铺开，政府要自觉不自觉地形成一种全面的法制现代化建设纲领，试图在较短时间里全面完成早期西方国家法治建设在各个不同阶段所完成的所有任务，把西方国家历经上百年才逐步形成的法律体系在十几年里迅速完成。为此，这种法制现代化带有很强的阶段目标性和计划性色彩"①。以日本为例，面对全球经济一体化、贸易自由化的挑战，为适应工业化赶超阶段经济发展的要求，日本政府对经济发展采取了一系列协调、干预措施来指导国民经济各个部门的市场活动，将全国的经济发展、资源配置纳入政府的经济发展计划中去。为此，政府不仅根据不同时期的经济发展水平，制定了一系列发展计划，如 20 世纪 60 年代的国民收入倍增计划，70 年代的日本列岛改造计划等，而且设立了几乎包括所有战略产业的，由政府、企业界和学术界共同组成的"政策审议会"等组织形式，强力保证计划的实施，从而在短短 20 多年的时间里，迅速实现了经济贸易自由化，并创造了"日本经济神话"，使日本一跃成为仅次于美国的世界第二大经济强国。

最后，政府主导的强制性变迁模式是一个法律形式主义运动单向度发展的过程。政府推动经济行政法治变革的直接目的，是加快经济全球化的进程，快速实现经济行政法治的现代化。所以，有计划地移植先进国家的经济行政法律制度，成为政府为法治目标的实现而惯常做出的选择。这种做法，往往关注的是市场经济与民主政治的共性特征，较少顾及本国的现实国情和传统惯习，因而不仅制度推行成本高，而且因制度移植过程中"抗体过敏"的难以避免而难收实效。例如，为了实现以法律形式明晰私有产权、打破传统计划经济的堡垒、建立市场经济基础的宏伟构想，俄罗斯于 1996 年 7 月先后通过了《住房私有化方案》《国有和市有企业私有化法》《记名私有化账户和存款法》。10 月 28 日，叶利钦在俄罗斯人民代表大会上宣布进行以私有化为核心的经济行政法律改革，包括价格自由化、私有化和紧缩的货币和财政政策。在这种改革思路下，虽然使俄罗斯的所有制结构发生了惊人的变化，如 1995 年年底，17 937 家大中型企业、10 511 家小商店、12 118 000 所住宅被私有化，并新建了 794 889 家小企业，但由于市场经济发育不成熟，契约精神匮乏，市民社会力量贫弱，缺乏足够的力量对政府行为进行制约，政府行为不仅具有很大的不确定性，而且不受宪法约束，常常单方面终止契约执行，或者单方面频繁改变税率

---

① 蒋立山. 中国法制现代化建设特征分析. 中外法学，1995（4）.

（常常是受贿的结果）。① 自由、平等法治精神的缺失和秩序治理效率的低下，不仅宣告了俄罗斯法治梦想的破灭，而且使俄罗斯经济濒临崩溃边缘。

可见，政府主导的强制性变迁模式较之社会推进的诱致性变迁模式，其优点在于极大地缩短了制度变迁的进程，提高了法治现代化的效率。但是，政府主导的强制性变迁模式的缺陷也是显而易见的：首先，政府主导的强制性变迁模式与法治现代化的目标存在着不相契合之处。法治现代化的目标是建设法治政府，形成法治社会，因而必须淡化权威，有效制约政府权力。而政府主导的强制性变迁模式却有可能导致政府权力的不断膨胀，公民权利日益萎缩，致使"本应是法治主体的人民因政府权力的不断扩大而沦为法治的客体，而本应是法治客体的政府权力却因控权制度虚置或弱化而常常从客体中逃离出去"②。最终则可能背离了法治现代化的目标，使法治异化为"非法治"。因此，强制性变迁的合理性难免使人生疑。其次，法治的实现，应当是形式合理性与实质合理性的完美结合与有机统一。而政府对形式合理性的过分关注，将注意力集中于法律制度的现代化建设，致使价值合理性常常滞后于形式合理性，不仅使权力腐败成为政府主导下推进法治进程中遇到的最大障碍之一，而且从根本上动摇了法治的根基——权力结构的相互制约，损害了人们对法治的信仰。③

5.4.2　中国金融监管现代化的模式安排：政府主导、社会参与

对社会推进的诱致性变迁和政府主导的强制性变迁两种现代化模式的考察表明，两种模式对于行政法治目标的实现均各有优劣，利弊兼有。那么，中国金融监管现代化的实现，到底应当以政府还是以社会作为动力资源，或者换言之，应当以政府主导的强制性变迁还是以社会推进的诱致性变迁作为自己的模式选择呢？笔者认为，由中国的国情所决定，政府主

---

① 张建伟. 转型、变法与比较法律经济学——本土化语境中法律经济学理论思维空间的拓展. 北京：北京大学出版社，2004：96-99.

② 王雨本. 法制·法治. 北京：中国人民公安大学出版社，1998.

③ 英国学者保罗·哈里森曾指出：行贿受贿是大多数第三世界国家内部的恶性肿瘤，它蚕食着人民与统治者之间相互信任的基础，加重了发展中国家所具有的两个关键性弱点。一个弱点是政治势力与经济势力不光彩的联姻，通过这种联姻，金钱买到影响力，权势吸收金钱。另一个是国家的软弱性，无力实施自己的法律、法规。而研究亚洲政治和法治的学者们从不同角度说明了腐败给政治民主化与人权发展所带来的危害与后果，并把它理解为"亚洲权力结构的特点"。〔英〕保罗·哈里森. 第三世界 苦难·曲折·希望. 钟菲译. 北京：新华出版社，1984：423；韩大元. 东亚法治的历史与理念. 北京：法律出版社，2000：251.

导、社会（民众）参与，应当是中国金融监管现代化动力资源和模式设计
的理智选择。这是因为：

首先，从我国市场经济发展的现状来看。我国尽管很早就有了简单商
品经济的萌芽，但却并没有形成一种悠久的经济传统。相反，在我国占据
统治地位的是自然经济而不是市场经济。中华人民共和国成立后，受苏联
和东欧经济体制的影响，我国又走上了一条计划经济发展的道路。囿于计
划经济体制对先进生产力和生产关系的阻碍，1992 年以后，我国才开始
向市场经济体制的方向转轨。可以说，我国的市场经济体制并非商品经济
的自然演变，而是脱胎于高度集中的计划经济体制，是被置于计划经济体
制的结构之中发展的。这种计划经济与市场经济并存的局面，严重扭曲了
市场经济利益机制和运行机制得以正常发挥所需要的经济关系，制约了市
场经济的快速、健康发展。加之，市场经济在我国的确立并非社会内部自
我孕育的结果，而是国家主动选择的产物，这就从根本上决定了我国市场
经济的产生与发展先天不足，也预示了市场经济在我国发展的曲折坎坷。
尽管现代企业制度在我国已逐渐成熟，利益主体多元化格局也基本形成，
但能够独立地担当起推动中国行政法治走向现代化重任的、有序而健康的
市民社会在我国并未完全形成。由此可以断言，依赖于中国市民社会的成
长、壮大来推进中国行政法治乃至于金融监管现代化的实现，是不切实际
的。相较之下，政府主导的强制性变迁能够较快地推动整个社会制度的
变迁。

其次，从政府在中国社会中的地位来看。"任何一个国家的法制现代
化，其起点的推动力量总是与权威不可分割的。这也表明权威在法制现代
化中的基本作用。"[1] 囿于中国传统社会的"权力本位"特征，政府在中
国社会政治、经济、文化生活中无不处于决定性地位。如果说，从 20 世
纪 50 年代的社会主义改造到 70 年代末的改革开放，再到 90 年代初市场
经济体制的确立，无一不是政府积极推动的结果，那么，晚近 20 年的中
国行政法制度的变迁则更是雄辩地证明了，行政法治目标的确立与实现，
同样经由强制性制度变迁而成，不仅行政法的一些基本法，如行政诉讼
法、行政处罚法、国家赔偿法、行政复议法、立法法等均缘于政府的推
动，而且价格、金融、财政、税务等强化宏观调控的经济行政法，也大多
是国家强制变迁的结果。可见，"我国的现代化进程属于典型的政府主导

---

① 谢晖. 价值重建与规范选择——中国法制现代化沉思. 济南：山东人民出版社，1998：
272.

型，政府的推进和引导在整个改革开放和建设现代化国家过程中都起到核心作用"①。尽管随着市场经济的不断向前发展，中国社会内部各种利益集团出现了分化，但在多种利益主体共存的格局中，占据着强有力的支配地位的仍然是政府及其权威，而绝非所谓的市民社会。由此决定，推动中国法治现代化的历史重担，只能由政府而不可能是别的力量来承担。

再次，从政府在金融全球化中的作用来看。有学者认为，在金融全球化趋势下，监督金融市场是政府的事，而管理金融市场则应由市场参与者自己来执行。② 但是，正如萨克斯指出的："过去几年世界经济停滞的真正原因是国际金融自由化所造成的。国际资本流动使许多国家的自由化速度加快，墨西哥和东亚金融危机的发展则告诫人们重新考虑对待金融自由化所带来的压力。一方面美国政府在鼓吹资本市场自由化，另一方面则有人要求'往轮子里插扳手'以减缓资本流动的速度。措施包括设立国际交易税来阻止短期货币投机，制定明确限制外国短期银行贷款数额的监管标准和增加透明度。所以可以说，资本市场的自由化无论在理论上还是在实践上都正处于过渡阶段。"③ 实际上，整个 20 世纪，政府的作用空前加强。据国际货币基金组织计算，1999 年，国家公共开支比往年有所增加，如美国为 30%，法国为 52%，丹麦为 54%，瑞典为 56%；到 2011 年，美国为 40.5%，法国为 55.59%，丹麦为 56.43%，瑞典为 48.72%；而到了 2020 年，美国上升为 46.05%，法国上升至 60.69%，丹麦下降至53.43%，瑞典重新走高，达到 51.48%。④ 美国哈佛大学教授达尼·罗德里克认为，各种良好的市场经济，都是国家和市场的混合物。所谓市场决定一切，忽视了国家机制的作用，也忽视了经济领域中公共部门和私人部门的互补性。财产所有权只是市场经济五个支柱之一，其他四个支柱是调控机制、宏观经济稳定化机制、社会保险机制和冲突管理机制。事实上，市场越自由，调控机构的任务就越重。把行动和决策的领导权交给抽象的"部门"，比如市场，是不负责任的。所以，金融全球化不仅离不开政府的管制和推动，而且应当由政府来主导。

复次，从行政法治的本质来看。中国行政现代化的目标，是要建立与市场经济精神与价值体系相契合的现代法治政府和法治社会。法治的本质

---

①　应松年. 非政府组织的若干法律问题. 北京联合大学学报（人文社会科学版），2003（1）.

②　吴志攀. 金融法的"四色定理". 北京：法律出版社，2003：148.

③　周肇光. 如何构建我国金融领域经济安全新模式. 河南金融管理干部学院学报，2005（3）.

④　IMF 数据库：https://data.imf.org/? sk＝a0867067-d23c-4ebc-ad23-d3b015045405，设置参数：classification（expenditure）/sector（general government），[2022-08-15].

是什么？对此，人们歧见纷呈，梁启超的一种主义说，亚里士多德的二层含义说，《德里宣言》的三原则说，戴雪的四解释说，富勒的八原则说等，不一而足。[①] 但笔者更倾向于我国学者谢晖的看法，即法治的本质应当是一种契约，是社会与国家、民众与权威达成的一种契约型政治。法律是社会与国家、民众与权威共守的契约文本。[②] 作为法治重要组成部分的现代行政法，其实质同样是一种契约，是处于权威地位的政府和行政相对人在相互作用、相互制约、相互冲突与力量的较量中所达成的一项契约，是一种合意，通过这项契约，在公民权利与政府行政权力之间划定一条各方都认可的界线，通过维护合意各方的利益，来确保法治目标的实现。这也正是美国学者诺内特和塞尔兹尼克所谓的"自治型法"的精髓所在。[③] 行政法治的这种"契约"本质决定了，中国行政法治的现代化既不能完全依靠政府，也不能单纯依靠民众，它的全面、彻底实现，必须有赖于权威与民众、国家与社会的合力推动，其中起主导性作用的是政府和国家，但社会与民众的参与也是其中不可或缺的重要动力资源。

最后，从政府主导的强制性变迁与社会推进的诱致性变迁之间的相互关系来看，作为强制性制度变迁的制度主体和推动力量，政府推动市场经济体制建构的过程，其实也是一个不断培育市场、培育市民社会、培育公众权利意识，进而培育诱致性制度变迁机制的过程。一旦诱致性制度变迁机制成熟，强制性制度变迁就会渐次退出，让位于诱致性变迁。正因为如此，有学者认为，强制性制度变迁指的是由政府法令引起的变迁，但这并不否认自发型制度变迁通常也需要政府的行动来加以促进。[④] 不仅如此，强制性制度变迁与诱致性制度变迁在实践中并不是截然分开的，某些国家的制度变迁兼有"强制性"和"诱致性"两种特征。一个不容争议的事实

---

① 徐显明. 试论法治构成要件. 法学研究，1996（4）.

② 谢晖. 价值重建与规范选择——中国法制现代化沉思. 济南：山东人民出版社，1998：271.

③ 美国学者诺内特和塞尔兹尼克认为："'法治'一词所意味着的不只是单独的法律存在。它指的是一种法律的和政治的愿望，即创造'一种法律的统治而非人的统治'。在这种意义上说，法治诞生于法律机构取得足够独立的权威以对政府权力的行使进行规范约束的时候。"因此，在他们看来，自治型法的法律秩序是"控制压制的一种方法"。其主要属性是：（1）法律与政治之分离；（2）法律秩序采纳"规则模型"；（3）程序是法律的中心；（4）忠于法律被理解为严格服从实在法的规则。详请参见〔美〕诺内特，塞尔兹尼克. 转变中的法律与社会. 张志铭译. 北京：中国政法大学出版社，1994：59 页以下.

④ 林毅夫. 关于制度变迁的经济学理论：诱致变迁与强制性变迁//〔美〕科斯等. 财产权利与制度变迁. 上海：上海三联书店，1994：374；宋功德. 行政法的均衡之约. 北京：北京大学出版社，2004：241-242.

是，中国经济转轨在总体上是由政府为制度主体进行制度选择和制度变革的，因而从制度变迁的总体而言，从制度主体这一角度看，中国的经济转轨基本上属于政府主导的强制性制度变迁。但实际上，中国的经济行政制度变迁在某些方面又表现出某种程度上的诱致性特征，在中国农村联产承包责任制改革以及乡镇企业的成长发展中，"初级行为团体"在制度选择和制度变革中起着引人注目的关键作用，农民在这些影响深远的农村制度变革中不是作为单纯的"制度接受者"，而是在某种程度上参与和引发了制度选择和制度变革，最后再由政府将这些制度选择和制度变革形式向更大的范围内推广，并以国家法律的形式对"初级行为团体"即农民的制度选择和制度变革加以确认和合法化。此外，由于在计划经济体制中浸润良久的中国政府在建设市场经济初期多少有些"摸着石头过河"，而市场经济又往往具有较强的本土性，因此，指望中国政府成为所有竞争性规则的制定者和制度供给的主要来源，既不现实，也无必要。事实上，市场经济的竞争规则与分配制度大多是一种诱致性变迁的结果。①

正是基于此，十八届三中全会将深化行政执法体制改革作为全面深化改革的重要内容；十八届四中全会在《中共中央关于全面推进依法治国若干重大问题的决定》中，明确要求"深入推进依法行政，加快建设法治政府"；十九届四中全会在审议通过的《中共中央关于坚持和完善中国特色社会主义制度、推进国家治理体系和治理能力现代化若干重大问题的决定》中，对"构建职责明确、依法行政的政府治理体系"作出全面部署；2021年8月11日，国务院在颁布的《法治政府建设实施纲要（2021—2025年）》中强调指出，在依法治国、依法执政、依法行政共同推进，法治国家、法治政府、法治社会一体建设的全面依法治国工作布局中，法治政府建设是全面依法治国的重点任务和主体工程，是推进国家治理体系和治理能力现代化的重要支撑。为此，必须加强重要领域科学立法，及时跟进研究数字经济、互联网金融、人工智能、大数据、云计算等相关法律制度，抓紧补齐短板，以良法善治保障新业态新模式健康发展。而金融作为其中的重点领域，更是需要不断加大执法力度，完善执法程序。由此可见，自上而下的政府推进与自下而上的全民参与相结合，既是中国实现行政法治的道路选择，更是作为经济行政法治现代化建构重要组成部分的中国金融监管现代化运行模式和动力资源的理性抉择。

---

① 盛洪. 竞争规则是如何形成的//张曙光. 中国制度变迁的案例研究：第2集. 北京：中国财政经济出版社，1999.

5.4.3　体系重构：公私合作监管的倡导

自从人类社会产生以来，"公与私"的矛盾一直伴随着人类的现实生活。现实社会中"公共利益"与"私人利益"、"公共物品"与"私人物品"、"公共价值"与"私（个）人价值"以及"公共领域"与"私人领域"的差别与矛盾一直是人类社会的主题之一。所以，公私法的区分不仅是世界各国法律实践中存在的现象，而且成了一个实际的法律任务。[①] 而同时，有关公私法区分的争议与质疑不但从未平息，而且其声音近年来呈愈益响亮之势。究其根源，是因为在现代社会，公私之间的界线已经变得模糊不清。在公共行政领域实践中，美国学者曾提出：很难说，政府在何处应该退出，私人活动在何处应该出现（It is difficult to tell where government leaves off and private business begins）。[②] 既然中国金融监管的现代化需要国家与社会、政府与民众的合力作用，但政府与民众素来是利益对立的两极，传统经济行政法治所固有的强制性无疑又进一步加剧了两者的对立，那么，如何实现两者的有机结合，以共同推动中国金融监管现代化的实现呢？肇始于 20 世纪 70 年代末的西方国家公共行政改革运动，不仅推动了非政府组织（NGO，即 Non Government Organization）的迅速崛起，而且为我们揭示了全球化趋势下行政法的发展趋势，进而为这一问题的解决即政府与社会的合作模式，乃至于中国金融监管体系的重构提供了全新的思路。

非政府组织亦称非营利性组织（NPO，Non-Profitable Organization）、第三部门（Third Sector），意指政府以外的社会组织，一般并不包括企业。非政府组织并非新生事物，但其成为现代社会重要的组织群体，与政府和企业并行存在，并对整个经济、社会生活格局产生深远影响，则与近几十年来人们对两个"失灵"的认同有密切关系。随着经济社会生活的不断变迁，人们发现，不仅存在着市场失灵，政府管制也同样会失灵。

[①] 早在古罗马法时期，大陆法系国家就已形成了对公私法加以界分的传统。普通法传统中虽然不承认公私法的严格区分，但就法律实践来看，却实际上存在着类似的分别。例如，在影响深远的 1987 年达特芬案件的判决中，英国上诉法院（the English Court of Appeal）前所未有地阐释了如何确定"公"这个概念；在美国，调整联邦对个人赔偿责任的是区别于普通侵权责任的《联邦侵权责任法》（1946 年），在政府采购这样的买卖领域则适用特殊的《联邦采购条例》（Federal Acquisition Regulation of 1984）等。杨寅. 公私法的汇合与行政法演进. 中国法学，2004（2）.

[②] F. A. Nigro and L. G. Nigro. *Modern Public Administration*，(1984)，New York：Doubleday，(1959)，p. 27.

于是，人们将目光投向了市场与政府以外的非政府组织，以期发掘政府运作的新模式，从而使非政府组织的发展获得了新契机。非政府组织不仅是公民表达意见主张、实现结社权的基本形式，也是政府与社会的中介、政府与企业的协调者。① 因此，非政府组织的崛起，不仅成为市民社会或者说公民社会生成与发展的代表，而且为政府职能的转变和政府形象的重塑，提供了新的制度资源。

1993 年 9 月，面对经济全球化时代竞争与机会并存的复杂格局，戈尔委员会在其公布的第一份《国家行动回顾报告》（NPR）中，指示所有机构首脑"减少过时的规章"，"走出华盛顿，创造基本的合作关系"，"磋商，而不是命令"，并在修改后的报告中宣称："大政府的时代已经结束了。"② 从此拉开了"重新创建"美国政府计划的帷幕，开始了美国政府从强制管制朝着市场自律方式发展的治理模式的变革。这一变革的直接后果，就是将公权力扩展和国家干预的合法化，转变为使公私权力融合，以及使用私权利并通过市场机制达到公益目的方式合法化。③ 可见，非政府组织的出现和发展，满足了两个方面的需要：一是公民参与社会治理的愿望和能力的需要。在利益多元化背景下，公民参与公共事务的治理不仅是力所能及的，而且演化为强烈的愿望。二是社会事务治理的需要，政府需要将部分社会事务的治理让渡给非政府组织，并由此开创了公共行政管理的新型模式：公私合作。

这种公私合作给传统的公法领域，尤其是行政法领域带来了相当程度的影响，"现代行政权呈现出多元化的发展趋势，国家行政机关已不是唯一行使行政权的主体，其行政权部分地归还于社会主体"④。不仅如此，与政府机构经常受到机构庞杂、手续烦琐、文牍主义、效率低下的指责形成鲜明对比的是，非政府组织在公共事务治理方面被认为具有多样性、灵活性、创新性和参与性等优点。⑤ 以扶贫为例，有关扶贫的研究表明，扶

---

① 应松年. 非政府组织的若干法律问题. 北京联合大学学报（人文社会科学版），2003（1）.

② 〔美〕Alfred C. Aman，Jr. 面向新世纪的行政法. 袁曙宏译. 行政法学研究，2000（3）.

③ 应松年，袁曙宏. 走向法治政府——依法行政理论研究与实证调查. 北京：法律出版社，2001：75.

④ 郭道晖. 法治行政与行政权的发展. 现代法学，1999（1）.//应松年. 非政府组织的若干法律问题. 北京联合大学学报（人文社会科学版），2003（1）.

⑤ 应松年. 非政府组织的若干法律问题. 北京联合大学学报（人文社会科学版），2003（1）.

贫"八七计划"期间，参与中国扶贫的 NGO 与准 NGO 扶贫贡献率在
20％～35％，并且"NGO 投资的扶贫项目往往是政府达不到或顾不了的
偏远山区，瞄准的是最穷的贫困人口，尽管当地社会的发育程度低，群众
执行项目的能力差，但由于 NGO 监督管理机制是完善的，挪用、贪污资
金发生的几率很小，项目成功率、资金回收率基本上在 90％以上或者更
高"①。

　　尽管如此，并不能得出将扶贫事业完全交由非政府组织来进行的结
论，因为公共管理主义理论强调的是公共行政主体的多元化，强调放权于
社会。所以，非政府组织和政府并非彼此替代、互相冲突的关系，而是相
互配合、相得益彰的关系。随着中国市场化和国际化的进一步深入以及政
府管理难度和复杂性的增加，随着人们对政府与个人、公与私的关系观念
的更新，公私合作不仅已经成为一种必然需求②，而且带来了一种全新的
政府理念，即政府的职能是"掌舵"而非"划桨"，政府应专心致力于公
共政策的制定及监督执行，而不是将自身陷入复杂烦琐的具体事务之中，
至于属于公共事务的事项，特别是公共物品的提供和公共服务的供给，可
以交给而且应该交给非政府组织。

　　由此决定，健全金融法规体系，发展金融同业公会，构建政府掌舵—
市场约束—社会参与的新型金融监管体系，不仅是顺应公私合作这一公共
行政管理发展趋势的必然要求，而且是实现中国金融监管现代化，推动金
融市场稳健高效运行的必由之路。

5.4.3.1　政府监管的方式改革：健全金融法规体系

　　当前，首要的任务是完善金融监管的法律法规，按照金融全球化趋势
下金融业发展的要求，推进金融法律、法规的制定和完善，包括《金融稳

---

　　①　曲天军. 非政府组织对中国扶贫成果的贡献分析及其发展建议. 农业经济问题，2002
（2）.

　　②　德国行政法学者 Stober 教授指出："公私合作在一个现代的合作国家不是全部，但没有
它则一无所成。公私合作应该不断发展、不可逆转。"实际上，在我国，除扶贫领域外，其他公
共行政管理领域中的公私合作型活动近年来也不断涌现。例如，在投融资方面，既有已经存在若
干年的 BOT 制度，也有政府在风险投资领域建立创业板块市场的努力，更有不断探索的政府同
非政府渠道合作筹措资金的其他方式；在社会保障方面，现在中国正在探索的其实就是一种"政
府—市场—社会"合作的形式。在政府采购领域，2014 年《政府采购法》的私法性处理模式给法
学界提供了很多思考空间；在科技管理方面，2002 年上海市已经取消了对科研成果的政府鉴定制
度，由科研部门将研究项目与成果自行推向市场接受市场检验；在社会服务和社会稳定与安全方
面，中国也正在探索城市中的"政府—社区"的合作模式，网络化的公共安全管理与社会治理模
式，以及农村的政府作用和村民自治的使用关系。就 2003 年的抗击"非典"来说，许多地方能
够卓有成效地控制疫情，一个基本策略就是政府充分调动了非政府的基层社区和农村村委会的力
量通力合作，共铸成功。杨寅. 公私法的汇合与行政法的演进. 中国法学，2004（2）.

定法》《银行业监督管理法》①《中国人民银行法》《商业银行法》《保险法》《证券法》《期货衍生品法》《信托法》《票据法》《金融资产管理公司条例》《外资银行管理条例》等，并制定相应的监管实施细则；加快金融业混业经营的有关金融法律法规以及金融机构市场准入、退出规则的立法步伐，按照全面风险监管的国际监管标准，进一步完善金融机构资本充足率的监管框架；借鉴国外经验和国际通行的监管规则，对金融电子化、信息化、创新型及综合型业务，进行预防性监管程序设计，防止监管真空和过度监管的发生，实现监管职权法定、监管程序法定、监管责任法定和监管体制法定，将金融监管全面纳入法治运行的轨道。其次，重塑全社会信用观念，进一步完善《征信管理条例》，加快社会信用体系建设立法②，通过建立相对独立的金融司法组织体系，树立金融监管的权威，加大金融失信行为的惩戒力度，为金融业的稳健运行创造一个公开、公平、公正的金融市场环境。

5.4.3.2　社会参与的制度创新：发展金融同业公会

作为一种民间监管机构，金融同业公会的建立和完善，可以有效地实现政府监管机构与被监管的金融机构之间的信息沟通，通过创造一种维护同业有序竞争、建立合理经营规模、防范金融风险、保护同业成员利益的行业互律机制，不仅可以对政府监管起到拾遗补缺的作用，而且可以降低政府监管的成本，提高政府监管效率，实现金融监管资源的有效配置。因而应当采取有力措施，推动我国金融同业公会制度建设。参照发达经济体的有益做法，结合我国金融监管的现状和金融业发展的需求，建设金融同业公会，其至少应当注意抓好以下几方面的工作：第一，科学的组织制度建设；第二，坚持"三公"原则的公会章程的制定；第三，参与市场监管的职能分工和程序设计；第四，行业服务和行业自律的有效开展；第五，金融风险共同防御体系的构建；第六，会员机构的考核检查和公会经费来源的财务管理。

---

① 2022年11月11日，银保监会发布了《中华人民共和国银行业监督管理法（修订草案征求意见稿）》。如无特殊情况，《银行业监督管理法》修正案应于2023年出台。

② 2022年11月14日，《中华人民共和国社会信用体系建设法（向社会公开征求意见稿）》已经正式发布。参见《中华人民共和国社会信用体系建设法（向社会公开征求意见稿）》. 国家发展改革委网站，https://yyglxxbsgw.ndrc.gov.cn/htmls/article/article.html? articleId = 2c97d16c-82cf3ac8-0184-74052a93-003e#iframeHeight=807，[2022-12-06].

结　论

　　金融全球化是一个涉及广阔经济思想背景和政府管制理论的话题，尽管金融全球化作为一个研究领域还非常年轻，但金融全球化在各国的迅猛推进，不仅昭示了其势不可挡的发展趋势，而且对各国金融发展和金融监管体制变革，乃至于公共行政改革和行政法的制度变迁都产生了极其深刻的影响。本书综合运用行政法学、制度经济学、管理学、历史学、社会学、哲学等多学科的理论研究成果和研究方法，例如，法律的经济分析、激励分析、逻辑推演、比较研究、历史考察以及规范研究和实证分析的研究方法等，从宏观和微观两个不同层面，对全球化视野下的金融监管问题进行了研究，并得出如下研究结论。

　　1. 作为经济全球化的核心内容和主要表现形式，金融全球化其实就是金融活动"市场化"的延伸和必然要求，即在经济层面上意味着金融交易范围在全球的扩展，在法律层面上表现为"市场化"的金融制度在全球的推广和采用。两者的并行不悖，使得金融管制立法自由化、金融资本流动全球化、金融政策协调国际化、金融监管规则统一化成为金融全球化的显著表征。

　　2. 金融全球化作为各国金融活动和金融风险发生机制日益紧密地联结在一起的过程，在给各国带来经济增长收益的同时，也必然要求各国付出一定的成本，这个成本就是随着金融全球化的推进而引发的金融脆化，进而导致一国经历金融危机的概率上升。因此，金融全球化的进程始终呈现出典型的两面性事实特征：利益与风险共存，经济增长与金融危机同在。但是，面对金融全球化势不可挡的发展趋势，作为经济转轨国家的中国，无论是游离于金融全球化的进程之外，还是实行"一步到位"开放的全球化战略，均非理性做法。相反，加强金融监管，提高金融制度质量，积极稳妥地推进金融全球化进程，最大限度地降低金融脆化成本，提高经济增长收益，才是中国应对金融全球化挑战的理智抉择。

　　3. 欧美国家金融全球化的成功经验和东亚国家金融自由化的失败镜

鉴充分表明，以金融监管为核心的一国金融制度质量的高低，是决定一国经济增长绩效和金融脆化程度，进而决定一国金融全球化成功与否的重要因素。所以，金融全球化并非意味着金融监管的取消或者废弃，相反，金融全球化对金融监管提出了更高的要求。由此决定，有关金融监管正当性争论的关键，并非在于金融监管是否必要，而在于如何妥适地设计合宜的监管制度安排并合理地付诸实施，以在金融全球化的进程中实现政府对金融市场的有限而有效的正当干预。

4. 由立法体制、权力来源和权力主体所决定，集准立法权、准司法权和金融执法权于一体的超级金融监管权，非但没有从根本上改变其行政权的性质，相反，只是再一次有力地印证了，包括金融监管权在内的行政职能的扩张是当今各国的共同现象。

5. 虽然各国的政府监管体制与社会治理改革内容各有千秋，但对于良法善治的理解基本上还是趋于一致的，即良好的政府监管乃是真正实现经济效益与社会公正价值的高质量治理。有鉴于此，结合世界各国金融监管权配置的改革发展趋势，本书提出，全球化视野下的金融监管权的配置及其运行，或者良好金融监管的施行，应当坚持必要、有效、透明、诚信、协调、责任 6 项原则。

6. 金融全球化的实施，旨在通过解除金融压抑，提高金融体系的运行效率，促进经济增长。而在我国，囿于传统金融监管理念的有失片面、监管结构的相对失衡、监管机制的较为薄弱、监管覆盖的不尽全面、监管方式的缺乏创新和监管规则的一定滞后，不仅导致了我国金融监管的低效运行和金融机构竞争力的亟须提升，而且加剧了金融业风险隐患的激增，一定程度上成为制约我国经济发展、影响金融安全的瓶颈。

7. 由金融全球化的复杂性、多样性和中国金融监管低效运行的现状及其症结所决定，全球化视野下的中国金融监管体系的重构，只有秉持立足稳定、竞争优先的新型监管理念，通过开放式合理保护金融战略的施行，在政府监管机构自上而下的强力推进和金融同业公会等民间监管组织自下而上的广泛参与下，进行监管组织制度的创新和监管运行机制的变革，构建政府监管—市场约束—行业自律的公私合作监管体制，通过金融监管的共建共治共享促进金融监管制度与市场约束机制的良性互动，充分发挥金融监管的控权和激励双重机能，在监管与放松、开放与保护的动态博弈中求得平衡，实现金融监管目标与金融机构商业目标的双赢。

主要参考文献

一、中文文献类

（一）中文著作类

1. 巴塞尔银行监管委员会. 巴塞尔银行监管委员会文献汇编. 北京：中国金融出版社，2003

2. 巴曙松. 巴塞尔新资本协议研究. 北京：中国金融出版社，2003

3. 白钦先，郭翠荣. 各国金融体制比较. 北京：中国金融出版社，2002

4. 陈雨露，汪昌云. 金融学文献通论（一、二、三卷）. 北京：中国人民大学出版社有限公司，2021

5. 陈雨露. 国际金融. 北京：中国人民大学出版社，2019

6. 陈雨露，杨栋. 世界是部金融史. 南昌：江西教育出版社，2016

7. 陈雨露，等. 全球新型金融危机与中国的外汇储备战略. 北京：经济科学出版社，2014

8. 陈雨露，马勇. 大金融论纲. 北京：中国人民大学出版社，2013

9. 城仲模. 行政法之基础理论. 台北：三民书局，1995

10. 国际资本市场协会（International Capital Market Association-ICMA）. 亚洲国际债券市场：发展与趋势. 2版. 苏黎世，2022

11. 国际货币基金组织. 各国汇兑安排与汇兑限制. 北京：中国金融出版社，2000

12. 国际货币基金组织. 货币可兑换和金融部门改革. 北京：中国金融出版社，1996

13. 胡滨. 中国金融风险报告（2021）. 北京：中国社会科学出版社，2022

14. 贺小勇. 金融全球化趋势下金融监管的法律问题. 北京：法律出

版社，2002

15. 黄毅，杜要忠. 美国金融服务现代化法：中文译本. 北京：中国金融出版社，2000

16. 姜明安. 行政法与行政诉讼法. 北京：北京大学出版社，高等教育出版社，1999

17. 刘士余. 银行危机与金融安全网的设计. 北京：经济科学出版社，2003

18. 林平. 银行危机监管论. 北京：中国金融出版社，2002

19. 李德. 经济全球化中的银行监管研究. 北京：中国金融出版社，2002

20. 李小牧，李春锦，傅卓斌. 金融危机的国际传导：90年代的理论与实践. 北京：中国金融出版社，2001

21. 李扬，黄金老. 金融全球化研究. 上海：上海远东出版社，1999

22. 刘兆兴等. 德国行政法：与中国的比较. 北京：世界知识出版社，2000

23. 罗豪才. 行政法学. 北京：中国政法大学出版社，1996

24. 马君潞. 金融自由化. 北京：中国金融出版社，1999

25. 毛寿龙等. 西方政府的治道变革. 北京：中国人民大学出版社，1998

26. 马克思. 资本论：第1卷. 北京：人民出版社，1958

27. 庞中英. 全球化、反全球化与中国：理解全球化的复杂性与多样性. 上海：上海人民出版社，2002

28. 宋功德. 行政法的均衡之约. 北京：北京大学出版社，2004

29. 宋功德. 论经济行政法的制度结构：交易费用的视角. 北京：北京大学出版社，2003

30. 田宏杰. 规范关系与刑事治理现代化的道德使命. 北京：人民法院出版社，2020

31. 田宏杰. 中国刑法现代化研究. 北京：中国方正出版社，2001

32. 王元龙. 中国金融安全论. 北京：中国金融出版社，2005

33. 王曙光. 金融自由化与经济发展. 北京：北京大学出版社，2004

34. 吴士余，梁展. 全球化话语. 上海：上海三联书店，2002

35. 王子先. 论金融全球化. 北京：经济科学出版社，2000

36. 王俊豪. 英国政府管制体制改革研究. 上海：上海三联书店，1998

37. 王名扬. 法国行政法. 北京：中国政法大学出版社，1989

38. 吴志攀，白建军. 金融法路径. 北京：北京大学出版社，2004

39. 吴志攀. 金融法的"四色定理". 北京：法律出版社，2003

40. 谢伏瞻. 金融监管与金融改革. 北京：中国发展出版社，2002

41. 杨海坤，黄学贤. 中国行政程序法典化. 北京：法律出版社，1999

42. 应松年，袁曙宏. 走向法治政府：依法行政理论研究与实证调查. 北京：法律出版社，2001

43. 喻晓平. 金融监管体制的国际比较研究. 成都：西南财经大学出版社，2018

44. 喻平. 金融创新与经济增长. 北京：中国金融出版社，2005

45. 余逊达. 法治与行政现代化. 北京：中国社会科学出版社，2005

46. 曾筱清. 金融全球化与金融监管立法研究. 北京：北京大学出版社，2005

47. 张荔. 金融自由化效应分析. 北京：中国金融出版社，2003

48. 张荔等. 发达国家金融监管比较研究. 北京：中国金融出版社，2003

49. 张忠军. 金融监管法论：以银行法为中心的研究. 北京：法律出版社，1998

50. 张正钊，韩大元. 比较行政法. 北京：中国人民大学出版社，1998

51. 郑振龙，张雯. 各国衍生金融市场监管比较研究. 北京：中国金融出版社，2003

52. 中国人民银行货币政策分析小组. 中国区域金融运行报告（2021）

53. 中国人民银行金融稳定分析小组. 中国金融稳定报告（2021）. 北京：中国金融出版社，2021

54. 中国人民银行金融稳定分析小组. 中国金融稳定报告（2020）. 北京：中国金融出版社，2020

55. 中国人民银行金融稳定分析小组. 中国金融稳定报告（2006）. 北京：中国金融出版社，2006

56. 中国证券监督管理委员会. 中国证券监督管理委员会年报（2021）. 北京：中国财政经济出版社，2022

57. 中国证券监督管理委员会. 中国证券监督管理委员会年报（2020）. 北京：中国财政经济出版社，2021

58. 中国证券监督管理委员会. 中国证券监督管理委员会年报

（2019）. 北京：中国财政经济出版社，2020

59. 周升业. 现代金融监管体制研究. 北京：中国金融出版社，2000

60. 朱孟楠. 金融监管的国际协调与合作. 北京：中国金融出版社，2003

（二）中文论文类

61. 巴曙松，陈华良. 2004 年全球金融监管：综述与趋势展望. 世界经济，2005（3）

62. 巴曙松. 金融监管框架的演变趋势与商业银行的发展空间. 当代财经，2004（1）

63. 北京大学中国经济研究中心经济发展战略研究组. 中国金融体制改革的回顾和展望. 北京大学中国经济研究中心讨论稿系列，NO.
C2000005，2000 年 4 月

64. 蔡拓. 全球化与二十一世纪的政治学. 中国社会科学，2003（2）

65. 陈雨露. 推动中国金融业对外开放行稳致远. 中国金融，2021
（24）

66. 陈雨露. 工业革命、金融革命与系统性风险治理. 金融研究，
2021（1）

67. 陈雨露. 当前全球中央银行研究的若干重点问题. 金融研究，
2020（2）

68. 陈雨露，马勇，阮卓阳. 金融周期和金融波动如何影响经济增长与金融稳定. 金融研究，2016（2）

69. 陈雨露. 新常态下的经济和金融学理论创新. 经济研究，2015
（12）

70. 陈雨露. 后危机时期货币金融稳定的新框架. 中国金融，2009
（16）

71. 陈卫东，熊启跃，赵雪情，蒋效辰. 国际资本流动最新发展态势及驱动逻辑. 国际金融，2021（8）

72. 陈国富，牛小凡. 政府职能定位与中国政府治理模式的转型. 理论与现代化，2021（3）

73. 陈华，陈荣. 从第五次全国金融工作会议看金融监管趋势. 中国发展观察，2017（15）

74. 陈晓红. 美、英金融稳定及安全审查机制对我国的启示. 吉林金融研究，2017（3）

75. 陈银锋. 论中国的金融监管与金融反腐败. 商场现代化，2005（5）

76. 丁斌. 美国对外资银行的审慎监管与启示. 西部金融，2018 (1)

77. 董炯. 监管金融监管者//金融法苑，2001 (6、7). 北京：法律出版社，2001

78. 范云鹏，尹振涛. 金融控股公司的发展演变与监管研究：基于国际比较的视角. 金融监管研究，2019 (12)

79. 高雷，曹永锋. 我国金融信用缺失与金融评估体系建设. 中国流通经济，2006 (5)

80. 高西庆. 论证券监管权. 中国法学，2002 (5)

81. 耿志强. 美国金融安全审查的新趋向、影响及应对：以《外国公司问责法》为切入. 西南金融，2021 (1)

82. 郭树清. 加强和完善现代金融监管//党的二十大报告辅助读本. 北京：人民出版社，2022

83. 郭明英，沈陈. RCEP 助推亚洲金融合作. 中国金融，2021 (7)

84. 国务院研究室赴美考察组. 美国信用体系的总体架构：美国信用体系考察报告之一. 信用前沿，2005 (7)

85. 黄益平. 以金融创新支持经济高质量发展. 新金融评论，2019 (4)

86. 景春梅等. 美国金融监管改革及其影响. 经济学动态，2010 (8)

87. 姜明安. 中国行政法治发展进程回顾：经验与教训. 政法论坛，2005 (5)

88. 蒋海. 论弹性监管与金融效率. 财经研究，2001 (9)

89. 李振林. 证券公司内部控制体系建设研究. 全国流通经济，2022 (7)

90. 李愿. 易纲谈系统重要性银行：坚持金融分业经营 支持绿色低碳发展可发挥巨大作用. 21 世纪经济报道，2021-10-22，第 7 版

91. 李勋. 论对冲基金监管制度的关键要素：兼论美国对冲基金监管立法. 西部金融，2020 (10)

92. 李存娜. "中国：全球化与反全球化"会议综述. 世界经济与政治，2003 (2)

93. 李若谷. 金融全球化对我国银行的挑战与我们的对策. 中国金融，2001 (1)

94. 李强. 全球化、主权国家与世界政治秩序. 战略与管理，1999 (1)

95. 林毅夫. 关于制度变迁的经济学理论：诱致性变迁与强制性变迁//科斯等. 财产权利与制度变迁. 上海：上海三联书店，1994

96. 刘子平. 国际金融监管标准实施评估机制研究. 金融监管研究，2019（9）

97. 刘志友. 我国金融监管制度的有效性分析. 审计与经济研究，2005（1）

98. 刘亚军. 金融全球化对金融监管法律制度的影响. 世界经济与政治，2005（8）

99. 刘慧，冯鸿燕. 我国金融监管改革的路径思考. 经济与管理，2004（9）

100. 刘锋，王敬伟. 加拿大金融监管框架及对我国金融监管的启示. 金融研究，2004（1）

101. 雒佑. 发达经济如何保障金融稳定. 中国银行保险报，2022-04-18

102. 罗豪才，宋功德. 和谐社会下的公法构建. 中国法学，2004（6）

103. 罗豪才，宋功德. 现代行政法学与制约、激励机制. 中国法学，2000（3）

104. 罗培新. 着力推进互联网金融的包容审慎监管. 探索与争鸣，2018（10）

105. 马怀德. 深刻认识"放管服"改革的重大意义 加快构建现代政府治理体系. 中国行政管理，2022（6）

106. 马仲康. 网络银行现状和发展趋势探析. 中国市场，2018（18）

107. 斐桂芬. 日本金融领域金融监管与竞争监管关系的演变. 日本问题研究，2021（4）

108. 乔海曙. 金融监管体制改革：英国的实践与评价. 欧洲研究，2003（2）

109. 曲天军. 非政府组织对中国扶贫成果的贡献分析及其发展建议. 农业经济问题，2002（2）

110. 尚劲宏. 美英外资银行监管新规引领全球新趋势. 对外经贸实务，2014（6）

111. 沈伟. 存款保险制度的功能及其制度设计. 上海经济研究，2021（6）

112. 申韬，徐静怡. 中新银行业合作历史演进、存在问题与前景展

望. 金融理论与实践，2019（6）

113. 盛学军. 政府监管权的法律定位. 社会科学研究，2006（1）

114. 盛学军. 冲击与响应：全球化中的金融监管法律制度. 法学评论，2005（3）

115. 盛洪. 竞争规则是如何形成的//张曙光. 中国制度变迁的案例研究：第2集. 北京：中国财政经济出版社，1999

116. 石佑启. 论行政法与公共行政关系的演进. 中国法学，2003（3）

117. 佚名. 中国七成上市公司未给投资者创造价值. 社会科学动态，2002（5）

118. 孙歌. "全球化"与"反全球化"给了我们什么. 中国社会科学，2003（2）

119. 田宏杰. 行刑共治下的违规披露、不披露重要信息罪：立法变迁与司法适用. 中国刑事法杂志，2021（2）

120. 童屹立. 信贷寻租、经济政策不确定性和全要素生产率. 上海：上海财经大学，2020

121. 王刚，王彦伟，杨文宇. 我国存款保险制度亟待完善的关键领域. 中国农村金融，2022（9）

122. 王帆，汪峰，倪娟. 外资银行进入、政府监管与银行风险：基于利率市场化环境的博弈分析. 经济学家，2019（9）

123. 王鹤立. 我国金融混业经营前景研究. 金融研究，2008（9）

124. 王锴. 我国行政立法性质分析. 重庆社会科学，2006（3）

125. 王志洁. 深化金融改革 维护金融安全. 商业研究，2005（2）

126. 王国平. 金融监管立法价值目标和价值取向问题探讨. 金融科学，2001（3）

127. 温长庆. 中国进入控股公司的风险透视与监管应对：兼论中国金融监管的主框架. 金融论坛，2020（5）

128. 魏鹏. 次贷危机十年：美国银行业的变革. 现代商业银行，2017（7）

129. 吴小谦. 我国金融监管的现状与对策. 中南民族大学学报（人文社会科学版），2005（3）

130. 项俊波. 金融风险的防范与法律制度的完善. 金融研究，2005（8）

131. 熊鹏翀，纪洋，朱孟楠. 征信制度建设与企业融资约束. 国际

金融研究，2022（4）

132. 许炜，贾润崧，陈曦. 负利率环境下日本银行业生存之道. 银行家，2021（1）

133. 徐孟洲，徐阳光. 金融安全亟待完善相关法律制度. 团结，2006（1）

134. 徐孟洲，徐阳光. 论金融机构破产之理念更新与制度设计. 首都师范大学学报（社会科学版），2006（1）

135. 徐孟洲，郑人玮. 我国银行危机救助法律制度的缺陷及其改进. 中央财经大学学报，2004（2）

136. 徐孟洲，侯作前. 市场经济、诚信政府与经济法. 江海学刊，2003（4）

137. 徐显明. 试论法治构成要件. 法学研究，1996（4）

138. 应松年.《行政许可法》与政府管理转型. 国家行政学院学报，2004（4）

139. 应松年. 非政府组织的若干法律问题. 北京联合大学学报（人文社会科学版），2003（1）

140. 于雯杰，李成威. 德国金融监管体系架构与财政责任：分析与启示. 国际财经，2022（8）

141. 杨子毅. 中资银行东南亚地区新设机构探究. 江苏工程职业技术学院学报，2021（4）

142. 杨寅. 公私法的汇合与行政法的演进. 中国法学，2004（2）

143. 宜昌能. 中国首次金融部门评估规划圆满完成. 中国金融，2012（19）

144. 尹龙. 金融创新理论的发展与金融监管体制演进. 金融研究，2005（3）

145. 袁吉伟. 美国公募基金行业发展的经验与启示. 中国外汇，2020（20）

146. 余俊，李杨. "竞争＋风险抑制"：我国银行监管的新体系. 湖北社会科学，2004（5）

147. 张嘉昕，武睿. 20 世纪 70 年代以来美国银行业的外资准入及监管问题研究. 政治经济学研究，2021（1）

148. 张林. 余凯操纵证券案浮出水面. 法眼，2012（7）

149. 张润林. 金融监管协调的国际经验及启示. 经济师，2005（7）

150. 张强，李乐. 基于开放竞争思维下的银行监管新问题研究. 金

融研究，2003（5）

151．张成福，毛飞．论政府管制以及良好政府管制的原则．北京行政学院学报，2003（3）

152．张鸿．日本开放式保护政策的运用及其启示．日本研究，2003（1）

153．赵方华．中国资本项目开放下的跨境资本流动风险防范研究．乌鲁木齐：新疆大学，2019

154．赵江．美国开放式金融保护主义政策：兼论开放式保护主义．国际经济评论，2002（5、6）

155．郑泽华．风险演进、理念转换与中国监管体制改革．广东金融学院学报，2005（1）

156．曾筱清，李萍，吕婷婷．金融改革与金融监管的互动分析及其立法建议．中央财经大学学报，2003（3）

157．吴小谦．我国金融监管的现状与对策．中南民族大学学报（人文社会科学版），2005（3）

158．《中国金融部门评估规划》更新评估成果报告"出炉"．中国外汇，2017（24）

159．周天勇．从转轨到并轨：超大规模二元体制经济学的内在体系．探索与争鸣，2022（5）

160．周天勇．二元体制转轨数理逻辑与未来经济增长仿真展望．现代经济探讨，2022（4）

161．周肇光．如何构建我国金融领域经济安全新模式．河南金融管理干部学院学报，2005（3）

162．周业安．金融抑制对中国企业融资能力影响的实证研究．经济研究，1999（2）

（三）中文译著类

163．〔美〕巴瑞·易臣格瑞（Barry Eichengreen）．金融危机的防范与管理．刘士余，等译校．北京：经济科学出版社，2003

164．〔美〕伯纳德·施瓦茨．行政法．徐炳等译．北京：中国大百科全书出版社，1997

165．〔美〕丹尼尔·耶金，约瑟夫·斯坦尼斯罗．制高点：重建现代世界的政府和市场之争：中文本．北京：外文出版社，2001

166．〔美〕E.博登海默．法理学：法律哲学与法律方法．邓正来译．北京：中国政法大学出版社，2004

167. 〔美〕哈威尔·E. 杰克逊,小爱德华·L. 西蒙斯. 金融监管. 吴志攀等译. 北京:中国政法大学出版社,2003

168. 〔美〕雷蒙德·W. 戈德史密斯. 金融结构与金融发展. 周朔等译. 上海:上海三联书店,1994

169. 〔美〕罗奈尔得·I. 麦金农. 经济发展中的货币与资本:中译本. 上海:上海三联书店,1988

170. 〔美〕墨顿·米勒. 论东南亚金融危机. 金融研究,1998(2)

171. 〔美〕梅里亚姆. 美国政治思想:1865－1917. 朱曾汶译. 北京:商务印书馆,1984

172. 〔美〕尼古拉斯·麦考罗,斯蒂文·G. 曼德姆. 经济学与法律:从波斯纳到后现代主义. 吴晓露等译. 北京:法律出版社,2005

173. 〔美〕诺内特、塞尔兹尼克. 转变中的法律与社会. 张志铭译. 北京:中国政法大学出版社,1994

174. 〔美〕庞德. 通过法律的社会控制、法律的任务:中译本. 北京:商务印书馆,1984

175. 〔美〕R. 巴里·约翰斯顿,V. 桑德拉加. 金融部门改革的次序:国别经验与问题:中译本. 北京:中国金融出版社,2000

176. 〔美〕理查德·波斯纳. 法律与经济分析. 蒋兆康译. 北京:中国大百科全书出版社,1997

177. 〔美〕乌戈·马太. 比较法律经济学. 沈宗灵译. 北京:北京大学出版社,2005

178. 〔英〕安东尼·吉登斯. 第三条道路:社会民主主义的复兴:中译本. 北京:北京大学出版社,生活·读书·新知三联书店,2000

179. 〔英〕保罗·哈里森. 第三世界苦难、曲折、希望:中译本. 北京:新华出版社,1984

180. 〔英〕威廉·韦德. 行政法. 徐炳等译. 北京:中国大百科全书出版社,1997

181. 〔法〕弗朗索瓦·沙奈. 金融全球化. 北京:中央编译出版社,2001

182. 〔法〕莱昂·狄骥. 公法的变迁:中译本. 北京:商务印书馆,1997

183. 〔法〕勒内·达维. 法国行政法与英国行政法. 高鸿君译. 法学译丛,1984(4)

184. 〔法〕托马斯·皮凯蒂. 21 世纪资本论. 北京:中信出版社,

2014

185. 〔德〕赫尔穆特・施密特. 全球化与道德重建. 柴方国译. 北京：社会科学文献出版社，2001

186. 〔德〕乌・贝克，哈贝马斯，等. 全球化与政治. 王学东，柴方国等译. 北京：中央编译出版社，2000

187. 〔日〕植草益. 微观规制经济学：中文本. 北京：中国发展出版社，1992

188. 〔日〕福渝泽吉. 文明论概略. 北京编译社译. 北京：商务印书馆，1982

189. IMD. 世界竞争力年鉴（2021）

190. 世界银行. 2020 年的中国：新世纪的发展与挑战：中译本. 北京：中国财政经济出版社，1997

二、英文文献类

（一）英文著作类

191. Adam Smith. *An Inquiry into the Nature and Causes of the Wealth of the Nations*，Oxford University Press，1976

192. Anthony Giddens. *The Consequence of Modernity*，London，Polity Press，1990

193. Carol Harlow and Richard Rawlings. *Law and Administrative*，London：Butterworths，1997

194. D. wight Waldo. *The Administrative State：A Study of the Political Theory of American Public Administration*. 2nd ed. ，New York：Holmes & Meier，Publishers，1984

195. Friedrich A. Hayek. *Road to Serfdom*，University of Chicago Press，1944

196. Goodhart，C. A. E. . *Financial Regulation：Why，How and Where Now?*，Bank of England，1997

197. Harry Mcvea. *Financial Conglomerates and the Chinese Wall*，Clarendon Press Oxford，1993

198. H. W. R. Wade. *Administrative Law*，Oxford，1989

199. Jan Peil. *Adam Smith and Economic Science：A Methodological Reinterpretation*，Edward Elgar Press，1999

200. Joan Robinson. *The Generalization of the General Theory.*

Rate of Interest and Other Essay, London: MacMillan, 1952

201. Milton Friedman (with the assistance of Rose Friedman). *Capitalism and Freedom*, Introduction, Chicago, University of Chicago Press, 1962

202. Nakajima, Chizu. *Conflicts of Interest and Duty: A Comparative Analysis in Anglo-Japanese Law*, Kluwer Law International Ltd. , 1999

203. Philip. J. Cooper. *Public Law and Public Administration.* 2nd edition, Englewood Cliffs, New Jersey: Prentice Hall, Inc, 1988

204. Reuven Glick, Ramon Moreno & Mark M. Spiege. *Financial Crisis in Emerging Markets*, Cambridge University Press, 2001

205. Ross P. S. *Money and Capital Markets: Financial Institutions and Instruments in a Global Marketplace.* 6th ed. , New York: McGraw-Hill Companies, 1997

206. Shim, Young. *Korean Bank Regulation and Supervision: Crisis and Reform*, Kluwer Law International Ltd. , 2000

207. Ulirich Beck. *What is Globalization?*, London: Polity Press, 2000

208. Vincent Carosso. *Investment Banking in America*, Cambridge, MA: Harvard University Press, 1970

209. W. Kip Viscusi, John M. Vernon, Joseph E. Harrington. *Economics of Regulation and Antitrust*, the MIT Press, 2001

（二）英文论文类

210. Davies, H. *Financial Regulation: Why Bother? Society of Business Economists Lecture.* January 1999, London, Financial Services Authority, Mimeo

211. Douglas G. Barid. *The Future of Law and Economics: Looking Forward.* University of Chicago Law Review, 1997

212. Herbert Hovenkamp. *Law and Economics in the United States: A brief Historical Survey.* Cambridge Journal of Economics, 1995

213. Joseph J. Norton. *A "New International Financial Architecture?" -Reflections on the Possible Law-Based Dimension.* 50 INTL-LAW 891

214. Joseph J. Norton. *A By-Product of the Globalization Process: The*

Rise of The Cross-Border Bank Mergers and Acquisitons-The U. S. Regulatory Framework. 56 BUS-LAW 601，602（2001）

215. Lester Aalamon. *The Rise of the Third Sector*，Foreign Affairs，1994

216. Margot Priest. *The Privatization of Regulation Five Models of Self-regulation.* Ottawa Law Review 1997−98

217. Ross P. Buckley. *A Tale of Two Crises：the Search for the Enduring Reforms of the International Financial System.* 6 UCLAJILFA 14（2001）

218. Roman Terrill. *What Does "Globalization" Means?.* 9 TRNATLCP217（1999）

219. Sutham，Apisith John. *The Asian Financial Crisis and the Deregulation and Liberalization of Thailand's Financial Services Sector：Barbarians at the Gate.* 21 Fordham International Law，Journal 1997

220. S. Ahmad. *Adam Smith's Four Invisible Hand.* History of Political Economy，1990（22）

221. Valerie R. Bencivenga，Bruce D. Smith & Ross M. Starr. *Transaction Costs，Technological Choice，and Endogenours Growth.* Journal of Economics Theory，October 1995，67（1）

222. Werner Van Lembergan & Margaret G. Wachenfeld. *Economic and Monetary Union in Europe：Legal Implications on the Arrival of the Single Currency.* Fordham International Law Journal，Vol. 22，Nov. 1998

三、工作报告类

223. 普华永道. 2022 年中国不良资产管理行业改革与发展白皮书. https：//www. pwccn. com/zh/press-room/press-releases/pr-120822. html

224. 零壹租赁智库，上海金融与发展实验室，中国外商投资企业协会租赁业委员会，广州融资租赁研究院. 融资租赁 3.0 时代：中国融资租赁行业发展报告（2022）. 腾讯网：https：//new. qq. com/rain/a/20220520A0EA9W00

225. 国际清算银行（BIS）官方报告. https：//www. bis. org/statistics/rpfx19_fx. htm

226. FCA 官方公报. https：//www. fca. org. uk/firms/innovation/innovation-pathways

227. 联合国贸易和发展会议. 世界投资报告. https://unctad. org/system/files/official-document/wir2021_overview_ch. pdf

228. 全面贯彻"零"容忍, 一线监管"严"当头: 上交所 2021 年度一线监管情况通报. 上交所官网, http://www. sse. com. cn/aboutus/mediacenter/hotandd/c/c_20220301_5695925. shtml

229. 证监会通报 2021 年案件办理情况. 证监会官网, http://www. csrc. gov. cn/csrc/c100028/c1921138/content. shtml

230. 2021 年金融统计数据报告. 中国人民银行官网, http://www. pbc. gov. cn/goutongjiaoliu/113456/113469/4446000/index. html

231. 中国金融机构从业人员犯罪问题研究白皮书 (2018-2020). 中国司法大数据服务网, http://data. court. gov. cn/pages/uploadDetails. html

232. 国务院官方公报. http://www. gov. cn/ztzl/gclszfgzbg/content_554986. htm

233. CHINA PAYMENT SURVEY 2019: LONGER DELAYS AS GROWTH FALTERS, https://www. coface. com/News-Publications/Publications/China-Payment-Survey-2019-Longer-delays-as-growth-falters

234. 发改委: 中国企业每年因失信造成经济损失 6000 亿. 中国新闻网, https://www. chinanews. com/gn/2014/07-09/6366382. shtml

235. 2019 年金融机构贷款投向统计报告. 中国人民银行官网, http://www. pbc. gov. cn/goutongjiaoliu/113456/113469/3965314/index. html

236. 中国资本市场投资者保护状况白皮书 (2018 年度总报告). 中国证券投资者保护基金有限责任公司网站, http://www. sipf. com. cn/images/zwz/dcpj/tbzkpj/2021/08/18/E37927EDBEA7AB6A476F6482D0F11F54. pdf

237. 国务院发展研究中心金融改革与金融安全系列研究报告之七: 有关我国证券市场的监管转向、整顿和软着陆的政策建议

238. The Technical Committee of IOSCO. *Objective and Principles of Securities Regulation*, Feb. 2002

239. A. Demirguc-Kunt & Enrica Detragiache. *Financial Liberalization and Financial Fragility*. The World Bank: Policy Research Working Paper No. 1917, May 1998

240. Van Wijinbergen, S. *Bank Restructuring and Enterprise Reform*, European Bank, Working paper No. 29, 1998

241. International Monetary Fund, 23 Annual Report 1997

242. The Basle Committee. *Information Flows Between Banking*

Supervisory Authorities，13，April 1996

243. Office of Regulation Reform，*Principles of Good Regulation*，http://www. dsrd. vic. gov. au

244. OECD Report on Regulatory Reform，http://www. oecd. org

四、媒体网站类

245. https://www. bis. org/statistics

246. http://www. cbirc. gov. cn

247. https://www. ccdi. gov. cn

248. http://ch. mofcom. gov. cn

249. https://www. chinacourt. org

250. https://www. chinanews. com

251. https://www. court. gov. cn

252. http://www. csrc. gov. cn

253. https://data. imf. org

254. http://eu. mofcom. gov. cn

255. http://www. gov. cn

256. http://www. iachina. cn

257. https://www. icifactbook. org

258. https://jg. sac. net. cn

259. https://www. reuters. com

260. https://www. spp. gov. cn

261. https://www. statista. com

262. http://www. stats. gov. cn

263. https://stats. wto. org

264. https://www. theglobaleconomy. com

265. https://yyglxxbsgw. ndrc. gov. cn

266.《中国证券报》

267.《经济日报》

268.《中国经济时报》

269.《经济参考报》

270.《上海金融报》

图书在版编目(CIP)数据

中国金融监管现代化研究：以全球化为视角的分析/
田宏杰著. --北京：中国人民大学出版社，2023.10
国家社科基金后期资助项目
ISBN 978-7-300-32021-2

Ⅰ.①中… Ⅱ.①田… Ⅲ.①金融监管-研究-中国
Ⅳ.①F832.1

中国国家版本馆 CIP 数据核字（2023）第 150673 号

国家社科基金后期资助项目
中国金融监管现代化研究
——以全球化为视角的分析
田宏杰　著
Zhongguo Jinrong Jianguan Xiandaihua Yanjiu

出版发行	中国人民大学出版社			
社　　址	北京中关村大街 31 号		**邮政编码**	100080
电　　话	010 - 62511242（总编室）		010 - 62511770（质管部）	
	010 - 82501766（邮购部）		010 - 62514148（门市部）	
	010 - 62515195（发行公司）		010 - 62515275（盗版举报）	
网　　址	http://www.crup.com.cn			
经　　销	新华书店			
印　　刷	唐山玺诚印务有限公司			
开　　本	720 mm×1000 mm　1/16		**版　　次**	2023 年 10 月第 1 版
印　　张	16.25 插页 2		**印　　次**	2023 年 10 月第 1 次印刷
字　　数	280 000		**定　　价**	88.00 元